并购大师
时尚产业的资本游戏

杨大筠 姜 蕾 王保鲁 编著

中国纺织出版社

内 容 提 要

中国时尚产业的辉煌期还没有真正到来。从 20 世纪 80 年代改革开放至今，中国时尚产业在第一轮发展过程中基本完成了原始积累。之后，企业面临互联网和新经济时代的冲击。那么，这些企业需要重新思考的是，在未来的发展过程中如何能跟上时代的步伐。

本书从资本和品牌发展的角度出发，结合时尚产业的市场与特征，对不同类型的国际国内知名时尚品牌并购案例进行深入分析，挖掘时尚品牌背后的故事；从品牌运营的角度诠释品牌，通过大量的时尚品牌并购案例，阐述时尚行业和品牌与资本之间的关系，分析国际时尚品牌并购的经验与趋势，旨在当今快速变化的市场中寻找一条适合中国时尚行业生存与发展之路。

本书可供时尚行业、金融行业从业人员阅读，也可供相关院校师生教学使用或参考。

图书在版编目（CIP）数据

并购大师：时尚产业的资本游戏／杨大筠，姜蕾，王保鲁编著. -- 北京：中国纺织出版社，2016.2
ISBN 978-7-5180-2164-2

Ⅰ.①并… Ⅱ.①杨… ②姜… ③王… Ⅲ.①轻工业—产业发展—研究—中国 Ⅳ.① F426.8

中国版本图书馆 CIP 数据核字（2015）第 274613 号

责任编辑：张思思　　责任校对：寇晨晨
责任设计：何 建　　责任印制：何 建

中国纺织出版社出版发行
地址：北京市朝阳区百子湾东里 A407 号楼　邮政编码：100124
销售电话：010—67004422　传真：010—87155801
http://www.c-textilep.com
E-mail: faxing@c-textilep.com
中国纺织出版社天猫旗舰店
官方微博 http://weibo.com/2119887771
北京通天印刷有限责任公司印刷　各地新华书店经销
2016 年 2 月第 1 版第 1 次印刷
开本：710×1000　1/16　印张：17.5
字数：221 千字　定价：48.00 元

凡购本书，如有缺页、倒页、脱页，由本社图书营销中心调换

前言 Preface

中国时尚品牌正在疲软的经济环境下苦苦挣扎——或韬光养晦，或休养生息，一切准备和努力，都是希冀谋求"复苏"这一共同目标。

而消费者的成长速度也在信息传播扁平化的今天超出了品牌的想象。在经济快速发展时期成长起来的"名牌"有很多已不被今天的消费者所接受。曾经的品牌随着顾客年龄的成长而老化，如何让"老"品牌再次焕发青春？如何抓住当下年轻的主力消费群体？面对顾客多变的需求以及越来越细分化的消费市场，中国时尚企业应如何应对？

在中国市场的大环境下，打造一个新的国产时尚品牌或重塑一个"老"品牌所需的投资风险以及运作难度都很大。而寻找一个有历史背景、有一定知名度的国际品牌合作"借船出海"，其实也是一种"创造"。如果把品牌比喻为一条巨轮，那么"资本"无疑就是为品牌提供动力的燃料。用资本去创新，用资本去创造，用资本去开垦一片新的品牌沃野，用资本去收获新的果实，不失为现代企业运营的有效模式和手段。

放眼世界，无论是美洲还是欧洲，风平浪静之下永远暗藏玄机——包括百年企业为求发展也必须寻找新的市场开疆拓土。LVMH等世界知名品牌在发展过程中也都遭遇瓶颈、掣肘不断。但通过有效的股权交易等重新分配资本，以较低的价格收购或控股多个国际品牌，利用品牌优秀的设计基因和研发制造理念优势，则可迅速拓展市场，使品牌不断成长壮大。

回看中国，时尚企业已渡过最初的原始资本积累期，正是品牌并购、合作的绝佳契机。国际知名品牌的并购成功或失败案例带给我们怎样的启示？并购的目的是什么？尤其是在中国市场，企业为什么需要通过并购来发展自己？是什么决定了企业必须要走并购之路？对中国企业而言，怎样的并购方式是适用的？中国企业并购过程中最容易犯的错误或误区是什么？企业完成并购之后，在运转过程中需要注意的地方有哪些？怎样才能让并购价值最大化？

本书从上述角度出发，通过第一章"时尚与资本的邂逅：LVMH公司并购案例"和第三章"时尚产业背后的故事：全球时尚产业并购案例"，对不同类型的国际国内知名时尚品牌并购案例进行深入分析，挖掘时尚品牌发展背后的故事；结合第二章"时尚的力量：不止于美丽"，分析目前时尚产业的市场与特征；第四章"并购整合：时尚品牌快速成长之路"，则从品牌运营的角度，以大量时尚行业的现实案例，探讨时尚行业和品牌与资本之间的关系，分析国际时尚品牌并购市场的经验与趋势。本书舍弃大量的金融资本理论，以生动鲜活的案例，深入浅出地讲述品牌与资本结合所产生的巨大能量，令阅读更轻松愉悦。

本书由杨大筠先生策划，根据杨大筠先生的演讲手稿和管理案例，由北京服装学院姜蕾老师完成第二、第四章资料收集及编写，王保鲁老师完成第一、第三章资料收集及编写，全书由北京服装学院姜蕾教授统稿。北京服装学院研究生王亚丽、何亚鑫同学为本书收集了相关资料，优他国际品牌投资管理集团田颖女士为本书的编写提供了大量资料和宝贵的建议，在此一并表示感谢。

由于编著者水平所限，书中难免有不尽如人意之处，恳请各位专家、读者批评指正。

编著者

2015年6月

目录

第一章 时尚与资本的邂逅：LVMH集团并购案例 / 1

引　子 / 1

第一节　帝国并购足迹 / 2
  一、帝国的起步 / 3
  二、雄心勃勃的阿诺特 / 5

第二节　打造奢侈品世界的王者 / 17
  一、傲人的成就 / 17
  二、阿诺特的秘密 / 19
  三、神奇的并购法则 / 20

本章总结 / 27

第二章 时尚的力量：不止于美丽 / 30

引　子 / 30

第一节　解读时尚 / 31
  一、时尚的内涵 / 31
  二、时尚产业及其范畴 / 32
  三、时尚产业的本质 / 34
  四、解析中国时尚产业 / 40

第二节　时尚产业的规模与结构 / 44
  一、市场与规模 / 45
  二、产业细分 / 48

第三节　时尚产业格局 / 57
  一、全球时尚产业掠影 / 57

二、透视中国时尚产业 / 61
　　三、中国服装产业优劣势分析 / 70
第四节　变革带来的思考 / 72
　　一、互联网 VS. 实体企业 / 72
　　二、国际快销品牌逆势飞扬 / 78
　　三、"转型"——中国时尚产业发展的必然 / 92
第五节　中国时尚产业的机遇 / 97
　　一、潜在的消费增长与动因 / 97
　　二、传统服饰行业的新机遇 / 102
　　三、时尚产业的金融时代开启 / 105
本章总结 / 107

第三章　时尚产业背后的故事：全球时尚产业并购案例 / 109
引　子 / 109
第一节　阿迪达斯与耐克的"恩怨情仇" / 109
　　一、从德国小镇走出的阿迪达斯 / 110
　　二、世界冠军的宠儿 / 111
　　三、"美国梦"的代言人菲尔·耐特 / 111
　　四、后来居上的耐克 / 112
　　五、收购匡威，巩固地位 / 113
　　六、复苏的阿迪达斯抱团取暖 / 115
　　七、以彼之道还施彼身 / 116
第二节　欧莱雅的品牌金字塔 / 118
　　一、一支染发剂起家 / 119
　　二、打造品牌金字塔 / 121
　　三、把"纽约"加上 / 123
　　四、进军中国市场 / 123
第三节　斯沃琪，瑞士手表的拯救者 / 127
　　一、在风雨飘摇中诞生 / 127
　　二、"S"——你的第二块手表 / 128
　　三、高档手表的回归 / 129

　　　　四、掌握自己的命脉 / 132
　　　　五、钻石型的品牌构架 / 133
　第四节　不一样的精彩，历峰集团 / 134
　　　　一、从烟草走向奢侈品 / 135
　　　　二、二代接班，再次重组 / 138
　　　　三、聚焦珠宝与钟表 / 139
　　　　四、历峰的秘密 / 142
　第五节　我的新名字，开云集团 / 143
　　　　一、由木材走向奢侈品 / 144
　　　　二、GUCCI 收购战 / 145
　　　　三、小皮诺接班 / 150
　　　　四、几次易名背后的故事 / 152
　第六节　VF 保持年轻的秘密 / 153
　　　　一、VF 的并购史 / 154
　　　　二、保持年轻的秘密 / 156
　　　　三、收购"大黄靴" / 159
　　　　四、VF 在中国 / 160
　第七节　PVH，我们不只做衬衫 / 161
　　　　一、从衬衫制造厂到服装巨头 / 162
　　　　二、收购 Calvin Klein / 163
　　　　三、收购 Tommy Hilfiger / 166
　　　　四、构建全层次的品牌体系 / 169
　第八节　品牌的庄家伊藤忠 / 170
　　　　一、商社的发展史 / 171
　　　　二、伊藤忠的故事 / 172
　　　　三、纺织业务的转变 / 173
　　　　四、伊藤忠在中国 / 176
　　　　五、品牌的庄家 / 177
　第九节　百丽，从资本市场走出的鞋业巨人 / 178
　　　　一、百丽的奇迹 / 178
　　　　二、并购之路 / 180

　　　　三、森达并购案 / 182
　　　　四、百丽的多品牌战略 / 184
本章总结 / 185

第四章　并购整合：时尚品牌快速成长之路 / 186
引　子 / 186
第一节　时尚产业并购在中国 / 187
　　　　一、试水资本运作 / 188
　　　　二、时尚业并购风起云涌 / 195
　　　　三、时尚产业并购交易趋势 / 201
第二节　并购的动力与前景 / 204
　　　　一、整合资源 / 204
　　　　二、扩大市场份额 / 211
　　　　三、实施国际化战略 / 215
　　　　四、学会资本运作 / 218
　　　　五、发展与布局 / 223
第三节　并购的瓶颈与难点 / 225
　　　　一、挑战和风险 / 226
　　　　二、困难与问题 / 234
第四节　并购成功的要素 / 237
　　　　一、正确的理念 / 237
　　　　二、内部修炼 / 241
　　　　三、借力第三方 / 245
本章总结 / 252

参考文献 / 254

后记 / 并购：中国时尚产业的大趋势 / 268

第一章
时尚与资本的邂逅：LVMH集团并购案例

引 子

清晨的巴黎开始熙攘，一个亚裔女人在梳妆台前选择要用的粉底液。"倩碧的很滋润，娇兰的颜色更亮一些，纪梵希的这一款刚上市，我觉得包装很漂亮，遮瑕效果也不错。"她叫陆萍，一位在巴黎蒙田大道奢侈品店工作的华裔销售。

喷上挚爱的Dior香水，看着镜子里的自己，她觉得今天的妆容和身上Marc Jacobs的印花连衣裙格外搭配。披上CELINE的驼色大衣，拎起她几乎每天都背的LOEWE经典款手包，她准备好要出门了……她热爱自己的生活，也深爱着这份工作。从2010年加入LVMH集团起，她已经几乎跑遍了集团所有品牌的内部特卖，她相信品牌的力量，有自己偏爱的设计师，高质量的生活方式也让她变得更加自信。

"我最喜欢LVMH集团的一点，是它几乎涵盖了我们吃穿住行的各个方面，我觉得这才是真正的时尚，一种高品质的生活方式。"她谈到自己效力的公司集团，眼中散发着自豪感。

的确，正如陆萍所说，作为拥有最多奢侈品牌的集团，LVMH集团今天在世界范围内影响着人们的生活方式。而它的行业地位和所取得的成就，很大程度上依赖于集团资本的运作，适时的品牌并购及并购后的经营技巧。

第一节 帝国并购足迹

在全球的奢侈品行业中，总部位于法国巴黎的LVMH（Louis Vuitton Moet Hennessy）集团是当之无愧的头号奢侈品商业帝国。2013财年的营业收入291.49亿欧元，净利润39.47亿欧元，股票市值高达673亿欧元，均居行业首位。截至2013年底，LVMH集团共拥有超过110000名员工，品牌店数高达3384家。在LVMH集团的主人——"一匹穿着开司米衫的狼"伯纳德·阿诺特（Bernard Arnault）（图1-1）的一手操控下，依靠并购与资本运作，成就了这段奢侈品行业传奇。

图1-1 LVMH集团掌门人伯纳德·阿诺特

一、帝国的起步

LVMH集团的奢侈品帝国史是一部并购史，从其英文简称中我们便能初见端倪。LV便是人们耳熟能详的奢侈品品牌路易·威登（Louis Vuitton），而M代表的是法国知名香槟品牌酩悦香槟（Moet & Chandon），H代表的是白兰地酒的代名词轩尼诗（Hennessy）。单单拿出三个品牌中的任何一个都足以享誉世界，而这三个品牌联合在一起，便诞生了一个奢侈品帝国。

Moet & Chandon 香槟起源于1743年，Hennessy 干邑则起源于1765年，两者都拥有悠久历史并都是专供皇室用酒的知名酒厂。1971年，Moet & Chandon 与 Hennessy 两大酒厂合并，组成了 Moet Hennessy 酒业集团。

另一位主角——Louis Vuitton，尽管其同样历史悠久（创建于1854年）并声名远播，但直到1977年其实际还是个家族控制的中小企业，员工不到100人，年销售额不过7000万法郎。这一年，已经65岁的拉卡米耶（Henry Racamier）（图1-2）在其岳父亨利·威登过世之后，临危授命出任了 Louis Vuitton 的总裁。此后，随着日本市场的突然崛起，Louis Vuitton 的发展进入黄金期。但是随着1984年 Louis Vuitton 股票上市，其家族持股比例迅速下降。而同年 Moet Hennessy 酒业集团创始家族持股也下降到了

图1-2 拉卡米耶（Henry Racamier，1912～2003）

22%，投票权降到了33%，公司遭遇被并购的威胁。

在法国巴黎银行的撮合之下，惧怕公司被并购而失去控制权的Moet Hennessy酒业集团总裁舍瓦利耶（Alain Chevalier）和担忧公司产品单一风险的拉卡米耶（当时日本市场占销售额的三分之一，哪天日本人突然不喜欢LV手袋了怎么办），两位本不相识的人走到了一起。1987年6月，Louis Vuitton与Moet Hennessy酒业集团合并，LVMH集团宣告成立。舍瓦利耶出任集团总裁，拉卡米耶出任集团战略委员会主席，两人在作为集团下属子公司的原公司中的位置不变。

但是在并购完成之后，Louis Vuitton与Moet Hennessy酒业集团在实际运作中，各自相当独立，没有实现很好的业务整合和协同。这里面有两位经理人的问题，也有两个创始家族的问题。Moet Hennessy酒业集团的创始家族属于贵族，Louis Vuitton家族则是平民出身。两个家族之间心理和文化上的不相容及两位经理人之间的矛盾和权力争斗，为LVMH集团未来的主人伯纳德·阿诺特的入主提供了契机。

阿诺特1949年生于法国的一个中等家庭，而他的父亲是个上门女婿，在1950年开始接手管理其岳父萨维内尔于1926年创建的家族企业费雷—萨维内尔公司，主要业务是帮人建造厂房。阿诺特从巴黎综合理工大学毕业后，便以工程师的身份进入了家族企业。1974年，在继承了外祖母的遗产之后，阿诺特成为公司的主要股东，开始掌管家族企业。但是直到1980年，其主要生意还是集中在房地产业。1984年底，阿诺特以抵押家族企业为代价，自掏腰包1500万美元，加上投资公司的8000万美元，成功收购了破产纺织集团——布萨克集团。吸引这位房地产企业家的并不是布萨克集团的纺织主业，而是其旗下的一颗明珠——迪奥（Dior）。由此开始，阿诺特燃起追逐世界著名品牌的"激情"。迪奥品牌本身是1947年由企业家马塞尔·布萨克支持设计师克里斯蒂安·迪奥（Christian Dior）所创建的。阿诺特也想如法炮制，投资优秀设计师，创建新品牌，但是却没有成功，于是收购成为了他对品牌投资的选择。

1987年10月所发生的股灾以及Louis Vuitton与Moet Hennessy酒业集团两家公司总裁之间不断的矛盾摩擦，给了阿诺特收购和入主LVMH集团的机会。趁股价大跌之际，阿诺特开始吸纳 LVMH 集团的股票。1988年9月，LVMH 集团组建刚一年零三个月，阿诺特以 29.4% 的股权，把他父亲让·阿尔诺推上了 LVMH 集团监督董事会主席的宝座。随后在 1989年1月，舍瓦利耶辞职，阿诺特出任 LVMH 集团管理董事会主席，LVMH集团正式进入了伯纳德·阿诺特时代。

二、雄心勃勃的阿诺特

成功入主 LVMH 集团后，阿诺特开始向外界展现其良好的商业嗅觉及狡猾的运作手段。在他的领导下，LVMH 集团走上了一条急速扩张的道路，并逐渐成为涵盖酒水、皮具、服饰、香水、化妆品、珠宝、钟表、零售、酒店餐饮等几乎所有主要奢侈品细分市场的奢侈品巨头。在不断的并购整合中，LVMH 集团形成了时装皮具、葡萄酒及烈酒（以下简称酒水）、化妆品香水、珠宝钟表、精品零售五大业务领域。在每一个业务领域内，都能看到阿诺特奔波全球、忙于并购的身影。

1. 打造 LVMH 集团的两条大腿

LVMH 集团本身就是由一家奢侈品时装皮具品牌和一家酒业巨擘合并而成的，很显然，时装皮具与酒水成为支撑这一伟大帝国最初（同样也是最粗）的两条大腿。

正如之前提到的那样，集团成立之初，Louis Vuitton 已经渡过了黄金发展期，单一的产品结构与畸形的销售市场严重制约了它的成长。阿诺特出乎意料的请来美国鬼才设计师马克·雅可布（Marc Jacobs），把这个法国国宝级品牌交到一个美国毛头小伙的手上，让其担任 Louis Vuitton 的创意总监，负责男装、女装、皮鞋及其他皮革制品的设计。结果 Louis Vuitton 果真焕发第二春，市场份额逐渐提高，让人们大跌眼镜的同时又不得不佩服阿诺特毒辣的眼光，其商业才华得到第一次展现。之后集团进一步发力，先后收购了法国品牌纪梵希（GIVENCHY）、KENZO 和思琳（CELINE）、西班牙品牌罗意威（LOEWE）、英国衬衣品牌 Thomas Pink、美国服饰品牌 Donna Karan 和 Marc Jacobs、意大利品牌

Emilio Pucci、芬迪（FENDI）等。如今除了元老 Louis Vuitton 外，新加入的 FENDI 和 CELINE 都是 LVMH 集团倾力打造的明星品牌。另外，1999年阿诺特还曾试图将意大利皮革产品巨头古驰（GUCCI）收入囊中，怎奈法国亿万富翁弗朗索瓦·皮诺拔刀相助，才使 GUCCI 免遭被收购的命运。如图 1-3 所示，LVMH 集团在时装皮具领域进行了大量并购。

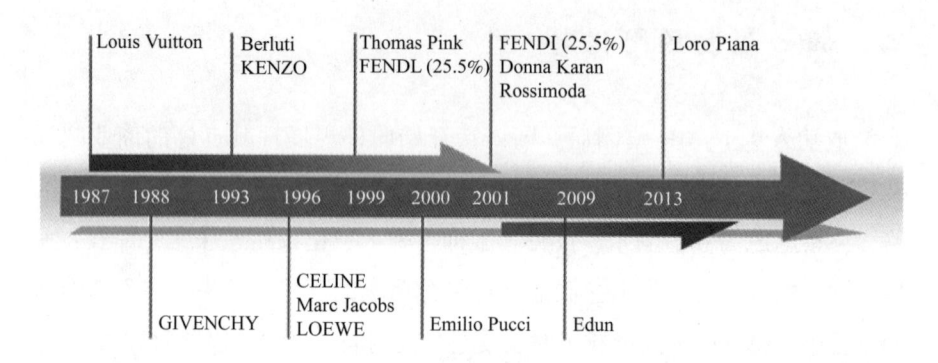

图 1-3　LVMH 集团在时装皮具领域主要并购示意图

在阿诺特的领导下，如图 1-4 所示，1993～2013 年的 20 年间，时装皮具业务收入增长了近 10 倍，从 1993 年的 9.39 亿欧元攀升至 2013 年的 98.82 亿欧元，占集团总收入比值也一直保持在 30%～35%，是整个集团收入贡献大户。同时，时装皮具业务的盈利能力也是集团中最为出色的——将近一半的盈利收入来自于此。可以说，时装皮具业务是 LVMH 集团最为看重并仰仗的业务领域。众多奢侈品时装大牌的加入，知名设计师品牌的入驻，强强联手下的规模效应，构成了 LVMH 集团最为粗壮的一条大腿。

LVMH 另外一条大腿——酒水，是整个集团最富悠久历史及贵族魅力的一项业务。集团构建之初 Moet Hennessy 旗下便拥有两大举世闻名的佳酿。Moet & Chandon 是法国名酒，有 270 多年历史，曾因法皇拿破仑的喜爱而赢得"Imperial（皇室香槟）"的美誉。到目前为止，Moet & Chandon 已成为法国最具国际知名度的香槟，并在两个多世纪里一直是欧洲许多皇室的贡酒。Hennessy 则要追溯到 1765 年，由爱尔兰人李察·轩尼诗（Richard

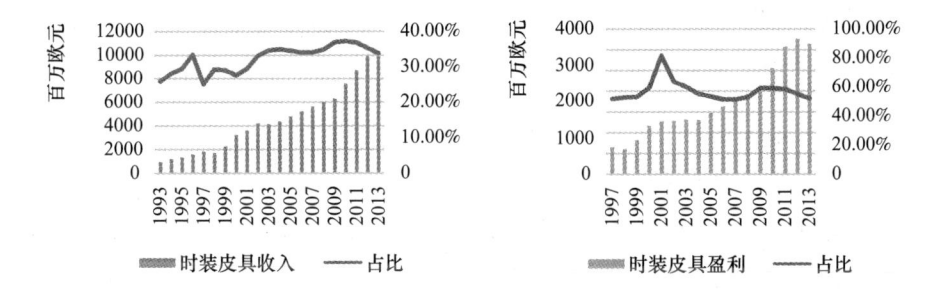

图 1-4　1993～2013 年时装皮具业务年收入/盈利及集团总量占比
（数据来源：LVMH 年报）

Hennessy）在法国创立。该酒推出不久便被选为法国皇室指定用酒，并在 1815 年受法国皇帝"路易十八"颁发书函，被选为国会主要供应酒商。后来因 Hennessy 名气实在太大，逐渐演变成了白兰地酒的代名词，一直流传至今。

图 1-5　Moet & Chandon（左）与 Hennessy（右）

拥有两款如此顶级之酒（图 1-5），Moet Hennessy 自然成为全球最大的奢侈品葡萄酒厂商，而 LVMH 集团则是全球第三大葡萄酒及烈酒集团。此外，集团还拥有唐培里侬香槟王（Dom Pérignon）、凯歌香槟（Veuve Clicquot）、库克香槟（Krug）、梅西耶香槟（Mercier）、修纳尔香槟（Ruinart）、格兰杰（Glenmorangie）、雅柏（Ardbeg）等一系列全球知名酒水品牌。同时，集团还拥有久负盛名的葡萄酒生产地帕纳河谷的香槟区（Domaine Chandon）。除了西方洋酒，阿诺特也对东方酒水展现了浓厚兴趣。2007

年时，LVMH 集团就曾出资 9600 万元人民币，从剑南春酒业手中成功收购文君酒厂 55% 的股权，成为首个涉足中国白酒的外资洋酒公司。

相关链接：世界知名酒水集团

英国的 Diageo 集团是全球最大葡萄酒和烈酒集团，其于 1997 年由 Guinness 和 Grand Metropolitan 合并而成，旗下拥有 Johnie Walker、Guinness、Smirnoff、Baileys 等知名品牌。2012 年的营业收入为 131.87 亿欧元，运营利润 38.70 亿欧元，两项指标均居行业首位，且远超主要竞争者 Pernod Ricard 集团与 Moet Hennessy 集团。

法国的 Pernod Ricard 集团则是世界第二大葡萄酒和烈酒集团，旗下拥有 Chivas、Royal Salute、MartelK Jachubs、Ballantine 等品牌。2005 年，Pemod Ricard 集团联合美国的 Fortune Brands 集团，以 76 亿欧元合作收购了全球第二大烈性酒公司英国的 Allied Domecq，这也是全球烈性酒行业近年来最大规模的重组。

作为集团最初的业务之一，尽管出身高贵历史悠久，但是酒水业务的发展步伐远没有时装皮具迅猛，除了几款知名老酒的一枝独秀外，其他酒水市场表现平平，可以说是经历了一个由辉煌走向平庸的过程。如图 1-6 所示，1993 年时酒水业务收入为 17.21 亿欧元，差不多是当时时装皮具业务收入的近两倍，但是到了 2013 年该业务年收入仅为 41.87 亿欧元，还不到该年时装皮具收入的一半，增长率远远低于时装皮具业务。同时，虽然 20 世纪 90 年代时葡萄酒烈酒业务一度为集团带来近 45% 的盈利，几乎与时装皮具业务平分天下，支撑起集团盈利，但到 2013 年时盈利只占集团不到四分之一的水平。作为最初的两条大腿，发展轨迹却不甚相同。除了全球市场变化的影响之外，酒水业务本身需要历史积淀、现金周转较慢、对原料产地的过分依赖，也是影响其发展速度的主要原因。尽管如此，作为 LVMH 集团最初的两项经营业务，多年来两者还是能为整个集团带来超过一半的销售收入以及超过 70% 的盈利（2013 财年内一共贡献集团 48% 的营业收入以及 75% 的盈利，酒水业务盈利也仅次于时装皮具排名

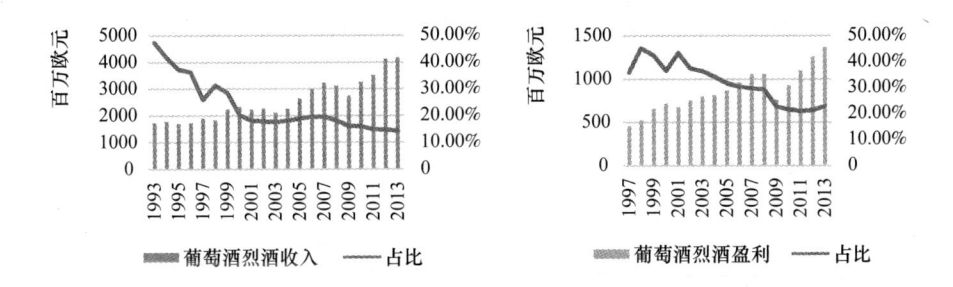

图 1-6　1993～2013 年酒水业务年收入/盈利及集团总量占比
（数据来源：LVMH 年报）

第二），是集团名副其实、最为可靠的两条大腿。

2. 奋起直追的珠宝钟表

除了集团最初的这两大业务领域外，其他业务领域都是在 20 世纪 90 年代陆陆续续发展壮大起来的。虽然与时装皮具、酒水业务相比，其他业务规模较小，但多样化的业务模块也为集团提供了丰富的产品线与营销渠道。

珠宝钟表业务一直不是 LVMH 集团的强项，在与世界另外两大表业集团厉峰（Richemont）、斯沃琪（Swatch）的比拼中，LVMH 集团也长年处于下风。20 世纪末，组建 10 年的 LVMH 集团一举并购绰美（Chaumet）、真利时（Zenith）、奥玛斯（Omas）和玉宝（Ebel），并以 4.74 亿美元收购豪雅表（TAG Heuer），构建起 LVMH 奢侈品帝国珠宝钟表部门的根基。当然 LVMH 集团在当年的并购也不是顺风顺水，在赢得豪雅并购的同时，却在积家（Jaeger-Le Coultre）、万国（IWC）和朗格（A. Lange & Shne）这三大品牌的并购中失手，将它们拱手让给了竞争对手厉峰集团。

进入新世纪后，野心勃勃的阿诺特为了弥补与竞争对手的差距，在 2008 年将宇舶表（Hublot）收入门下。要知道宇舶表 2007 年的销售额将近 10 亿人民币，收购之后的 2008 年，宇舶表便为 LVMH 集团的珠宝钟表部门贡献了 13.8% 的销售收入。

尝到甜头的阿诺特在 2011 年再次发力，豪掷 37 亿欧元，成功收购意大利高档钟表及珠宝品牌宝格丽（Bvlgari），收购时间表见图 1-7 所示。

至此，LVMH集团终于有了能跟厉峰、斯沃琪两大集团在珠宝钟表领域叫板的实力。

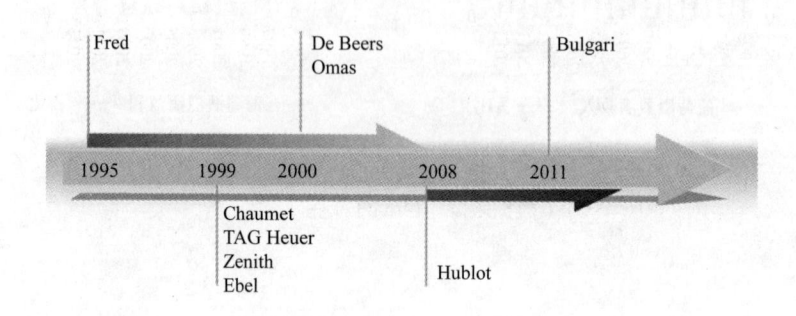

图1-7　LVMH珠宝钟表领域主要并购示意图

如图1-8所示，2011年收购宝格丽后，LVMH集团珠宝钟表部门的销售总额当年实现了成倍增长（2011年6月30日后宝格丽开始贡献销售额），增长率达97.8%；宝格丽的购入也使得珠宝钟表部门在LVMH集团整体销售额中的比重由5%上升至10%。尽管在收购宝格丽时让LVMH集团付出了37亿欧元的巨大成本，但是其所带来的收入与盈利变化是相当显著的。更重要的是让LVMH集团终于有了把自己一直以来的业务短板拿上台面的底气，如此而言，这也算是一笔划算的买卖。狡猾的阿诺特，又一次让人们见识到了他非凡的商业才智。

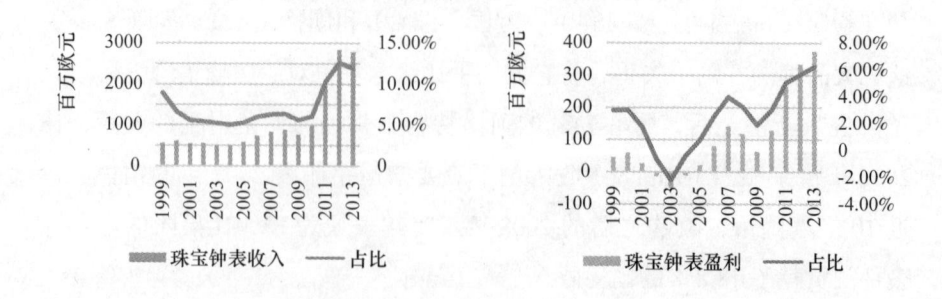

图1-8　1999～2013年珠宝钟表业务年收入/盈利及集团总量占比
（数据来源：LVMH年报）

3. 一个优雅的行业

提起奢侈品时尚品牌，除了时装皮具之外，化妆品香水自然不能被落下。阿诺特把收购布萨克集团而获得的迪奥品牌带入 LVMH 集团，迪奥小姐（Miss Dior）香水就成了化妆品香水部门的当家花旦。这款由迪奥先生本人在 1947 年亲自设计的香水，一经推出便成为传奇。经过多年发展，除了这款最早的"迪奥小姐"系列香水外，迪奥香水已经延展出多个不同产品线，满足全球不同市场的需要。然而阿诺特却并未满足，为了进一步扩大香水市场，LVMH 集团又先后收购了 Kenzo 香水和 Loewe 香水。同时为了迈入彩妆领域，2001 年 LVMH 集团又一举收购六家化妆品公司：Bliss、Hard Candy、Benefit、Urban Decay、MAKE UP FOR EVER 和 Fresh。

发展至今，化妆品香水部门已包含香水、彩妆、护肤品三大类产品，旗下品牌有娇兰（GUERLAIN）、迪奥（Christian Dior）、纪梵希（GIVENCHY）、唐-裴利农（Dom Perignon）、Bliss、娇韵诗（CLARINS）、MAKEUP FOREVER、Benefit、Acqua di Parma、Fresh、KENZO、FENDI、CELINE、LOEWE、杜嘉班纳（DOLCE & GABBANA）、舒维（CHAUMET）、Calvin Klein 等（图 1-9）。

图 1-9 LVMH 集团化妆品香水部门旗下代表产品

在2013年部门36亿欧元的销售收入中，一半来自迪奥品牌，其中香水、彩妆和护肤品各贡献50%、30%和20%的收入；仅次于迪奥的是娇兰，占到部门总收入的20%，其中香水、彩妆和护肤品各占40%、30%和30%。可以说仅靠这两个品牌，就支撑起了化妆品香水部门。在这两个品牌的带动下，化妆品香水业务年收入与盈利一直都保持着稳定增长，如图1-10所示。

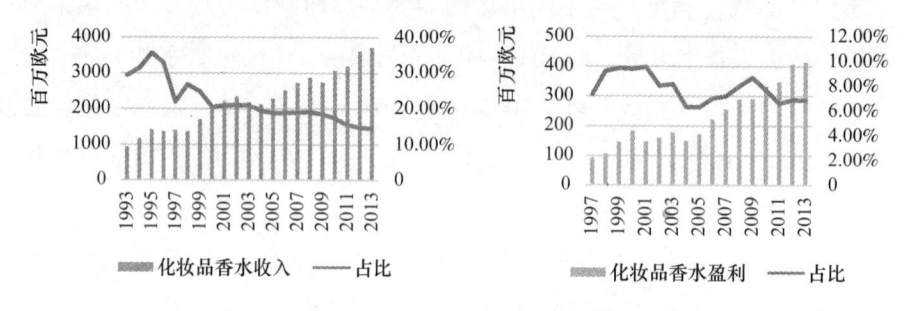

图1-10　1993～2013年化妆品香水业务年收入/盈利及集团总量占比
（数据来源：LVMH年报）

4. 后起之秀精品零售

阿诺特十分清楚，再好的产品还是需要卖出去才能转变成盈利，自己可以控制销售渠道，才算是真正把命运掌握在了自己手里。通过公司控制的销售终端，不仅能保证产品的一流质量，更能确保销售产品的零售终端能提供高质量的客户服务。于是20世纪90年代中期，在LVMH集团并购扩张的黄金阶段，阿诺特于1996年以24.7亿美元购入了DFS（Duty Free Shoppers）免税店（图1-11）。

DFS是全球最大的为国际间旅行者提供奢侈消费品的零售商。DFS最早的创办地点是在中国香港的启德机场。那是在1961年，它出售的商品包括白酒、香烟、化妆品和香水，这些都是被特许免税的。从那里，DFS开始向亚洲及环太平洋的各地区发展。DFS在1997年成为LVMH大家庭中的一员，其斥资24.7亿美元购入DFS集团61%的股权。DFS的主要店面形式包括DFS艺术品陈列室、特许免税商品店、高级宾馆及度假村门店和其他专业店。这些店面要么坐落在城市中的繁华市区，靠近各大宾

图 1-11　分布于全球的 DFS 免税商店

馆、酒店，要么坐落在大型国际机场内。它们出售的商品中有 20% 来自于 LVMH 集团。

仅仅一年之后，阿诺特再次出手，收购了法国化妆品公司丝芙兰（SEPHORA）。丝芙兰在法国和美国都是最为著名的化妆品连锁店，也是欧洲第二大化妆品连锁店。LVMH 集团由此掌握了一个重要的高端化妆品渠道，并将其发展到全球。截至 2013 年，丝芙兰在全球 28 个国家拥有多达 1859 家店铺（图 1-12）。

图 1-12　丝芙兰（SEPHORA）化妆品连锁店

背景资料：

丝芙兰（SEPHORA），1969 年创立于法国里摩日，1997 年加入 LVMH 集团。丝芙兰的创始人为多米尼克·曼多诺（Dominique Mandonnaud）先生，1969 年他在法国的里摩日开设了自己的第一家化妆品商店。当时，美容用品只在百货公司的专柜内销售，还没有开放式的自由选购。而在曼多诺先生的设计下，他的化妆品专卖店不仅是一个销售场所，还是一个供顾客参观、漫游和探索美丽的自由乐园。这种销售模式大受顾客青睐。1994年，专卖店以"SEPHORA"的名字命名，她是圣经典故中摩西妻子——一位集美丽、智慧、勇敢和慷慨于一身的年轻女性的名字，象征高雅、快乐和自由。

除此之外，LVMH集团在2000年还曾设立电子商务网站eLuxury（后于2009年关闭），收购两家法国高档百货公司Le Bon Marché 和La Samaritaine，以及一家游艇零售公司Miami Cruiseline Services（图1-13）。

背景资料：

迈阿密邮轮服务公司（Miami Cruiseline Services）是著名的邮轮零售商，专营世界知名的高档品牌。公司成立于1963年，专卖店遍布90多艘邮轮，与全球著名邮轮公司携手合作，其中包括皇家加勒比海国际邮轮（Royal Caribbean International）、精致邮轮（Celebrity Cruises）、水晶邮轮（Crystal Cruise）、挪威邮轮公司（Norwegian Cruise Line）、嘉年华邮轮公司（Carnival Cruise Lines）、歌诗达邮轮（Costa Cruises）、荷美邮轮（Holland America Line）和伊比罗邮轮（Ibero Cruises）。其所营销的众多产品品质卓越，包括高级珠宝、腕表、皮包、美容产品、酒类、最新式样的时装与配饰。

图1-13 迈阿密邮轮服务公司提供奢华游轮上的精品零售服务

由此，阿诺特将LVMH集团旗下产品销售渠道拓展至海（Miami Cruiseline Services）、陆（SEPHORA等）、空（DFS机场店）三栖，全方位立体化地向全球精英阶层销售着自家产品。尽管该部门相比其他部门成立较晚，但其发展势头良好，尤其是在2008年之后，销售收入与盈利保持了持续增长。如图1-14所示，2013年该业务年收入为89.38亿欧元，仅次于时装皮具业务，而盈利也达到了9.01亿欧元，占集团总盈利近15%，排名第三。如此优异的市场表现，大有赶超酒水业务，成为集团新大腿的趋势。可以说，阿诺特胆识过人，对于销售渠道的全盘规划，又为LVMH帝国扩张提供了充足的后劲。

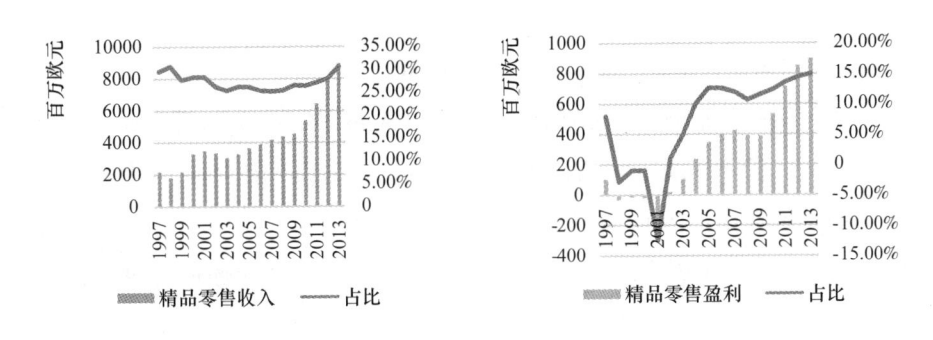

图1-14　1997～2013年精品零售业务年收入/盈利及集团总量占比

（数据来源：LVMH年报）

5. 有利可图便一网打尽

如果你认为LVMH集团只做以上几大业务模块的生意那就大错特错了，贪婪又狡猾的阿诺特怎能放过一切可以为LVMH集团带来利益的生意。在阿诺特的心中，他并不想把LVMH集团发展成一棵参天巨树，他的商业思维是要把LVMH集团打造成一片莽莽的森林！他认为，只有森林才能提供更多样、更有机、更肥沃的土壤，才能让森林里的生命肆意生长。为此，这匹穿着开司米衫的狼，瞪大了眼睛盯着那些肥美的猎物，并一步步地把它们收入囊中。

本着把西方生活艺术的精髓传遍世界的使命，为了体现传统工艺的高贵典雅，继续彰显旗下品牌的高雅与创意，2001年阿诺特收购了两家杂志，分别是主营艺术月刊及特刊的 *Connaissaissance des Art* 和权威艺术杂志 *Art & Auction*，之后在2007年收购了法国最具权威性的经济类日报 *Les Echos*，并在2010年推出艺术与奢侈品媒体网站Nowness.com。在传媒领域，阿诺特取得了初步成功。

另外，为了进一步提升集团的高端艺术氛围，1999年阿诺特出资7000万英镑买下目前全球拍卖行的第三把交椅——菲利普斯拍卖行（Phillipes），并在2003年收购了法国最大规模的古董交易商塔桑拍卖行（L'Etude Tajan）。

最后，力争打造高端生活方式的LVMH集团除了重视"衣食住行"中的"衣"之外，也在其他领域多下苦心。2004年购得承载着巴黎人美好记忆的法国最古老的休闲公园Jardin d'Acclimatatio；2007年接手福特公司成为英国顶级轿车生产商阿斯顿·马丁（Aston Martin）的新东家；2009年开始成立LVMH酒店集团；2010年收购Egeria旗下荷兰奢华游艇制造商Royal Van Lent；2013年收购法国酒店Saint-Barth Isle de France和意大利米兰有近200年历史的咖啡馆Cova多数股权；2014年还通过旗下私募基金L Capital Asia斥资1亿美元收购翡翠餐饮集团（Crystal Jade）逾90%的股份（图1-15）。

图1-15 LVMH集团所打造的高端生活方式

第二节 打造奢侈品世界的王者

一、傲人的成就

经过阿诺特将近30年的辛苦打造，LVMH帝国大厦最终落成。目前，这一全球高档商品的先驱，旗下拥有50多个各具特色的著名品牌，是当今世界最大的奢侈品集团（图1-16）。

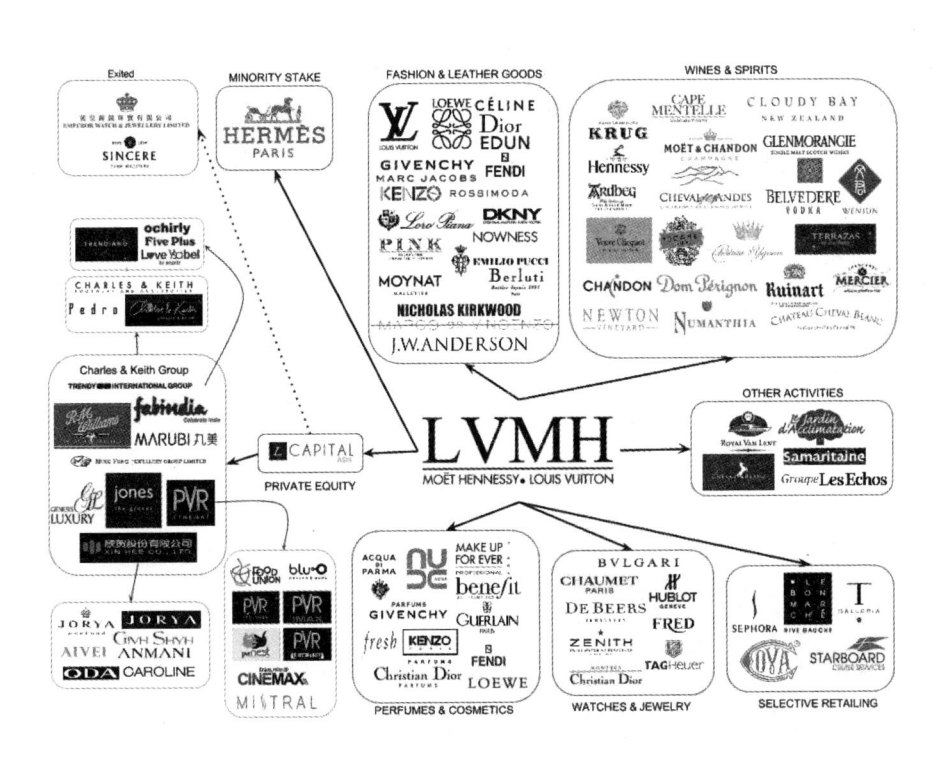

图1-16 LVMH集团旗下品牌示意图

巨大的规模优势、领先的品牌组合和平衡的产品结构，这让LVMH集团一直都保持着统治者地位。如图1-17所示，近20年来，其集团销售收入与盈利基本上一直呈现上升趋势。1993年整个集团的年收入是36.32

亿欧元，而 2013 年的销售收入则上升至 291.49 亿欧元，增长率达到惊人的 702.56%。尤其是在 20 世纪 90 年代末，借着 1999 年世界经济危机之际，集团低价并购了 FENDI（部分股份）、Thomas Pink、Tag Heuer、Zenith、Chaumet 等 15 个时装或钟表品牌，成为 LVMH 集团收购历史上成果最为丰硕的一年，2000 年集团收入便突破 100 亿欧元。

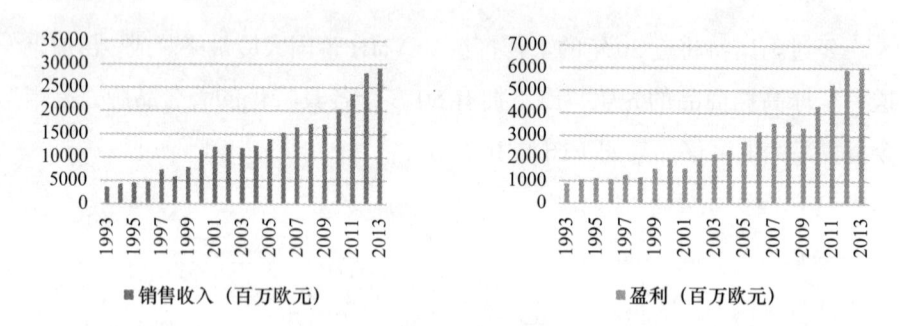

图 1-17　1993～2013 年 LVMH 集团年收入/盈利增长变化（数据来源：LVMH 年报）

如图 1-18 所示，与全球另外两大奢侈品集团相比，LVMH 集团无论是销售收入还是盈利，都远远领先于它的竞争对手，坐稳了奢侈品世界的第一把交椅。

图 1-18　2013 年世界三大奢侈品集团年收入与盈利情况对比（左侧为盈利）

同时，作为一家上市公司，LVMH 集团的股市表现也能让它的支持者满意。LVMH 集团在泛欧交易所（Euronext Paris exchange）上市，是巴黎 CAC40 指数、DJ-EuroStoxx 50、MSCI Europe 和 FTSE-Eurotop 100 成份股。截至 2013 年 12 月 31 日，公司的股份数额为 507,793,661 股，每股面值 0.30 欧元，股本总额为 1.52 亿欧元。2013 年股价于 9 月 19 日达到峰值，每股

150.05 欧元。集团业务的多样性抵消了经济危机对单一业务的冲击，使得 LVMH 集团能够在 2008～2009 年的经济危机中快速复苏，也让投资者给予了其更多的信赖。

二、阿诺特的秘密

商业天才阿诺特把 LVMH 集团打造成了一个商业帝国，利用自己的并购天赋开创了奢侈品行业全新的商业模式。这其中到底有何奥妙呢？为什么阿诺特总能在合适的时间买入合适的品牌，为什么品牌在买入后总能为集团带来显著收益？为什么成功的总是他呢？其实 LVMH 集团每一次并购都是在讲述同样一个故事：选择适当的品牌，把握好最佳的并购时机，利用经济周期的波动，在经济低谷时以最小代价收购那些被低估的品牌；收购完成之后，利用其独特的"整合法则"对品牌资源进行重新整合，对品牌进行重新包装定位，从而让品牌焕发新生。

LVMH 集团的并购策略具体而言包括以下三点：

首先，LVMH 集团在全球范围内选择并购对象。跨国并购可以对冲汇率，寻找具有内涵和价值的品牌进行多元化经营，也可以对冲业务风险。

其次，LVMH 集团在并购时机上遵循低价收购原则，利用经济周期减小收购代价，实现收购利益最大化。公司历史上的并购潮均发生在经济低潮期。如 1987～1988 年时美国股灾导致众多上市公司股价跌入低谷，1998～2001 年时经济危机与 911 事件使奢侈品市场急剧收缩等。低迷的经济压低了奢侈品品牌的估值，极大地降低了 LVMH 集团的收购代价。

最后，LVMH 集团十分注重其收购品牌的文化特性，这主要体现在独特的历史传统和文化底蕴上。全球的顶级品牌无一不和皇族、王室、名流有着千丝万缕的联系，正是这种关系让一个品牌变得鲜活，变得有内涵。品牌一时的经营不善不能抹去其背后的文化内涵，恰是这样的品牌才具有东山再起的强大资本。恰当地进行品牌定位和包装，合理整合品牌资源，往往就能产生令人意想不到的收获。当众多具有历史传承的品牌汇聚在一起，巨大的品牌号召力与影响力也是难以想象的。

相关链接：

在合并前的 1986 年，Moet Hennessy 集团营业收入为 13.40 亿美元，而 Louis Vuitton 仅为 2.90 亿美元，其中 Louis Vuitton 品牌产品的营业额仅为 5,400 万美元。尤其是在 20 世纪 80 年代末，价格昂贵、设计单调乏味让 Louis Vuitton 开始走下坡路。1997 年，阿诺特力排众议大胆起用年轻的美国鬼才设计师 Marc Jacobs，让其担任 Louis Vuitton 的创意总监，负责男装、女装、皮鞋及其他皮革制品的设计。历史证明阿诺特的选择是十分正确的。年轻的 Marc Jacobs 通过与涂鸦艺术家 Stephen Sqrouse、日本现代艺术家村上隆、波点女王草间弥生等的合作，让已经老气横秋的 Louis Vuitton 变得焕然一新（图 1-19）。在不失原来庄重优雅的气质的同时，又颇具生动活泼的灵气。蜕变后的 Louis Vuitton 一举成为 LVMH 集团的顶梁柱。2013 年，以 Louis Vuitton 为核心的时装及皮革制品部门营业额占 LVMH 集团的 35%，营业利润更是占到集团的 50% 左右。

图 1-19　刚入主 Louis Vuitton 的 Marc Jacobs（左）及其入主后与 Stephen Sqrouse、草间弥生合作的箱包

三、神奇的并购法则

细数 LVMH 集团的成功并购案例，从中体味下它神奇的并购法则。

1. LV 整合法则："看准时机，低价买入，重新定位，再次包装"

阿诺特善于利用经济周期减小收购代价，对于那些经营状况低于预期、但前景看好的品牌特别青睐。LVMH 集团的并购对象并不以集团原有的品牌种类为限，而是只要符合LVMH集团要求的激活标准就会成为其并购目标。这些新购品牌都具有深厚的品牌历史，具备被激活成为奢侈品牌的条件，从投资角度而言，它不仅具有直接的商业利润，还能不断产生衍生价值以及巨大的文化价值。但是这些品牌又大都经营状况不好，利润率连年下降，精英团队不稳定，所以才不得不面临被出售的境地。除此之外，抓住品牌经营家族最薄弱的时刻，类似新老交替或股份转换的时机都成为阿诺特出手的良机。把品牌收购之后，再对其进行一系列的重新定位和包装，从而改善品牌困境，焕发品牌新的生机。在LVMH集团的运营历史中，CELINE的重生就是最好的例子。

1945年，CELINE在巴黎开业，主要销售皮具用品，它诠释的是一种时尚的生活格调。然而曾经创造无数经典的CELINE并没能一直良性发展，到LVMH集团收购它之前，CELINE亏损已经高达1600万美元。1996年LVMH集团收购CELINE之后，任命马克·卢比耶（Jean-Marc Loubier）为CELINE的负责人。

卢比耶上任后做了几项变革，对CELINE的改造主要是分为以下三步：首先，像Marc Jacobs治理Louis Vuitton那样，挖掘CELINE的品牌历史——在1945年开业时是巴黎的高档鞋零售商，CELINE随即被卢比耶包装成现代奢侈品品牌，是欧洲复兴的象征，同时还邀请美国设计师迈克·柯尔（Michael Kors）将CELINE形象定位于现代职业女性干练自如又不失优雅魅力的特质（图1-20）；其次，将CELINE之前以服装为主、以皮包为

图1-20 马克·卢比耶（左）与迈克·柯尔（右）

辅的业务模式转变为加大生产营业利润率较高的皮具产品；最后，将产品流通时间从几个月缩短至几周，这样既减少了存货成本，也加快了周转速度，从而提升了利润。在 LVMH 集团的打造下，CELINE 完成了华丽转身，品牌重新焕发光彩（图 1-21）。

图 1-21　迈克·柯尔入主 CELINE 后推出的 Classic Box 经典皮包

2. "兼而不并"的森林法则

阿诺特并不想把 LVMH 集团发展成一棵参天巨树，而是要打造成一片莽莽森林！品牌的多样性、独立性和互补性一直是他所期望的。因此在 LVMH 集团的扩张道路上，"兼而不并"一直是其所遵循的准则。"兼"是指 LVMH 集团最大化整合资源，以便所有品牌都可以共享。"不并"是指 LVMH 集团保持品牌的独立性，推广和传播的时候力求让其有独立的文化。集团在资源以及渠道的宏观层面上进行管控，各个品牌在品牌策划与传播的微观层面自主经营。

芬迪（FENDI）是意大利顶尖奢侈品时尚公司，其专长在皮革制品、香水、太阳镜以及钟表。品牌最具代表性的产品当属名为"贝贵（baguette）"的手袋。这个 1925 年由 Edoardo Fendi 和 Adele Fendi 夫妇两人创立的皮草和皮革制品店，诞生于罗马。后来他们的五个女儿全数投入家族事业（图 1-22），将芬迪成功带入国际市场。

图 1-22　芬迪五姐妹

LVMH集团对这个时尚界最具魅力和品位、也是被业内普遍看好的品牌芬迪的收购，是在1999年与意大利显贵、时任意大利皮革制品集团PRADA负责人帕特里奇奥·贝尔泰利联手完成的，LVMH集团和PRADA共同持有芬迪51%的股份。阿诺特最终能赢得五姐妹的芳心，主要还是因为阿诺特允许芬迪姐妹以及公司最受欢迎的设计师卡尔·拉格菲尔德（Karl Lagerfeld）享有参与公司业务的权力——这一直是阿诺特收购的一大特点。

阿诺特和贝尔泰利这两位商战中的对头开始关注这项交易时，虽然迟来了一步，但赢得了最后的胜利。他们完成了对芬迪估价为85亿美元的收购交易后，也获取了芬迪51%的控股权，击败了GUCCI等对手。交易发表的声明中说：芬迪姐妹持有剩余49%的公司股份，并将继续担任公司的重要职位，如董事长、董事会秘书，负责产品风格、生产计划和对外沟通等。

用阿诺特的原话来说，"这个家族必须继续留在公司，她们的灵感、创意对公司的发展是非常重要的"。阿诺特从来未曾给芬迪姐妹或拉格菲尔德划定什么界限，以防止芬迪的产品与LVMH集团旗下的其他产品在风格和理念上出现重合。相反，阿诺特认为，这个问题还是留给芬迪姐妹以及设计师本人去思考，他相信对方的审美和判断。他说："芬迪有着鲜明的品牌个性。它与Louis Vuitton或是Dior等其他品牌完全不同，芬迪姊妹和拉格菲尔德有着自己独到的创意和天赋，他们对芬迪的理解深刻而独特。他们自然会遵照自己的理解设计和开发芬迪产品，维护芬迪一贯的品牌和形象。"

1999年并购之后仅18个月，LVMH集团就利用自己的零售渠道资源，把芬迪的店从全球仅4家增加到83家，而阿诺特"兼而不并"的"放任式"管理风格，更是把芬迪的品牌活力和影响力扩散至整个集团内部，带动了其他品牌的口碑和发展。

尽管LVMH集团总部设有总监与各部门主管，但阿诺特的告诫是，要给那些活跃的子公司足够的发挥空间。阿诺特认为："进行有效的管理，主要依赖于我们的企业文化，如果不给予足够的自由，他们就无法创作出上佳的具有灵气的产品。关于 Louis Vuitton、FENDI、GIVENCHY 等知名品牌产品原来都是同一家集团公司生产的这一事实，消费者也许全然不知、不感兴趣，其实也根本没必要知道。上述各个品牌应该是彼此完全独立的。但从企业角度来看，每个品牌的经营商，包括他们的雇员，都应该很清楚：自己是隶属于全世界最大的奢侈消费品集团的，这对企业整体形象的维护很重要。我个人认为，LVMH 集团成功地将自身定位为所有这些大品牌的拥有者，这样的企业形象也是 LVMH 集团取得成功的关键。"

3. 并来资源，购得利益

在阿诺特的精明领导下，LVMH 集团还通过并购对价值链进行整合，把原料—生产—品牌—渠道有机结合在一起，使资源得到最大化的利用。通过对上游供应商的并购，将不同品牌之间共同的生产体系整合在一起，确保生产质量又节约生产成本；而对下游供应链的并购，可以为各品牌产品提供短而窄的渠道，防止产品遍地开花，维护产品形象。例如，为了稳固并扩大集团珠宝业务，LVMH 集团与全球最大的钻石矿业公司 De Beers 达成合作，形成从原料、制造、品牌、渠道一体相连的价值链，极大地节约了成本；而对意大利羊绒品牌 Loro Piana 的收购，则使 LVMH 集团间接成为了新西兰、澳大利亚和阿根廷顶级羊绒的原料供应商，在获得羊绒制品在亚洲地区 30% 市场份额的同时，还有效地遏制了其竞争者生产高端羊绒制品。不同品牌之间的资源共享与互补，整个供应链的稳固顺畅，也是 LVMH 集团能够快速发展的关键。

2011 年 3 月 7 日，LVMH 集团豪掷 37 亿欧元，收购意大利高档钟表及珠宝商宝格丽（Bvlgari）。LVMH 集团发行 1650 万新股换取其经营家族持有的 1.525 亿股宝格丽股份，从而购入后者 50.4% 的股权，此后 LVMH 集团又以每股 12.25 欧元收购宝格丽余下股份。

阿诺特的精于算计众所周知，尽管对收购奢侈品牌有着狂热的爱好，但不等到经济低谷或者品牌估价处于低位时，他也鲜有出手。然而，这一次他并没有耐心地等到"便宜"的时机，迫不及待地以高溢价及对宝格丽家族的种种优惠条件将全球第三大珠宝商宝格丽纳入版图。

阿诺特的慷慨大方缘何而来？并购能给 LVMH 集团带来什么？

为了与宝格丽协商签约事宜，阿诺特缺席了解聘设计师约翰·加利亚诺（John Galliano）后的首场迪奥秀，奔赴宝格丽的总部所在地罗马。签约当天，宝格丽的市值为23亿欧元，按收购价格计算，LVMH集团支付的溢价高达六成，相当于宝格丽息税折旧摊销前利润（EBITDA）的27倍，息税前利润（EBIT）的40倍，是LVMH集团自身市盈率的2倍。不仅如此，获得LVMH集团3%股权的宝格丽家族成为阿诺特及其亲属之后集团的第二大股东，并且在董事会拥有两个席位，而原来担任宝格丽CEO一职的家族成员也将出任LVMH集团新的钟表珠宝业务部主管。

一向奉行"兼而不并"的阿诺特，为了确保自己在这一模式中的核心地位，在并购或控股中一贯以现金支付，鲜以股票充抵，因此至今还持有LVMH集团46.5%的股份。对比宝格丽被收购前的条件，显然哪一条也不成立。经验老到的阿诺特虽然也有失手的时候，但肯定不愿意做亏本买卖。到底是什么让阿诺特一改往日作风，豪取意大利"明珠"？理由似乎很朴素——LVMH集团十分需要宝格丽。

在LVMH集团的几大业务模块中，手表与珠宝业务一直是集团的软肋，更是在和直接竞争对手历峰集团的市场交锋中处于弱势。无论是旗下所拥有品牌的数量与知名度，还是市场渠道资源，LVMH集团都与对手有着巨大差距，而与优势品牌的并购联合，成为一条赶超对手的捷径。宝格丽作为老牌珠宝与手表品牌，其江湖地位不言而喻，自身品牌资源更是让LVMH集团垂涎三尺，也难怪阿诺特会如此坚决地想要吃下宝格丽这块蛋糕。宝格丽集团的CEO弗朗西斯科·特拉帕尼（Francesco Trapani）也表示，"LVMH集团选择投资宝格丽，是因为他们坚信宝格丽的潜力，也明白这个品牌可以扭转他们现在在珠宝和手表行业相对薄弱的局势。而对于那些独立的手表和珠宝奢侈品牌来说，以后会非常艰辛，如果你没有一定的规模，即便赢，也会赢得非常吃力。"

4. 给你最好的时尚生活

除了集团主营几大业务模块外，野心勃勃的阿诺特显然对LVMH集团寄予了更多的希望。无论是昂贵的顶级时装还是华丽的珠宝首饰，在销售产品的同时，LVMH集团还在努力打造一种与自身产品形象相吻合的生活方式，并以此向外传达其价值理念。通过并购的形式，那些看似并不起眼的品牌或店铺，成了LVMH集团最好的形象代言人。

2013年，意大利米兰街角的一家咖啡厅，虽然这里的陈列摆设与世界各地的咖啡厅并无差异，可是却一时间吸引了众多商界大佬的目光。Cova咖啡厅成立于1817年，在"二战"后搬到了米兰蒙特拿破仑大街（Via Montenapoleone）最好的街角地段，至此，这里就变成了一家米兰时尚文化的里程碑式咖啡厅（图1-23）。这里曾是伟大的音乐家普契尼、威尔第流连忘返的地方，美国作家海明威曾在他的名作《永别了武器》中提到了此地。而在过去的20年里，咖啡厅所处的这一区域变成了全球知名的意大利时尚奢侈品圣地，也成为亚洲游客近年购物的必到之处。Cova优越的地理位置让众多奢侈品公司艳羡不已。

图1-23　Cova咖啡店的历史与今天

就在咖啡厅隐秘的后房内，LVMH集团的行政总裁圣·卡斯利和Cova的主人，法西奥莉两姐妹签署了一笔交易。这笔交易，让LVMH集团获得了这间咖啡厅的多数股权，随后，卡斯利解释了这次收购的原因，"对于LVMH集团来说，拥有自己的商店非常重要；同时，投资这些商店周边的环境也同样重要，因为要为顾客提供的是高品质的购物生活方式和体验。"LVMH集团所希望的是在LVMH集团的品牌旁，有一家同样档次和品位的咖啡厅相匹配。而在众多咖啡厅中选择Cova，阿诺特和卡斯利看上的正是它的历史，它的地理位置以及它未来无限的发展潜力。相得益彰的品牌结合在一起，给消费者的是全方位的品牌感知与体验。

本章总结

作为拥有最多奢侈品牌的集团，LVMH集团今天的行业地位和所取得的成就，离不开阿诺特精明的治理，并在很大程度上依赖于并购及并购后的经营技巧。阿诺特的成功，实际上是解决好了两大核心问题，一是公司治理模式，二是商业运作模式。在公司治理模式上，阿诺特所搭建的是以投资控股关系为主，经营独立、财务紧控的母子公司模式。用一种投资组合的视角去经营品牌，可以保持各品牌之间的相对独立性，构建内部以金融投资方式为特点的品牌经营方式。而在商业运作模式上，其构建了一个成功经营的有效循环：用资本运作进行品牌并购，重新包装、整合资源，实现品牌激活，独立运营品牌集群管控，最终保证品牌形象的多元统一。

拓展阅读之一：

LVMH集团"不务正业"的投资链条

北京商报 刘一博 2014年5月8日第B03版

全球奢侈品市场业绩不佳之际，全球最大的奢侈品集团LVMH集团近日宣布投资一家新加坡餐饮集团，开始卖上了中式小笼包，并可能将包子业务从九大国和中国香港拓展到中国内地。在跨界投资的链条上，LVMH集团早已是公认的"贪吃蛇"，在奢侈品之外，小笼包的跨界之大也足见其对中国市场的"不死心"。

奢侈品巨头LVMH集团日前通过旗下私募基金L Capital Asia介入餐饮业，资料显示，该基金已斥资1亿美元收购了新加坡中餐连锁集团翡翠餐饮逾90%股权。根据双方的协议，LVMH集团计划帮助翡翠餐饮集团进入新的市场，未来中国市场是二者合作之后的主要战场。

据悉，这是继LVMH集团击败PRADA成功收购意大利百年咖啡馆Cova多数股权后的又一项"不务正业"之举。北京商报记者发现，除了餐厅、咖啡馆，LVMH集团还先后收购了几家国际精品酒店。

奢侈品领域专家、财富品质研究院院长周婷表示，奢侈品业务在华增速放缓，LVMH 集团开启产品多元化战略，将为集团增加新的消费人群，增加新的盈利点。数据显示，翡翠餐饮集团 2013 年的营业收入达 2.5 亿美元，其营收增速为每年 20%。

国内一位高端会所餐饮部负责人称，目前中国高端餐饮受冲击，许多中档餐饮一路走高。翡翠餐厅便是这类定位，从消费需求和市场走势来看，这个市场将迎来快速发展期。

另外，中国市场仍是国际奢侈品的大市场，但随着行业态势的疲软，欧洲品牌开始收购蓬勃的中国本土品牌。此前，LVMH 集团已投资丸美（中国）控股集团有限公司（以下简称"丸美"），控股比例 49%，但只是投资关系，实际控制权仍掌握在丸美手中。业内分析称，丸美目前在国内有 3000 家百货店，预计还有至少 1000 家的空间，占领着难得的渠道资源。

周婷表示，LVMH 集团将加紧布局亚洲，以中国为主的策略一目了然，收购丸美是看中了渠道能力，这是集团在中国打造全产业链的重要环节之一。

拓展阅读之二：

LVMH 集团为何看上女装品牌欧时力

《新财经》2012 年 04 期

香港女装品牌欧时力（Ochirly）近两年以"类似"大牌的设计在内地热卖，走进该品牌专卖店，会看到带着 CHANNEL 气质的外套、背包，小一号和装有不同配饰的 CELINE、LOEWE 甚至 Hermes。但价钱仅为上述品牌的百分之一左右。

有意思的是，这个品牌却收到了 LVMH 集团的橄榄枝——不久前，这家全球最大的奢侈品集团买下欧时力 10% 的股份，交易规模高达 2 亿美元。不同于其他快时尚品牌惯用的"与大牌合作"的模式，欧时力这次是真的带上了 LV 的基因。

此次事件激起了业内一片热议，虽然主导此次收购的 LVMH 旗下基金 L Capital 总裁 Daniel Piette 一再强调，这些品牌（欧时力等）不会属于 LVMH 集团的奢侈品行列，但是业内更愿意将其此次入股解读为战略性投资。

　　L Capital 基金公司成立于 2001 年，目前在 25 家公司持有股份，其亚洲分公司 L Capital Asia 最近两年成立，主要致力于寻找印度和中国等亚洲市场的投资机会。有业内人士指出，L Capital 基金的作用就像 LVMH 集团的品牌孵化器，在其全球化的品牌布局中起着重要的作用。而且，欧时力也不是它们买入的第一个快时尚品牌。2011 年底，L Capital 就收购了中国欣贺（厦门）服饰有限公司部分股权，成为其第二大股东。该公司是拥有近 20 年制衣历史的服装企业，旗下品牌包括 JORYA、JORYA weekend、ANMANI 等。

　　LVMH 集团在大众消费领域的野心很早就已显露。去年 6 月，它曾经试图收购上海家化，终由于对方不接受基金私募等机构投资者而被拒之门外。

　　此次对于欧时力等股权的收购，L Capital 总裁 Daniel Piette 表示，通过入股协助这些公司在未来 3～6 年的发展，然后以出售或上市的方式退出。

　　国内分析人士认为，"LVMH 集团此次投资的品牌战略布局应该大于财务的投资，欧时力以现在的销售体量能够给 LVMH 集团贡献的利润还很有限。"但显然，L Capital 的意图是分享中国快速扩大的消费市场。

　　清科研究员张亚男分析说："对于 LV 来说，它确实有很强的品牌影响力，但是毕竟奢侈品牌面临的市场比较窄，与欧时力这样的时装品牌合作，有利于它覆盖到更加广阔的高成长性的消费市场。而且与原品牌本身出身不同，离得比较远，比自己重新推出一个中低端品牌更容易，也更容易与原有品牌区隔。"

第二章
时尚的力量：不止于美丽

引　子

每个人，特别是女人都希望自己更加漂亮，为了实现这个愿望都会购买一些时尚消费品。如果经济实力允许，可能会考虑拥有 LV 的包、使用欧莱雅的化妆品，穿百丽的鞋……人性对美以及品位、身份彰显等的追求，造就了时尚产业，同时也使其成为最大且备受关注的产业之一。

但 2014 年经济持续低迷，需求萎靡不振。96% 的纺织服装上市公司业绩和利润两项指标持续下滑，"关店潮"成为服装行业提及率较高的关键词。

面对顾客群体的变化，如何吸引年轻"90 后"的关注，中国服装企业显得"软弱无力"；阿里巴巴、京东、唯品会的上市，"双 11"的火爆促销，释放了新的经营模式，让传统纺织服装制造业感到巨大压力同时，也看见了互联网时代"新"的商机；大数据、云计算、O2O、电商等带来了希望，但只是缓解了企业库存压力，对品牌提升和利润的增长成效不大，中国服装产业仍然没有从电商中找到有效的"解药"。

当我们为提升经营能力而苦苦挣扎之时，优衣库、ZARA、GAP、H&M、A&F等国际快时尚品牌却在中国攻城略地，快速扩张，获得高速发展。在这个激烈竞争的过程中，中国时尚品牌获得的最大收益是近距离学习和模仿。

无论结果如何，可以确定的是：创新与超越才是出路。

第一节 解读时尚

一、时尚的内涵

时尚（Fashion）是在一定时期和特定社会文化背景下，流传较广的一种生活习惯、行为模式及文化理念。是一种与现实生活紧密联系的社会文化，并与时代大众的精神诉求息息相关，成为一段时间内流行的生活态度和生活方式。

时尚体现在衣着、服饰、消费习惯或生活方式等个人或社会生活的多个领域，通常由思想意识起步，以各种物质形式表达展现。人类具有群居特征，比较关注自己在人群中的地位，并具有较为强烈的被认同感。因此，时尚不只是表现人们个性和价值观的不同，人们通过服装、化妆品等改变外在形象，表现个性与自身品位，以彰显各自的社会地位和阶层。装扮自己，也是对别人的尊重，比如参加晚会、音乐会、私人聚会时，需要穿着合适的服装，这是一种文明和品位的体现。从另一角度，一个人在别人眼中的形象，不是自己说出来的，而是别人看到的。

时尚是每个人在不同年龄阶段都要经历的一个过程，是一个在成长过程中的符号和一个阶段的生活方式。不同时代，时尚有着不同的表现形式，也是某一时期社会现象和心态的表达。如建国初期的中山装、绿军装的流行，就是一种身份、地位和阶层等的体现；而改革开放初期的喇叭裤、"爆炸"式发型的流行，则反映出年轻人对上述观念的挑战和叛逆。

所以，时尚就是一种趋势、一种现象，最终通过所购买的服装、服饰、化妆品甚至家居等一些物质化的产品体现出来。

二、时尚产业及其范畴

（一）何为时尚产业

时尚产业指的是与时尚产品和服务相关的工业或商业。即通过工业和商业化方式所进行的时尚"产品"和"服务"的设计、采购、制造、推广、销售、使用、消费、收藏等一系列经营性活动的总称。时尚产业是随着社会的进步和生产力水平的提高，在新的历史条件下与生产要素相互融合，所产生的一种全新的产业形态。因此，时尚产业与政治、文化、社会现象、时代环境等紧密相关，如图2-1所示。

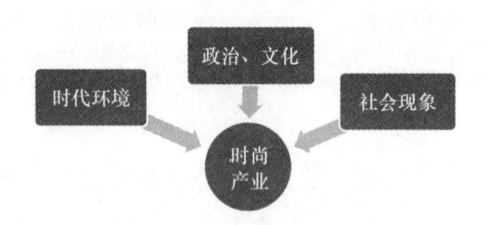

图2-1　与时尚产业相关的领域

以目前消费者比较喜欢的日本品牌——无印良品为例，十年前该品牌进入中国时，并不被消费者认同，销售状况不好，那时国内对环保概念还没有深刻的认识。但今天这个品牌在国内的销售呈快速上升趋势，主要原因还在于一年三分之一的雾霾天气、与环境污染相关的疾病比例大幅提高……生存环境已迫使国人对环保问题更加关注，人们的环保意识开始增强。而无印良品的品牌价值主张便是强调环保、自然、简单的生活方式，关注人类的生存空间和明天（图2-2）。其产品大多采用天然材质和染料，以及再生材料。这与目前很多消费者所推崇的价值理念不谋而合，喜欢并进而成为这个品牌的拥趸者人数开始增多，就不足为奇了。

麻的颜色、和地球一模一样。

这种带浅灰的本色、是在位于法国和比利时之间的法兰德斯地方培育的亚麻布的颜色。天然素材的亚麻布、随着种植土地的状态和气候的不同，其色彩和手感也各有特色。在此基础上再加上好几代传承而来的农家的经验，培育出了这种颜色和手感的亚麻布。无印良品在最大限度地尊重该地的自然特征和生产方法的基础上进行着素材甄选。

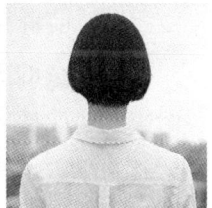

图 2-2 无印良品所倡导的生活方式

可以看出，时尚产业与政治、文化、时代环境和社会现象等是紧密相关的，时尚产业无疑是一门生意，但需要敏感地去捕捉市场的变化，才能在这个产业中立于不败之地。

（二）时尚产业的范畴

时尚产业从设计、研发、制作到销售、辅助等环节，形成一条完整的产业链，并延伸为与时尚产品和时尚服务相关的两大分支：其一是时尚产品，如服装鞋帽、皮草皮具、各类饰品、手表、珠宝、香水、护发护肤品、美食、消费类电子产品、动画漫画等；其二是时尚服务，如美容美发、健身旅游、流行音乐、影视摄影、时尚书籍杂志、餐饮酒吧等休闲娱乐服务，如图 2-3 所示。

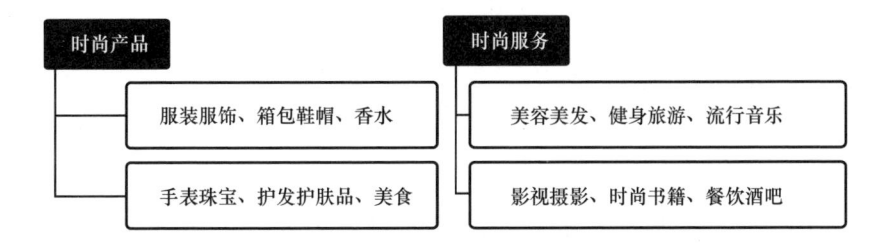

图 2-3 时尚产业范畴

时尚产品与时尚服务相互配套且相互依存。比如某天你收到同学聚会的邀请，想到要见多年未遇的同学，你一定会提前精心打扮一番：穿哪件衣服更好？穿哪双鞋子、佩戴哪款项链和手表、提哪个包包才相配？喷哪种香水与那个场合更搭？对了，还要做一下头发、做个美容护理……在这个过程中，前者与时尚产品相关，而后者则与时尚服务相关。

随着社会的变迁，餐饮、旅游等都成为时尚消费的一部分，在米兰，最时髦的餐厅是米其林，如需就餐要预约或排队；而手机、汽车也已经不能称之为耐用消费品了，苹果手机就是最好的案例；奔驰每年都会赞助各大国际时装周，其最新的宣传理念是制造时尚、致力于一种生活方式的代言；PRADA开设依托家具产品销售的生活方式店，并开始手机的研发和销售；还有近来非常火爆的电动汽车"特斯拉"，很大程度上源于它具有的流行元素，比如它将传统汽车里的中控台和按钮全部换成超大的触摸屏，外形的设计跟跑车一样，拥有超强的提速能力等，颠覆了传统机械式汽车理念，引领着时尚生活方式（图2-4）。

（1）米其林餐厅　　　　　　　（2）"特斯拉"电动汽车

图2-4　从衣食住行体现出现代生活的时尚

三、时尚产业的本质

（一）品牌是根本

时尚产业的本质是品牌。每个品牌都有各自的定位，同样的产品，因为品牌不同，可能导致价格的巨大差异。

在时尚产业中，无论品牌能够提供的产品设计、工艺质量、营销服务等要素满足消费者的需求能力有多强，归根到底，就是要用品牌培养"粉丝"，培养消费者对品牌的忠诚度。当消费者喜欢某个品牌，认为这个品牌就能代表他/她时，当他/她感觉穿上这个品牌就能代表他/她的品位时，他/她就会很难能看到别的品牌。

这，就是时尚产业，它会让消费者像中了"毒"一样地迷恋它。如爱马仕的限量手袋，尽管价值不菲，还是会有人提前三年去预订。

这，就是品牌的魅力。

拓展阅读：

2015年5月底，《福布斯》公布全球最具价值的100个品牌。该品牌榜的评选基于全球15个国家、横跨20个行业类别的品牌。榜单排名前20的品牌以科技公司为主，包括Apple、微软和Google，而LVMH集团旗下Louis Vuitton和运动品牌NIKE是其中为数不多的时尚类品牌，排名分列第14位和第18位，如图2-5所示。

图2-5　2015年《福布斯》全球最具价值品牌榜单

瑞典零售商 H&M 排名第 33，截至 2015 年 5 月，公司市值为 678 亿美元，雇员约 93351 人；同为快时尚的西班牙品牌 ZARA，位列 58；此外，GUCCI 排名 42，爱马仕排名 51，卡地亚排名 55，Coach 排名 63，劳力士排名 65，PRADA 排名 74，运动品牌 Adidas 排名第 83；香奈儿排名 85，Ralph Lauren 排名 89，Target 排名 92。

1. 设计是品牌的灵魂

品牌知名度的高低不是决定品牌成功的唯一要素，产品设计才是品牌的灵魂。产品是品牌与顾客直接对话的主要载体，产品设计直接决定了产品的风格和品牌的个性。

时尚品牌的核心内涵必须与新时代脉搏对接。例如五年前，Louis Vuitton 的设计师马克·雅克布突破了 Louis Vuitton 传统的、贵族的、保守的元素，融入了强烈的美国街头文化，限量版涂鸦式的鞋子和包包，迎合了当时消费者需求，使产品迅速流行，令老牌 Louis Vuitton 获得新生。

同样的案例也发生在 GUCCI 品牌身上，20 世纪末、21 世纪初，GUCCI 产品缺乏推陈出新，过于保守的设计令消费者不再追捧而逐渐流失，经营陷入困境。随着汤姆·福特的加入，把美国人性感、自由、奔放的生活态度融入到意大利传统和经典的设计之中，令 GUCCI 起死回生。

任何品牌，如果没有一个灵魂级的设计师，品牌将会慢慢地从顾客喜欢、推崇，转变成顾客远离和拒绝。

所以说，设计是一个时尚品牌的灵魂。

2. 经营是品牌的生命

品牌经营包括两个递进的过程：品牌创造和品牌运作，通过产品研发、管理、营销等手段扩大品牌知名度，使品牌获得消费者和市场的认可。

诺基亚曾经每个季度做七八百个款式，有各种各样的颜色和型号，每季专柜里陈列五六百个新款，结果被只做一个款式、两个颜色的苹果给"干掉"了。对比诺基亚和苹果手机的案例可以看出：产品做得多、做得全没有用，品牌做到最后，是要追求个性与不同。跟对手的竞争过程中，最忌讳在不知不觉中被同质化，最后造成品牌的坍塌。

另一方面，欧洲很多服装企业历史悠久，品牌都有200多年历史，产品也是全手工制造，品质绝对一流，但是公司做了200年，都没有特别大的知名度。问题在于，这些品牌只懂得产品制造，不懂得市场和营销。

这些品牌拥有优秀的工艺技术，具有不可复制的优点，这就是它的价值所在。但是，家族几代人都没把其价值释放出来。如果有投资者或善于经营的势力介入，给它们寻找一个新的出路，这，就是该品牌复活的机会。

所以，经营是品牌的生命。

3. 供应链是品牌的支撑

ZARA一件产品从设计开始，至成品上架，最长只需3周时间，称得上是时尚产业的"奇迹"，深入分析ZARA创造这一"奇迹"背后的因素可发现，关键是"赢"在供应链。

供应链分为两种。一种叫作"推"（PUSH），另一种叫作"拉"（PULL）。"推"是企业生产什么，就只能让客户去买什么；而"拉"的模式是消费者需要什么，企业就生产什么。显而易见，两种模式的出发点就已经决定了品牌在市场竞争中的输赢。

ZARA是顾客要什么品牌就做什么，甚至顾客头脑中向往的产品也能提前制造出来，引导顾客消费。同时，它用最短的时间、最低的成本、最快的速度，满足消费者的需求。这样，库存也可维持在最低点。由此可见，供应链对时尚产业的重要性。如果时尚品牌不能以最快的速度提供给消费者所需的新颖、潮流产品，将面临艰难的生存状况。

4. 资本是品牌的动力

资本会让品牌产业化，成为品牌成长的动力，使企业的利益实现最大化。从LVMH集团的案例（见本书第一章）可以清晰地看到，LVMH集团通过一系列的兼并收购，造就了如今"全球最大的奢侈品王国"。

中国很多服装企业所说的不缺钱，更多的是针对目前保证企业存活的状态。如果想打造有影响力的品牌，其所拥有的财富还远远不够。因为中国特殊的社会原因，在中国打造一个百年服装品牌难度较大。

从1949年至今中国经历了几代人：20世纪40年代到60年代人群、20世纪60年代到70年代人群、20世纪70年代到80年代人群，20世纪

90年代新生代人群。最关键的在于，这几代人价值观不同、消费理念不同、消费意识具有很大的差异性。而一个品牌生存的基础是消费者，面对如此复杂的消费人群，时尚品牌如何能在满足消费者的同时，保持持久活力，这是一个难题：20世纪90年代至本世纪初，那时年轻人流行穿着的品牌真维斯、班尼路等，早已成为过去式，已经很难拥有现在的年轻消费群体；随着李宁、以纯、佐丹奴等休闲品牌拥趸者逐渐步入中年，这些品牌的颓势也显而易见，仍能维持的类似品牌仅有ONLY、杰克·琼斯等少数品牌；取而代之的是欧时力、大嘴猴等品牌的风靡。

所以说，在中国做时尚品牌，把企业做大和做强是一种智慧，选择适合的时机退出也是一种智慧。有退出就有进入，资本的介入就是帮助品牌继续成长的动力。投资和并购，就是购买方看中一家公司或品牌后，以合理的价格买下，再把它打包出售给有能力让它复活、增值的公司，让品牌获得新生。

（二）商业化是目标

时尚产业就是"时尚的商业化"。从巴黎到纽约、从伦敦到米兰，每个城市的时尚都不是单一的，从服装服饰、鞋帽、箱包伞杖、珠宝首饰、眼镜表具，到家纺用品、家居装潢、汽车、手机、电玩等，再到美容美发、健身旅游、流行音乐、影视、动漫、餐饮等各个领域，都可能成为时尚产业新的增长点。

2013年福布斯富豪排行榜单中，最大的赢家是西班牙服装品牌ZARA创始人阿曼西奥·奥特加（Amancio Ortega）（图2-6），个人净资产达到579亿美元，排名第三（表2-1）。阿曼西奥·奥特加的财富较去年增加了195亿美元，是财富增长最多的富豪。2012年，巴菲

图2-6 ZARA创始人阿曼西奥·奥特加（Amancio Ortega）和他的女儿

特是全球排名第三的富豪，但做服装的阿曼西奥·奥特加将巴菲特从第三名挤到了第四名。全球排名第三的位子上，曾经停留过美国盖普（GAP）公司的老板唐纳德，20世纪90年代中期，GAP的年销售额做到175亿美元，是全球最大的服装公司；此外，还有LVMH集团的老板伯纳德·阿诺特；ZARA的老板阿曼西奥·奥特加则是第三个。

表2-1　2013年福布斯亿万富翁排行榜之服饰榜

排名	姓名	年龄	财富变化	国籍	净资产（亿美元）	所属行业
3	阿曼西奥·奥特加	76	上升	西班牙	579	服装（ZARA母公司）
10	伯纳德·阿诺特	64	下降	法国	290	奢侈品LVMH集团
12	斯蒂芬·佩尔森	65	上升	瑞典	280	服装（H&M）
56	菲尔·耐特	75	持平	美国	144	服装（耐克）
131	乔治·阿玛尼	78	上升	意大利	85	服装（阿玛尼）
145	阿兰·韦特海默、杰拉德·韦特海默		上升	法国	80	奢侈品（香奈儿）
166	拉尔夫·劳伦	73	下降	美国	70	服装（拉尔夫·劳伦）
175	帕吉欧·贝尔特利	67	上升	意大利	67	奢侈品、服装（PRADA）
179	约翰·鲁伯特	62	上升	南非	66	奢侈品、服装（历峰集团）
182	尼基·奥本海默	67	下降	南非	65	珠宝首饰（戴比尔斯）
195	罗撒丽亚·麦拉	69	上升	西班牙	61	服装（ZARA母公司）
248	伊萨克·安迪可	59	上升	西班牙	50	服装（Mango）
276	莱斯利·卫克斯奈	75	上升	美国	45	服装（维多利亚的秘密）
299	劳伦斯·格拉夫	74	上升	英国	43	珠宝首饰（格拉夫钻石国际）
346	莉泽洛特·佩尔松	63	上升	瑞典	39	服装（H&M）
458	伦佐·罗索	57		意大利	30	服装（Diesel）
490	其普·威尔逊	56	持平	加拿大	29	服装（露露柠檬）
503	多丽丝·费舍尔	81	上升	美国	28	服装（GAP）

续表

排名	姓名	年龄	财富变化	国籍	净资产（亿美元）	所属行业
641	吉姆·戴维斯	69	上升	美国	23	服装（新百伦）
670	约翰·费希尔	51	上升	美国	22	服装（GAP）
704	曹其峰	66	上升	中国香港	21	服装（Michael Kors）
704	尼古拉斯·皮埃什	70	新入榜	法国	21	服装、奢侈品（爱马仕）
736	卡洛·贝纳通	69	下降	意大利	20	服装（贝纳通）

图 2-7 日本服饰品牌优衣库创始人柳井正

作为全球第一大奢侈品集团——路威酩轩 LVMH 集团的第一大股东阿诺特，以 290 亿美元的身家，蝉联法国首富多年。在日本富豪排行榜中，日本服饰品牌优衣库创始人柳井正（图 2-7）及其家族夺得了日本首富的桂冠，他在日本已经连续 4 年蝉联日本首富。他的目标是要超越 ZARA 和 H&M，在未来五年内成为全球最大的服装公司，他离这个愿望已经很近了。

纵观所有上榜富豪经营的时尚品牌，特别是能够持续数年进入榜单的，大多拥有共同的"特质"：每个品牌通过不断创新、探索与追求，逐步积累沉淀出品牌的风格，具有较强的品牌识别度和引领性。由此可见，时尚品牌只有这样，才能在"时尚的商业化"过程中保持独有的个性，实现持续成长。

四、解析中国时尚产业

中国时尚产业正面临经济和需求低迷、行业增速放缓的严峻现状。随着市场的变化，行业转型迫在眉睫。但企业需要认真思考的是：往哪儿转以及如何转。因此，深入分析中国时尚产业的现状和未来，对决定企业今后的走向至关重要。

（一）中国时尚产业的地位

根据 2012 年《世界品牌 500 强》排行榜，根据不同国家对服装、化妆品、电子商品等消费进行的统计显示，上榜品牌数量分布的国家依次为美国 22 个，法国 15 个，日本 9 个，瑞士 8 个，德国 5 个，荷兰 4 个，中国 4 个。其中，中国 4 个入选品牌分别是海尔、联想、青岛啤酒及长虹。在与时尚相关的服装、化妆品、手表及珠宝等四个领域里，中国上榜品牌数量均为零，中国时尚品牌没能获得"一席之地"。

福布斯 2012 年 2000 强企业服饰类上榜公司中，排名第一的是迪奥，排名第二的是伊藤忠商事会社，还有 NIKE、ZARA、H&M、Adidas、历峰集团、GAP、优衣库、VF、蔻驰、拉尔夫·劳伦、Ross Stores、爱马仕等。中国唯一入选的企业是百丽控股，当年百丽的年销售额达到 200 亿～300 亿元规模。

从图 2-8 看出，国内时尚品牌做得最大的是百丽集团。百丽通过并购整合，把运动、休闲、商务、晚装等几乎所有类型的鞋子包揽到旗下。在商场一层看到的中国鞋品牌，其中很多属于百丽控股集团，如百丽、天美意、TATA 等，有的甚至会占到整个楼层销售额的 50%。

如图 2-9 所示，从 2012 年中国服装上市公司销售收入及利润数据看，中国时尚行业服饰类上市公司利润占销售额比低于 10% 的公司有达芙妮、鄂尔多斯、李宁、美特斯·邦威，而占比在 10% 徘徊的有波司登、百丽国际、中国动向、宝姿、森马等品牌，说明时尚行业中，能够围绕主业做大且做强的企业少之又少，这不仅仅是因为整个市场需求低迷，思维和模式还起着主导作用。

（二）时尚产业的商业化趋向

1. "非主流"品牌成为"主流"

"主流品牌"指的是规模比较大，市场占有率比较高，时间比较久的

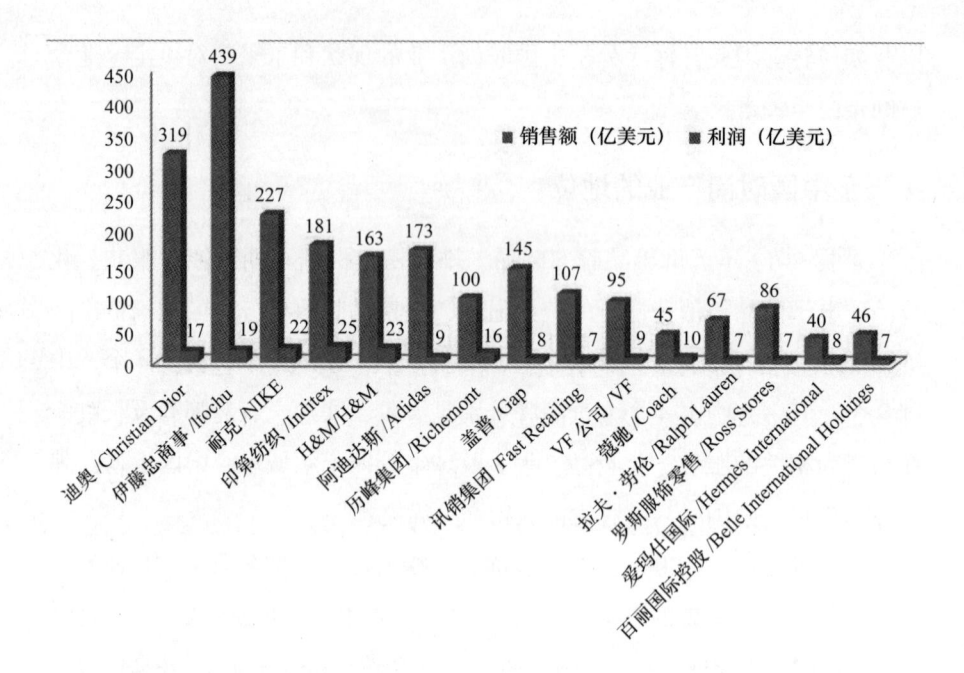

图 2-8　2012 年福布斯全球企业 2000 强：服饰类上榜公司销售额及利润

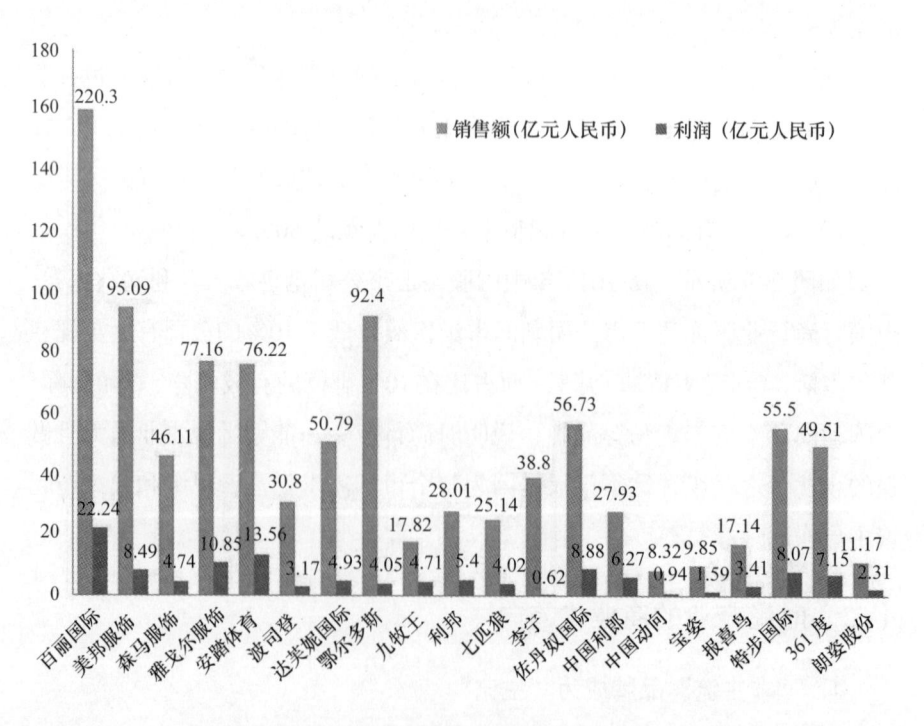

图 2-9　2012 年部分中国服装上市公司销售收入及利润

服装品牌，如雅戈尔、杉杉、波司登、鄂尔多斯、七匹狼、劲霸、报喜鸟、希努尔、卡路迪露、海澜之家等；而所谓的"非主流"，如例外、玛丝菲尔、欧时力、朗姿等品牌，会因其市场需求度高，与流行保持较高的紧密性，更具发展潜力。

中国服装市场发展之快用"一日千里"形容并不为过，早期的鄂尔多斯、杉杉、雅戈尔等品牌独领风骚，市场热捧；随后，温州男装风行一时，如报喜鸟、庄吉、法派；休闲风刚刮起时，真维斯、佐丹奴、堡狮龙等香港品牌独步天下；随之而来的美特斯·邦威、森马快速崛起，七匹狼、柒牌等异军突起，本土休闲品牌高潮迭起。这个过程在短短25年"此起彼伏"。

纵观今日市场，我们看见的是品牌老化，消费者正在远离，市场低迷的同时看见的是新生代品牌的崛起，高歌猛进，"非主流"正在成为"主流"，并日益受到年轻顾客的喜爱。在时装市场，主流品牌对年轻顾客的忽视让它们正在成为过去式，如何再次成为真正的主流，是主流品牌应该关注的重点。

2. "非创意产业"转型"创意产业"

时尚产业的核心就是创意。当我们追逐产能和揣摩顾客时，却发现，大部分品牌正远离时尚的核心。

销售业绩使品牌过分关注店铺数量、生产数量、回款金额，忘记顾客对品牌的识别和忠诚很大程度上来自"个性化"需求；竞争令品牌忽视了与顾客的情感沟通，把服装产品仅仅作为赚取巨额利润的生意载体，忘记缺乏创意的时尚品牌难以留住顾客的心。这可能会是品牌退出市场的致命点。重视产品创新，致力于产品设计研发，注重产品的情感诉求，强调生活方式的表达，已成为时尚品牌经营的关键。

让"生意"成为"创意"可能很难，但这是未来时尚行业生存的根基。

3. 品质决定存在价值

中国服装企业并不缺乏加工一流品质的能力，但关键在于是否能够提供五星级的品质、三星级的价格，这才是成功之道。

优衣库的成功不是独特的设计，而是品质可靠；ZARA的成功则是更多选择和紧随流行的产品。在互联网时代，品牌的产品就是最好的口碑。

好品质可以让顾客成为你的推销员，如小米手机超出期望的功能和品质，加上惊喜的价格，在竞争激烈的智能手机领域中异军突起。

曾经有一个品牌的宣传语让人印象深刻：品质证明实力，品牌彰显价值。回归真正"高性价比"的品质时代，中国服装产业依然优势尚存，机会永在。

（三）破蚕化蝶的期待

随着20世纪80年代改革开放后经济的高速发展，中国时尚产业在90年代发展迅猛；进入21世纪，开始稳步发展；在第一轮的发展过程中，时尚产业完成了原始积累。之后，立刻面临互联网和新经济时代的冲击，从2012年至今，中国时尚产业增速开始放缓。

在这短短三十多年的快速变化过程中，时尚行业面临一系列未曾预料的困境：首先表现在库存大量增加，企业业绩增长乏力，经营成本居高不下；第二，市场低迷，消费者对消费变得不那么积极；第三，进入市场的品牌日益增多，竞争激烈。

因此，中国时尚产业需要重新思考的是：在未来的发展过程中，如何在新经济时期，快速且稳健地跟上时代的步伐。西方国家用了一两百年时间发展起来并且引领全球的时尚产业，而我们仅仅经历了短短二三十年。中国的消费者从物质极度匮乏到过剩，可选择的产品类别和范围越来越多。经过物质极大丰富的洗礼后，消费者未来需要的是更加个性化或者是跟全球时尚同步，且能符合其生活方式、代表其阶层的产品与品牌。

现在，与国际品牌站在同一个平台上竞争，这对中国时尚品牌来说，面临的挑战前所未有。

第二节 时尚产业的规模与结构

涉及服装、家纺、鞋帽、皮草、饰品、手表、香水、护肤和化妆品、消费类电子产品，甚至美食等与生活密切相关的时尚产业门类宽泛。曾经的耐用消费品，如电视、汽车、手机、家具等，也已超越原有属性，逐步向时尚类产品转变。

一、市场与规模

（一）分布

全球大约75%的时尚产业市场（主要是指出口、制造以及消费），主要集中在欧洲的27个国家以及美国、日本和中国。与其他产业不同，时尚产业具有文化、流行等的独特性，其市场规模的大小不仅仅体现在金额上的多寡，更包含该地区是否具有全球领导力和影响力的品牌。而时尚品牌的崛起，需要有一定的政治、文化、经济等为基础。欧洲众多国际品牌，如路易·威登、Prada、Burberry、登喜路、杰尼亚等，均与其所处的地域发展密切相关。

中国有13亿人口，已经是全世界最大的出口创汇国。从综合角度看，还不是最大的时尚产业市场。但中国未来会成为全世界最大的纺织品和服装的消费国，预计到2025年，中国将成为拥有全世界最大规模服装市场的国家，全球服装市场可能会突破2万亿美元，如表2-2所示。

表2-2 全球服装市场规模及增长预测　　单位：十亿美元

地区	2012年	2025年	年均复合增长率
中国	150	540	10%
欧盟	350	440	2%
美国	225	285	2%
印度	45	200	12%
日本	110	150	2%
巴西	55	100	5%
俄罗斯	40	105	8%
加拿大	30	50	4%
澳大利亚	25	45	5%
世界其他地区	75	195	8%
全球	1105	2110	5%

除表2-2所提及国家服装产业较发达之外，其他所有国家，尽管人口占到世界总人口的44%，但服装出口、制造以及消费只占到整个市场的7%。也就是说，如果服装品牌到非洲去开连锁或专卖店，很难做出ZARA目前的这种效果和规模，尽管非洲人口达到9亿～10亿，但人均年消费能力仅为25～65美元。

（二）预期

从表2-2可看出，2012年全球时尚产业市场规模约为1.1万亿美元，占全球GDP的1.8%左右。纺织服装产业仍是全球最大的产业之一，很多发展中国家仍把纺织服装产业的出口、加工、贸易作为支柱产业。即使发达国家，如意大利、英国、法国、德国等，时尚产业也是其比较重要的产业之一。

今天的中国纺织时装产业，特别是零售行业快速萎缩的状态，可能会被误认为全世界的经济低迷造成市场需求的萎缩，进而影响到时尚产业也在萎缩。实际上，通过图2-10显示的数据趋势可看出，全球纺织服装的需求是增长的，只是速度相对缓慢。2011年服装价格首次上涨，预示着全球服装价格将开始上扬；"快时尚疲劳"开始显现，消费者更加关注产品质量和耐用性。

图 2-10　1990～2011年全球纺织服装需求增长率

（三）潜力

2013年，全球服装和鞋行业零售额增长850亿美元，增长率为5%。该增长很大程度依靠"金砖四国BRICs"（巴西、俄罗斯、印度和中国）的增长带动，但俄罗斯近几年经济持续下滑，巴西经济变得越发不稳定，而且巴西的经济已经进入到"止增长"（中产阶级的增长没有带动经济的持续增长）阶段。西方市场的需求仍然处在疲软的阶段，比如意大利、法国、德国等，整个经济还是处于疲软状态。自经济衰退以来，全球市场平均单价下降了5%。

目前，中东和非洲成为全球消费增长的新动力，是增长最快的市场。中东正成为全球首选的旅游和购物天堂；非洲人口红利的出现，有利于国际品牌消费增长，也是未来最有增长潜力的市场。但目前购物设施有限，预计该区域2013～2018年期间增长将达到170亿美元。

2012年人均服装消费数据显示，发达国家与发展中国家的差距仍较大：占据全世界人均服装消费最高的国家是澳大利亚，为1250美元；印度人均服装消费水平最低，仅为36美元；中国的人均服装消费水平排在倒数第二，为109美元；全球的平均水平是153美元，如图2-11所示。

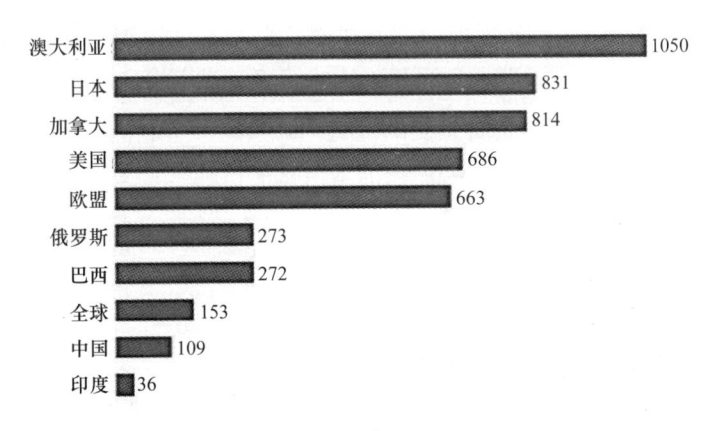

国家	人均服装消费（美元）
澳大利亚	1050
日本	831
加拿大	814
美国	686
欧盟	663
俄罗斯	273
巴西	272
全球	153
中国	109
印度	36

图2-11　2012年全球人均服装消费对比（以美元为单位）

从图 2-12 中看出，"金砖四国"中印度的服装消费水平也很低。但印度是一个年轻的国家，而且人口普遍年轻，这就意味着市场的需求也是最大的；而中国的人均服装消费水平比全球平均水平还要低，无疑也是一个消费机会最大的市场。根据各国家经济增长预测，至 2025 年，"金砖四国"的城市人均服装消费（PCA）将有较高的增长，而发达国家将会持续低增长。

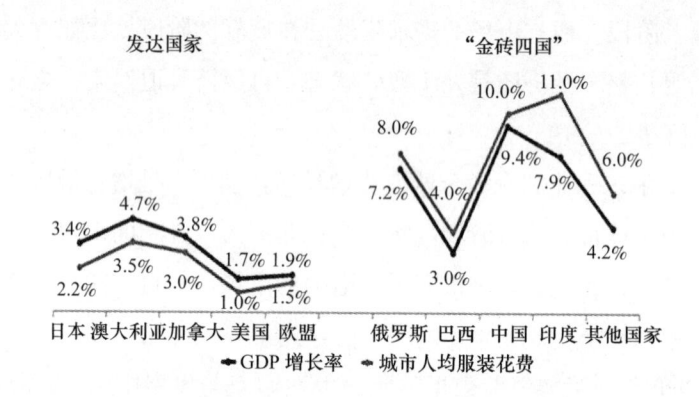

图 2-12　2013～2015 年主要国家市场年度 GDP 和 PCA 增长率

中国有 13 亿人口，是全世界经济增长最快的国家，如果保持政局稳定、人均收入增长、控制通胀速度，无疑将是全球时尚产业消费潜力最大的市场。但面对全球市场平均单价下降 5% 的现实以及中国的经济增长放缓带来的风险，未来 5～10 年内，中国时尚产业的产品价格将回归到市场应有的性价比，企业可能进入利润和单价持续稳定或下滑阶段。在此状况下，产品价格能够回归到消费者接受的范畴，并且能够有利润的企业才能得以生存。做不到这点的企业，将面临退出市场的风险。

二、产业细分

（一）女装

2013 年，全球女装市场估值为 6840 亿美元，相当于全球服装总销售额的 48%；国际品牌，如优衣库、Gap 和 H&M 是增长最显著的品牌。预计至2018年，全球女装市场将增长918亿美元，58%的增长将取决于中国市场。

近年来，中国女装中高端趋势明显。数据显示，2010年我国服装消费中，中高端服装消费增长31.2%，中端和低端增长分别为19.2%和18.4%。2011年，由于品牌女装价格大幅上涨35.7%，服装销售量增速下降，但中高端女装销售额仍然达到了20%的增速。

随着女性商务活动的增加以及经济地位的提升，将促进未来中高端女装的消费增长。而第三产业的迅速发展也将为女性创造更多的正规和较高收入的就业机会，有利于促进女性服装消费的进一步增长。

不同于美国45～54岁女性服装消费能力最强的情况，中国女性服装消费更为年轻化。2011年，全国女性服装消费者中，消费额最高的年龄层是31～35岁，其次是26～30岁的女性。41～50岁城市女性购买单件服装平均开支达2019.85元。预计，当在"70后""80后"广泛步入该年龄区间时，成熟中高端服装消费将会增加，价格承受能力也会更强（图2-13）。

此外，我国二三线城市显示出较强的消费潜力。随着商场百货在二三线城市开设增多及各中高端服饰品牌的渠道下沉，二三线城市对于高端服装的消费需求明显增加。高端女装消费由2008年非省会城市的12.2%快

图2-13 中高端女装消费日趋成熟

速拉升至 2011 年的 39.9%。

（二）男装

2013 年全球男装市场增长了 4.8%，超越了女装的 4.5%。主要的市场有英国、美国、德国，且具有明显主导趋势。预计到 2018 年，将增长 580 亿美元。据贝恩公司的调查显示，中国奢侈品男装年增长率达 14%。有预计认为，中国市场到 2020 年将占全球市场份额的 44%。

中国男装行业继运动、休闲服装品牌之后进入大洗牌阶段，整个服装行业也将迎来一轮深度调整。经过 2013 年、2014 年的去库存及管道调整，库存压力有所减轻，但主动调整与经营转型成效不明显，行情最快在 2015 年会开始出现好转。

一些定位高端正装的男装品牌，受政策环境影响，无论是团体还是个体消费都出现疲软，这也是其业绩下滑的重要原因；另有相当多的国内男装企业经营困难的最大原因是跨界，如果企业能够专注于服装主业，保持良性销售，即便是利润萎缩抑或是极低利润，还是有望挺过调整期。

线上购物的发展和较高的行业利润，将驱使男装市场增长速度加快。一般来说，男装线上购物的退换货率是最低的，相比较而言女装退换货率比较高。例如 ASOS，在中国退货率大约 37%。因女装款式丰富、板型差异较大，造成退换货率居高不下。而男装因为款式相对比较单一，选择范围和余地不大，而且男性不会太介意尺码大小，穿上后不会有太大问题即可，因而退货率较低。

近些年，正装与休闲装相融合的"新正装"概念走俏男装市场（图 2-14）。"新正装"包含生活化的正装、时尚型正装、商务休闲装等细分市场，针对各行各业中的技术型、知识型、艺术型以及商务型的精英阶层，有逐渐扩大的趋势。

随着年轻一代步入消费市场，男装的时尚度逐渐提高，流行周期开始缩短；此外，男士的服饰搭配也成为销售的重要环节。

图 2-14　男士"新正装"趋势

（三）童装

2013年童装市场增长了大约6.4%。在中国本土市场中，未来增长最快的会是童装。主要原因有两个：一是女性存款的提高，为每个孩子花费的投入提高，中国父母通常比较舍得为孩子花钱；二是，中国生育政策的放宽，以及20世纪60～70年代婴儿潮养育的"90后"子女开始进入适婚年龄，即将迎来一个新的生育高峰期。

国际上，童装成人化是趋势，童装大多是父母衣着的迷你版，如ZARA、H&M、优衣库等童装最大的特点就是成人装的缩小版，如图2-15（1）、（2）所示。而中国传统的童装更多的是各种卡通图案，衣服上如果不绣猪、狗、猫等图案，就认为不是童装，如图2-15（3）所示。目前而言，中、外童装在设计与消费意识上还存在一定的差异。

童装购买渠道方面，基于"80后"父母、特别是"90后"群体对于网购的熟悉和依赖程度，将大有前途。一方面，许多有规模的知名品牌开始在网上销售自有品牌童装，不仅价格比商场便宜，质量也有保障；其次，网购的方便省时也是一大优势，可让年轻父母节省更多时间陪伴孩子、做家务等；此外，童装追求的是舒适和品质，对适体性要求相对不高，只要家长具备一些服装品质、工艺等基本常识，就能较为容易地买到性价比合适的产品。可以预见，对于"低门槛、低利润、入门快、出门快"的童装

（1）ZARA 童装　　（2）ZARA 童装　　（3）国内品牌童装

图 2-15　童装去卡通化的穿着新理念

行业，网销平台将有更大的作为。

（四）内衣

内衣市场是近年来增长最快的市场，2013 年估值为 778 亿美元。另外，睡衣、泳衣的增长也很快，2013 年，睡衣和泳装类市场增长率为 4.2%。

内衣市场快速增长有两个原因：其一是流行趋势。现在人们的生活水平和社会消费结构发生了改变，很多消费者开始关注以往所忽略的方面，对穿着的追求也由外及里，希望里面的穿着与外面一样好，甚至在品质上要求更高。其二是自我表现意识的提升（图 2-16），使内衣市场的增长加快，

图 2-16　女士内衣穿着意识的觉醒

而且新型市场对内衣的需求也更加丰富，比如在日本，情趣内衣销售很好。

内衣不同于其他行业，是一个黏合度很高的行业。无论品牌多么强势，都很难在全球范围内一统天下。即使是全球内衣领导品牌维多利亚的秘密，2011年销售额约为93亿美元，其90%左右的销售额也是来自美国本土市场和加拿大；在中国，爱慕、曼妮芬等本土品牌具有很大优势；在日本，华歌尔及旗下品牌占绝对主导地位；而在德国则消费者更青睐的品牌是黛安芬。因此，内衣具有很强的地域性、适应度、黏合度，一旦顾客喜欢，想让顾客脱离这个品牌成为别的品牌的消费者，有一定难度。

在中国市场，适合处于成长期女性穿着、迎合少女的审美需求、更有个性却略带青涩、年龄在16～28岁的少女文胸市场仍是有竞争力的市场。但这一消费群体需求较难把握，她们青春有活力、对性感的理解有自己的观点，她们懂得如何表现自己的优势，穿着场合更加多样化，如适合运动的文胸、发育期的文胸等。底裤也随之进行丰富的演变，不同场合、不同心情、不同搭配都可能会成为购买不同文胸与底裤的理由。

此外，除传统内衣外，其他品类，如塑型矫正内衣裤、情趣内衣裤、男士内衣、儿童内衣等（图2-17）也开始逐渐获得独立的发展空间。

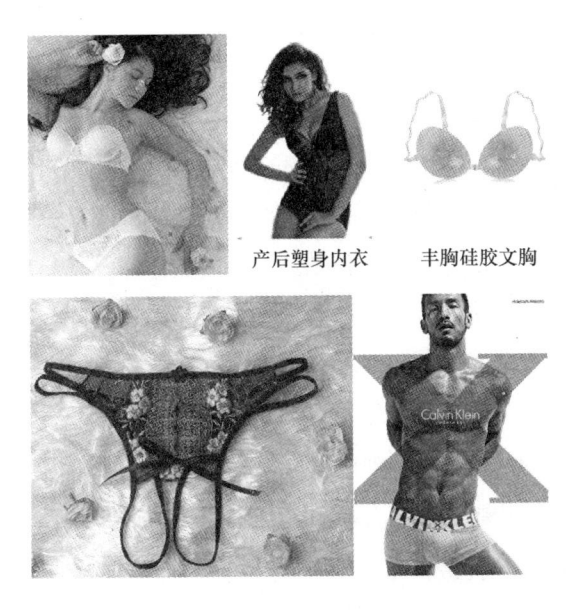

产后塑身内衣　　丰胸硅胶文胸

图2-17　各类内衣空间较大

（五）运动装及鞋类

2013年运动装市场全球增长率为5.1%，低于2012年的6.3%，主要原因是美国很多户外品牌增长表现不良所致。全世界最大的体育用品市场在美国，而最大的体育用品公司是美国的耐克（NIKE）公司。

美国体育用品市场细分化程度很高，首先，运动产品会分为室内和室外，如NIKE和Adidas品牌致力于室内运动服饰产品；而North Face、哥伦比亚、Timberland等都是做户外服饰产品的。其次，从事不同类别的运动时，对服饰产品也会有针对性的选择，比如专注于慢跑鞋的NEW BALANCE，网球鞋则是K-SWISS，登山系列是哥伦比亚，滑雪服是NORTH FACE等。

NIKE公司旗下有很多品牌，包括帆布鞋品牌CONVERSE等。但NIKE最好卖的还是篮球系列，这是它的专业和强项。其他品类，如高尔夫系列做得一般，业绩不敌CALLAWAY。因此，NIKE公司不断把消费者喜欢的品牌逐个并购，将不同品类的运动品牌纳入整个集团，意欲形成一个庞大、完整的运动服饰产业集团。

体育行业想打造品牌，通常跟一个运动赛事挂在一起，比如NIKE能想到的赛事就是篮球、NBA；而Adidas则主要进入全世界参与人数最多的运动——足球，足球场是Adidas的天下。曾经Adidas作为NBA官方球衣合作伙伴十年，但尴尬的是，自身LOGO无法登上NBA赛场；反而，NIKE作为运动鞋品牌，每天都在赛场上博得众多眼球。尽管用尽浑身解数仍未能实现预期效果，Adidas在2015年初考虑从2017～2018赛季开始放弃NBA官方装备这一身份。NIKE与Adidas，似乎已经形成隔江而治的局面。

而在中国，只要消费者喜欢，同一品牌中就会什么都卖。结果各个品牌相似度极高，缺少品牌识别度，只是拼价格。近些年，国内运动品牌业绩连续下滑、风起云涌的关店潮等，都是同质化竞争的恶果。

曾经在中国增长最快的产业包含体育用品。然而，运动品牌基本上都在卖体育风格的休闲装，而不是专业运动装备。这种通过非专业运动休闲装获取市场的方式，在市场需求日益细分化的当下，生存下来的机会微乎其微。一个丧失体育精神的体育品牌，将没有市场且缺乏可持续性成长。

鞋类市场仍占全球服装市场的四分之一，2013年增长了6.1%。鞋类作为一个高需求的市场，一些传统的服装品牌，比如ZARA、forever 21等都开始加大鞋类产品的开发。

2013年运动鞋的时尚化，是造成其增长的最主要动因。发达国家的增长表现最为明显：运动鞋越来越时尚，而一些鞋类品牌也越来越多地选择了运动路线（图2-18）。

图2-18　时尚的运动鞋、动感的休闲鞋

（六）箱包配饰

2013年全球配饰市场的销售总额大约为5000亿美元，增长速度最快，达到8%，其中"金砖四国"：巴西、俄罗斯、印度和中国的增长最为抢眼，为10%。这其中，珠宝增长最为显著，其次为箱包，如图2-19所示。

全球箱包市场的增长很快，2012年销售总额达740亿美元；2008～2012年的复合增长率为2.9%；其中，钱包、手包的业务最为诱人，2012年收入456亿美元，占箱包和皮具市场的61.3%。

服装各品类的时尚性、流行性、季节性等均较强，销售周期短，容易产生库存。但皮具和包的流行性相对较弱，季节差异较小，销售周期长，

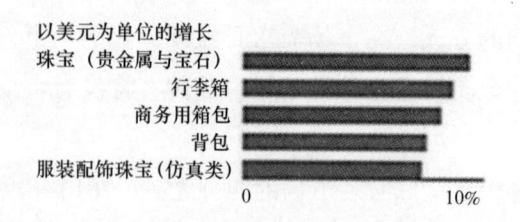

图 2-19　2013 年全球配饰类增长领先排名前五的产品类别

库存风险较小。未来的箱包配饰市场预期还将升温，到 2017 年底预计市场总价值会从 5000 亿美元增长到 7000 多亿美元。

（七）奢侈品

2013 年，全球奢侈品总消费额达到了 2170 亿美元，其中，中国的奢侈品消费全球第一，达到了 1020 亿美元。

但奢侈品在中国的发展，已经开始慢慢减速和萎缩。Louis Vuitton 已开始逐渐关闭一些在华运营不好的店铺，BURBERRY 的增长也进入缓慢期，其中很大一个原因是一些奢侈品品牌的影响力正在下降。现在，很多消费者炫耀的需求已经减弱，低调的奢华逐渐盛行，去 LOGO 化趋势明显，更多的高端消费者追求在消费过程中带来的购物体验和感受。如没有 LOGO 的 Bottega Veneta 品牌，尽管销售的是编织袋，但在中国销售增长超过预期。所以，奢侈品市场也在悄然发生改变，特别是在中国一二线城市的影响力开始有减弱的趋势。

奢侈品消费，更加关注产品的工艺、品质等内在价值，特别看重产地。大约 80% 的顾客在购买奢侈品时要查看产地标签，意大利制造仍颇具市场竞争力。奢侈品消费市场主要来自于全球的 3200 万个核心顾客。这部分顾客群在未来 6 年里将新增 1000 万，主要来自于美国、中国、欧洲和中东地区。在美国、日本、欧洲等成熟市场，奢侈品公司将面临消费热情退潮，大约 100 万的消费人群表示他们计划大幅度地削减奢侈品的开支，这将意味着约 40 亿欧元的市场的萎缩。

第三节 时尚产业格局

全球时尚产业格局从图 2-20 所示各国家和地区的颜色便可看出：颜色最深的地区是大型时尚活动超过 13 次以上的，颜色越浅的地区次数越少。图中颜色深的基本上是发达国家，如法国、意大利、美国和英国；而非洲等国家几乎是白色，表明基本没有时尚活动，包括时尚产品交易。

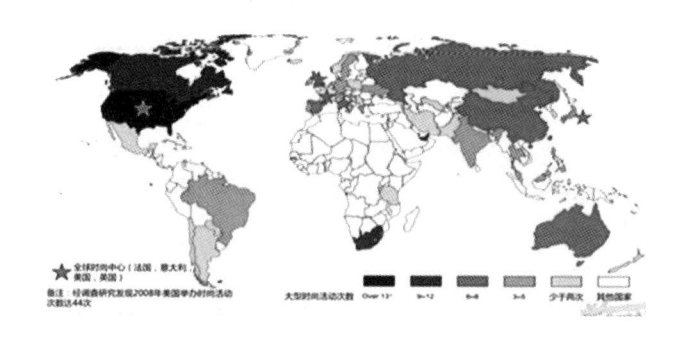

图 2-20 全球时尚产业格局——时尚中心的分布

一、全球时尚产业掠影

（一）时尚中心

提起全球时尚产业，多数人首先想到的是巴黎、纽约、伦敦、东京等。可能很多人没有想到的是，中国的上海已经排在东京之前。近年来，全球对中国元素的关注度迅速提高，2013 年上海以黑马之姿超过东京，从 2012 年的第 22 名迅速跃至第 10 位；亚洲第一的时尚消费力以及国际时尚舞台上不可或缺的亚洲脸孔模特儿，令中国时尚业在世界上引起关注。

据英国《每日邮报》2014 年 2 月 5 日报道，2013 年全球"时尚之都"排名第一的是纽约（表 2-3），它在时尚、潮流、最佳设计师以及街头风尚等关键字上，出现的次数略胜过巴黎和伦敦，小赢巴黎 0.5 个百分点。

其实，纽约在2010年之前连续5年名列"时尚之都"排行榜第一，其后两年，分别被米兰和伦敦替代；2013年，纽约再次夺回第一的宝座。

巴黎拥有"时尚之都"的称号已有百年历史，是高级时装和时尚概念的代表。巴黎成为时尚中心一个很重要砝码是时尚流行资讯发布的第一个展会——法国第一视觉面料博览会（PV展）所在地。这是最权威的流行资讯展，在PV展上有最新潮的面辅材料、服装、鞋帽等的展示。PV展的目的不仅仅是为了下订单或给买手提供货品，更是展示下年度时尚流行趋势的平台。

如某些设计大师T台走秀时发布某系列风格或元素的服装，随后各种著名时尚杂志，如*VOGUE*等会大力宣传推广，加上电视等媒体的播放，从而传递给时尚界人士及前卫的消费者下年度时尚主流趋势信息。于是，这个信息逐级传播与流行，巴黎便成为流行时尚的发源地与风向标。因此，尽管巴黎与纽约在"时尚之都"排行榜上存在微小差距，但它仍是时尚界财富的发电机。

同样，还有米兰时装周、纽约时装周等，也发布时尚流行趋势信息，也是全世界公认的、能够引导流行趋势的时尚盛会。世界上最重要的男装展是佛罗伦萨的PITTI UOMO展，但这个展会通常不发布流行趋势，只做一件事情：给买手订货。

表2-3 2013年全球"时尚之都"前11位排名

2013年排名	城市名称	所属国家或地区	2012年排名
1	纽约	美国	2
2	巴黎	法国	4
3	伦敦	英国	1
4	洛杉矶	美国	9
5	巴塞罗那	西班牙	3
6	罗马	意大利	6
7	柏林	德国	10
8	悉尼	澳大利亚	15

续表

2013年排名	城市名称	所属国家或地区	2012年排名
9	安特卫普	比利时	11
10	上海	中国	22
11	东京	日本	20

一个国家或地区成为时尚中心，一定是以经济为基础的，即经济发展与人均可支配收入达到较高水平。因此，想要成为时尚产业中心，首先要解决的问题是人均收入水平、交通便利及发达程度、城市人口状况、人口消费能力、政治稳定性等。

时尚所倡导的生活方式，对一个富裕的国家、地区或个人来说，是一种品位的体现。

（二）地标性的时尚产业名片

米兰、巴黎，已成为意大利和法国的名片。成为时尚中心的前提既然是经济基础，那么，从这个角度理解品牌，国家其实就是最大的品牌。

中国或韩国制造的时尚类产品，与意大利或法国制造的时尚类产品，对于顾客而言，在概念上就是两种不同价值的产品。即使产品同样做工精美，但是消费者能够接受的产品价格肯定不同。中国或韩国制造的时尚类产品，通常会比意大利或法国制造的产品定价低，不是因为品质不好，而是因为国家的整体时尚品牌价值没有达到意大利和法国的水平。而与科技类产品相关的三星手机，却可以标到与苹果相差无几的价格，这个领域的产品价格消费者是可以接受的。

同样，假如有两瓶香水，一个是国内著名的香水品牌，但这个品牌消费者并不认识，而另一个香水消费者也没听说，但它标明的是"巴黎制造（Made in Paris）"，消费者在做选择时，往往还是会选择"巴黎制造"。那么，是什么理由让他们这么快速地做出决定呢？理由可能很简单：因为巴黎意味着时尚，巴黎是时尚之都，它是法国地标式的"名片"。

因此,"时尚之都"带来的不仅仅是一个城市的名片,更会促进这个城市的旅游业和零售业。作为一个弹丸之地的香港,发达的零售业成为这个城市的名片,它对日本和周边国家具有强大的购物吸引力,从而带动其旅游及消费的快速增长。当一个国家、一个城市成为名片时,对产业的带动将超乎想象。

所以,各个国家和城市都会努力打造代表自己积极正面形象的名片。而全球时尚产业结构,就是按照这种地标式的名片形式分布在全球各地。

(三)生产中心

亚洲国家,如中国、孟加拉、越南、印度等,已成为全球服装行业的主要生产国,逐步由之前的意大利、西班牙、墨西哥、葡萄牙等国家转移过来。产品主要输送给美国、欧洲以及日本等发达国家和地区。

多年以来,中国一直是一个以服装加工制造为主的大国。2012年,中国大陆是全球最大的服装出口国,出口量为2122.85亿美元;欧盟出口金额1870.175亿美元;印度出口金额270.6亿美元;美国出口金额232.9亿美元;韩国出口金额129.5亿美元。近年来,大量服装加工业务从中国转向成本更低廉的孟加拉、印度、柬埔寨、缅甸等其他亚洲国家。

中国时尚产业未来发展是要从赚取简单的加工费向有设计和技术含量的制造转变。两种产业中心所带来的价值完全不一样。巴黎、纽约等城市已占据时尚领域的制高点,时尚产业基本上属于服务型产业;而意大利对服装工艺技术的研究深刻且玄妙;中国虽然是加工生产大国,但定位的转变迫在眉睫。服装制造,也不只是简单的将服装衣片缝合在一起,更重要的是研究如何实现高质、高效,并且在工艺技术上有所创新和突破的制造。

(四)消费市场格局

欧盟是全世界最大的服装消费市场,消费者对服装服饰类的购买力较强,约占全球服装市场的39%。这些国家的产品进口,主要来自亚太地区的中国大陆、中国香港、中国澳门、中国台湾、韩国、越南、柬埔寨和地中海沿岸、印度、巴基斯坦等国家。

北美地区是全球第二大服装市场，占全球市场规模的30%；其中，美国是北美地区最大的服装市场，占全球的26%；产品主要来自中国大陆、越南、孟加拉、印度、墨西哥、印度尼西亚、洪都拉斯、柬埔寨和巴基斯坦等国家；北美地区服装主要销售通路为百货公司、服装专卖店及大卖场等。根据美国劳工统计局（U.S. Bureau of Labor Statistics）统计，北美服装类消费者物价指数（Consumer Price Index，CPI）经历了10年的蛰伏期，于2011年开起始上扬，意味着美国服装价格可能会上涨。业内专家预测，在不久的将来，全球服装价格或将追随美国而掀起一阵上扬之风。

"金砖四国"（中国、俄罗斯、巴西和印度）的销售额占到零售额总量的四分之一。随着人均消费的提高，中国和印度两大人口大国也逐渐成为消费主力，其服装市场可能会超越美国和欧洲。

通过上述数据可以看到，中国本土是一个具有极大的增长空间的市场。这就意味着，只要企业抓住机会，抓住细分市场，满足消费群体的需求，一定会诞生很多机会。这也是本土时尚品牌的希望与价值所在。

二、透视中国时尚产业

（一）2013产业回顾

1. 总体状况

2013年，国际经济缓慢复苏，美日经济复苏势头总体较好，欧元区相对疲软；新兴经济体增速仍远高于发达国家，但增长集体放缓。国内经济GDP仍然保持7.7%的同比增速，呈现出整体平稳、稳中有升的态势。服装产业运行总体平稳，规模以上企业产量微增，增速趋缓；服装内销有所增长，但增速进一步放缓；出口实现恢复性增长，但增幅前高后低，逐月趋缓；投资保持增长，东部仍是投资重点地区；规模以上企业效益增长，但盈利能力未见明显提升，从全行业口径来看，规模以上企业两极分化明显，中小企业运营依然艰难。

2. 企业效益

2013年，服装行业规模以上企业15212家。累计实现主营业务收入19250.91亿元，同比增长11.29%；利润总额1141.09亿元，同比增长9.83%。主营业务收入较2012年提高0.7%，利润总额增速下降，降幅为0.33%。服装行业规模以上企业亏损企业1818家，同比增长4.42%；亏损面11.95%，较2012年同期下降0.5个百分点，整体效益平稳增长，亏损面有所收窄；但亏损企业亏损总金额和平均亏损金额进一步增加，且增加幅度依然较大，显示企业效益进一步两极分化。

3. 品牌竞争

（1）快销品牌：优衣库优势明显。

优衣库自去年超过ZARA后地位更加巩固，门店数量几乎翻倍，超过200家，成为几大快销品牌中门店数量最多的。最晚进入中国市场的GAP逐渐从学习摸索市场阶段进入迅速扩张阶段，排名正在上升（图2-21）。

（2）运动品牌：好日子仍未到来。

运动品牌中，李宁有少许进步。建立消费者需求快速反应机制的努力初见成效。但整个行业仍处于前期扩张过度、艰难去库存的尴尬境地。

2013上半年，中国动向、361度、安踏、匹克、特步、李宁6家运动品牌存货相比2012年年底仅仅下降了8.02%，上半年6大品牌关闭门店

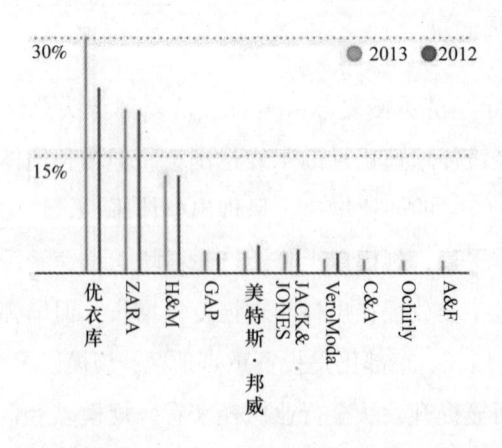

图2-21　2012～2013年快销品牌市场增长率

数量合计高达 2249 家，平均每天关店 12 家。

曾经，中国开得最多的是体育用品店，甚至一个月在一条街上新开 3 家店铺。这种爆发式的店铺增长早在 2007 年就开始出现问题，近两年，市场开始回归理性。

（3）高级时装和皮具：炫耀性消费减弱。

2013 年 Louis Vitton、GUCCI 相继推出了"去 Logo 化运动"，发布了一些没有明显品牌标识和印记的产品，但效果还不十分明显。

（4）牛仔服饰品牌：Levi's 不断贴近市场。

Levi's 在中国牛仔裤市场中无疑是绝对的老大，它是最早进入中国市场的牛仔品牌之一，也是很早开始根据中国消费者的体型设计牛仔裤的公司。除牛仔品牌之外，一些综合类的时尚品牌也在牛仔服饰市场占有一定地位，比如 GUESS。

（二）2014 产业上市公司业绩概览

2014 年纺织服装上市公司的整体状态仍然表现不佳，反映出成长减速、需求萎缩的转型压力。对企业而言，尽管机会大于压力，但粗放式成长一去不复返，精细化的可持续发展才是未来。

1. 总体状况

截至 2015 年 1 月，国内 33 家服装上市企业发布了 2014 年第三季度财报。从 2014 年前三季度年报看，行业继续了 2013 年的行业震荡整合，9 家企业营收实现了增长。其中 8 家企业主营业务增长高于去年同期，销售状况略有好转。通过数据对比，9 家增长型企业都是在 2011～2013 年首先面临库存压力的企业，由于真正认识到经济低迷与消费需求萎缩的事实，及时调整企业经营策略，包括库存处理、减少店铺数量、降低经营成本、改造供应链等积极措施，实现了增长。

净利润方面，2014 年服装公司整体呈现负增长状态，净利润为负增长的企业达 20 家，亏损企业数量同比有所增加。净利润增长较为突出的仅有 4 家，实现营业收入和净利润双增长的企业有 2 家，营业收入增长但净利润却下滑的企业为 2 家，营业收入和净利润基本持平的企业 1 家。

营业利润率较高的有九牧王25%，海澜之家25%，雅戈尔23%，探路者19%，贵人鸟16%，森马服饰16%，七匹狼15%，搜于特15%。而希努尔，步森股份，泰亚股份三家亏损企业数据呈现出负营业利润率。以上31家纺织服装上市企业平均营业利润率为10%，如图2-22所示。

2014年度营业利润率

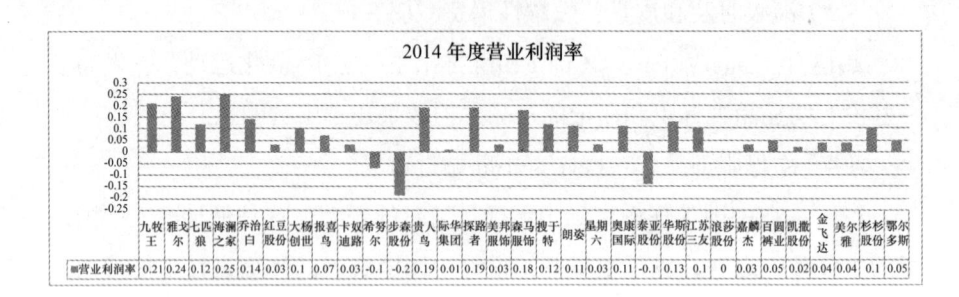

公司	九牧王	雅戈尔	七匹狼	海澜之家	乔治白	红豆股份	大杨创世	报喜鸟	卡奴迪路	希努尔	步森股份	贵人鸟	际华集团	美邦服饰	森马服饰	搜于特	朗姿	星期六	奥康国际	泰亚股份	华斯股份	江苏三友	浪莎股份	嘉麟杰	百圆裤业	凯撒股份	金飞达	美尔雅	杉杉股份	鄂尔多斯
营业利润率	0.21	0.24	0.12	0.25	0.14	0.03	0.01	0.07	0.03	-0.1	-0.2	0.19	0.01	0.19	0.16	0.18	0.12	0.11	0.03	-0.11	0.01	-0.13	0.01	0	0.03	0.05	0.02	0.04	0.01	0.05

图2-22　2014年度部分上市公司营业利润率状况

与国际品牌比较而言，中国服装企业产品加价率普遍高于国际品牌2%～4%，包括毛利率水平也比较高，但净利润与国际品牌相同或者稍高，这就是价格与品质相比较，性价比偏低。高毛利率与低利润相对的是：市场的调节因素，实际情况迫使中国服饰企业回归"性价比"，暴利的时代在这次经济低迷来临过程宣告结束，中国服装企业必然回归市场常态，电商和低需求也将促使中国服装产业重新面对，保持毛利润与净利润的合理比例是企业下一个发展竞争阶段的必然。

从图2-23、图2-24中看，企业库存周转率较高。库存周转较快的企业有：贵人鸟7.12，库存销售期为50.5天；际华集团5.97，库存销售期

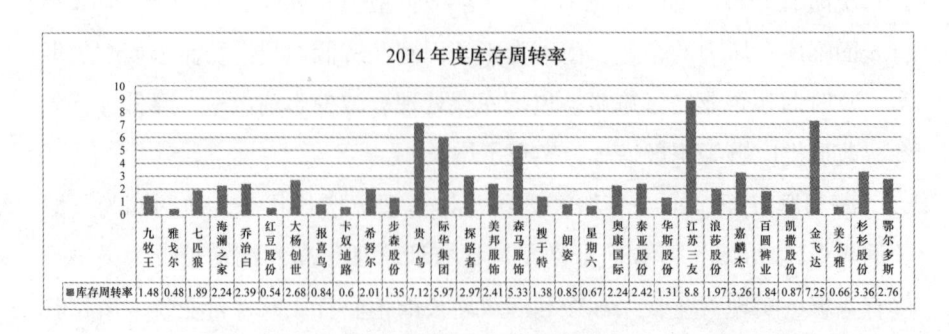

2014年度库存周转率

公司	九牧王	雅戈尔	七匹狼	海澜之家	乔治白	红豆股份	大杨创世	报喜鸟	卡奴迪路	希努尔	步森股份	贵人鸟	际华集团	美邦服饰	森马服饰	搜于特	朗姿	星期六	奥康国际	泰亚股份	华斯股份	江苏三友	浪莎股份	嘉麟杰	百圆裤业	凯撒股份	金飞达	美尔雅	杉杉股份	鄂尔多斯
库存周转率	1.48	0.48	1.89	2.24	2.39	0.54	2.68	0.84	0.6	2.01	1.35	7.12	5.97	2.97	2.41	5.33	1.38	0.85	0.67	2.24	2.42	1.31	8.8	3.26	1.97	3.26	1.84	0.87	7.25	0.66	3.36	2.76

图2-23　2014年度部分上市公司库存周转状况

为 60.3 天；江苏三友 8.8，库存销售期为 40.9 天；金飞达 7.25，库存销售期为 49.6 天。库存周转率较低的企业有：雅戈尔 0.48，库存销售期为 755 天；红豆股份 0.54，库存销售期为 661 天；卡奴迪路 0.6，库存销售期为 600 天，星期六 0.67，库存销售期为 534 天；美尔雅 0.66，库存销售期为 548 天。

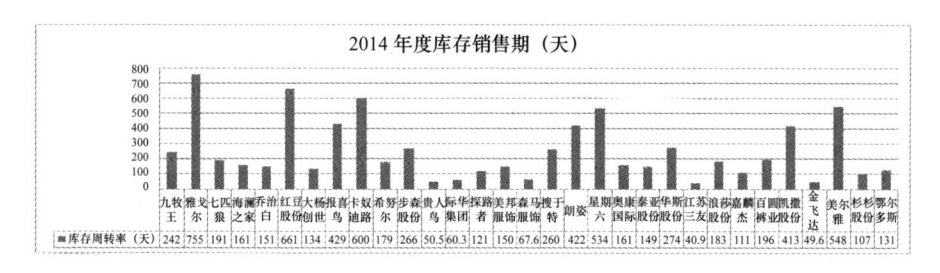

2014 年度库存销售期（天）																														
	九牧王	雅戈尔	七匹狼	海澜之家	乔治白	红豆股份	大杨创世	报喜鸟	卡奴迪路	希努尔	步森	贵人鸟	人际集团	探路者	华斯服饰	美盛服饰	森马	搜于特	星期六	朗姿	奥康国际	泰亚股份	华斯股份	江苏三友	浪莎	嘉麟杰	百圆裤业	凯撒股份	金飞达	美尔雅	杉杉股份	鄂尔多斯
库存周转率（天）	242	755	191	161	151	661	134	429	600	179	266	50.5	60.3	201	150	67.6	260		422	534	161	149	274	40.9	183	111	196	413	49.6	548	107	131

图 2-24　2014 年度部分上市公司库存销售期

2014 年上半年末纺织服装上市公司存货总体呈上升趋势。截至 2014 年上半年末，A 股、H 股 62 家上市公司存货达到 597.24 亿元，比去年末的 536.89 亿元上升了 60.35 亿元。体育品牌的库存量有所好转，但往年表现稳定的企业，如男装企业库存也有所上升，销售压力增大。2014 年上半年末存货较 2013 年末数据上涨的有海澜之家、大杨创世、美盛文化等 28 家企业，剩余 16 家则控制库存下降。

2. 男装

三季报一向被认为是全年业绩的风向标，从 2014 年第三季度数据看，男装企业继续了 2013 年的业绩下滑态势，2013 年营收增长的男装企业 2014 年出现同比下降。12 家男装企业中，7 家企业三季度营业收入下滑，占比 58.33%；净利润下滑的企业有 9 家，占比 75%；其中，三家亏损男装企业都属于外贸加工转型企业，显示出加工业务持续低迷的现状。而自主品牌未能有所突破，面临盈利困难的局面。

2014 年上半年开始男装企业关店数量明显，据不完全统计，七匹狼上半年关闭 347 家，九牧王关闭 134 家，卡奴迪路 53 家，希努尔 46 家；体育品牌虽总体有所好转，但 2014 年关店节奏继续。2014 年上半年新增店铺的企业有：海澜之家上半年新增 277 家店铺，雅戈尔 45 家，探路者 46 家。

2014年渠道拓展最为强劲的还属海澜之家，该企业目前在门店拓展上，仍然围绕"多开店、开好店、开大店"的核心方针，积极开展门店拓展工作。通过渠道下沉、店效提升和直销经营的方式，前三季度营收和净利润分别同比增长70.5%和83.57%。但不得不注意的是，以开店拉动销售，库存有增加趋势，将面临库存风险以及其他连带风险。

面对战略转型突破，卡奴迪路选择多品牌高端精品买手店01MEN，汇集意大利等多国国际品牌。但较高的投入和目前消费市场的不成熟，可能在短期内很难实现较高回报。

3. 女装

以朗姿股份为代表的女装企业，前三季度营业收入与净利润分别同比下滑11.77%与58.38%，朗姿股份在三季报中强调了公司账面资金充沛，并意在收购韩国童装品牌，从单纯的高端女装转向大众快速时尚。

在目前的行业大背景下，女装企业同样面临销售压力。以往盈利能力强，现金充裕的女装企业，近年扎堆排队等待上市。除一直排队的玛丝菲尔、欣贺股份、歌力思和太平鸟外，今年玖姿品牌母公司安正时尚、欣贺股份等中高档女装都加入了IPO之列。

4. 运动装

体育品牌虽总体有所好转，库存量开始减缓，但2014年关店节奏继续。

经过2013年的洗礼，综合三季度数据，今年整体表现较为稳定的企业为户外品牌探路者，营收和净利润实现双增长，并维持较稳定的盈利能力，应已经渐渐摸索出一条适合自身企业的发展和运营模式。

5. 休闲装

上市以来，美特斯·邦威经历了大店之困和电子商务的起伏。森马持续低于市场预期，股价不断新低。搜于特由于基数小、外延速度快，相对表现不错。

从国外公司来看，规模最大的是大众休闲服装品牌。而国内的大众休闲服装品牌在供应链反应速度、周转率、产品设计和营销能力上与国外品牌仍有较大差距。近年来国外品牌的进入，使行业竞争越发激烈。H&M、ZARA、MANGO、C&A、优衣库等各种直营大店模式运作成熟的国外品牌迅速开拓一二线市场，并加速向三线城市拓展，国内品牌面对的将是更大的考验。

未来几年，仍然是休闲装行业的调整期，企业的领先不是现在的优势，而是要思考如何凝聚未来的能量，走得更加长远。

（三）影响业绩之宏观因素

1. 强刺激与经济转型带来的综合低迷

2008年被称为中国经济最困难的一年，而2014年则被称为最复杂的一年。

这一年世界经济危机复苏但面临"二次探底"，国际贸易保护主义抬头，人民币面临持续升值压力。国内就业压力仍然巨大，楼市泡沫、通货膨胀等，导致消费者购买信心不足，带来直接结果就是库存高企不下，利润下滑。除了电商之外，传统消费市场低迷持续。相对20世纪90年代的危机，这次来得更加凶猛和复杂，导致对此次危机估计不足的服装行业措手不及，许多企业还处在高歌猛进的温暖状态，几乎没有应对策略，在战略上准备不足。

2. 复杂的经济局面在产业层面上降低了企业发展速度

中国经济下滑的原因被指主要体现在三个方面。一是外部环境仍然复杂严峻，世界经济的复苏比预期要差，对中国的出口产生了很大的影响，此前发布的外贸数据显示出口增速不如预期；二是中国正处在"三期"叠加阶段，即经济增速换档期、结构调整阵痛期、前期刺激政策消化期，是必须要付出一定代价的；三是政府主动调控的结果，加大了淘汰落后产能的力度，都需要付出一定的代价。

从数据上看，中国经济不乐观的形势，造就几乎所有消费品行业业绩普遍下滑，从2010年开始，"业绩下滑"就从个别现象演变成普遍现象。

3. 传统经营思维根深蒂固，难以适应新经济模式

面对未来，能否直接面对消费者，研究出创新的商业模式，是对所有处于转型期的传统企业的考验。未来三种直销模式会畅行天下，即互联网直销、人联网直销、社区连锁直销。

服装行业大分销时代即将成为过去时，传统渠道的存在是因为物流、信息等的不发达所致。在技术和信息发达的今天，传统渠道价值降低，消费者不愿为传统渠道的高成本埋单。如果服装企业依然执著于用传统的旧模式去面对新生代消费群体，大量库存的现实将延续，即使营业收入增长，伴随着的必定是利润的下降。

（四）影响业绩之微观因素

虽然 2014 年棉花价格增幅有所放缓，但企业营收和利润大福放缓，同时各项成本居高不下，仍然使服装企业面临巨大压力，这种状况也是对企业经营管理水平和能力的严峻考验。

1. 用工成本

近年来，商场导购员、服装生产一线蓝领等的工资和保险都在上涨，这些是影响企业成本的重要因素。国内服装导购每月底薪一般在人民币 3000～4000 元，与前两年相比这一数字翻了一番，奢侈品门店的店员月薪可达 10000～20000 元。

持续多年的用工荒，令服装生产一线蓝领工资不断上涨。2015 年春节过后，珠海地区曾出现 5000～6000 元月薪请不到缝纫工的局面。随着"90 后"群体走向工作岗位，企业将面临更严峻的招工难：这一代年轻人宁愿做每月收入 3000～4000 元的白领，也不愿做收入更多的蓝领。

2. 店铺租金

据高纬环球亚太区零售地产服务数据显示，在中国大陆地区，由于购物中心升级、快时尚品牌不断扩张，北京主要商业街租金增长创下新高：CBD 地区的租金在 2014 年 9 月达到 2200 元/每月每平方米，涨幅高达 26.4%，是亚太地区租金涨幅最高的商业街；西单商业街的租金也增长了 22%，达到 2650 元/每月每平方米，成为亚太地区增长率排名第三、全球增长率第九的商业街；而北京王府井商业街则继续成为中国最贵的商业街，亚太区第十位最贵的商业街，并在全球名列第十三位，租金增长 6.0%，达到了 2650 元/每月每平方米。

市场依然面临着经济发展变缓带来的挑战以及网上购物带来的压力。

由于新供给增多而零售增长放缓，上海主要商业街租金稍有下滑。但地理位置优越的核心商业街的溢价仍然稳定，店铺租金的增长对服装企业盈利和渠道扩张造成很大阻力。

3. 流通成本

中国服装行业的零售价和出厂加价率属于较高的国家，却不是利润最高的国家，这不是品牌附加值的问题，而是流通环节的费用成为商品巨大的成本因素。除了税收，还有商场的非公平保底、物流成本等，层层叠叠的流通成本主要是商业环境不规范造成的。

降低这个环节的成本，除了渠道扁平化，还需尽可能地降低商品从库房到店铺的物流成本。此外，企业放弃大流通模式，简化流通环节与成本，也是提高利润和生存的关键所在。

4. 运营成本

服装行业年销售额达到10亿以上的企业，靠的是传统的渠道和团队。2010年伴随互联网迅猛发展，以往粗放的发展模式带来的是居高不下的成本。2012年之后，整个服装行业突然产生了严重的挫败感，发现用了十几年的方法不仅疲惫而且无效率。无论怎样的成功学培训，都难以激发团队的斗志。

因此，降低运营成本，运用互联网、新技术、创新的分销模式，才是出路所在。

5. 融资成本

除上市公司外，国内规模5亿元左右的企业，获取资金的成本代价高昂。上市公司的净利润普遍在14%左右，而银行贷款利率为6%～8%，这是银行的直接贷款利率。对于轻资产公司，若加上担保公司的费用，贷款利率在12%左右，贷款的利率给企业带来了巨大的成本压力。

在库存大涨需求低迷的今天，借钱不易，还钱更难。相对国外2%～4%的贷款利率，如果没有政策或者其他上市融资渠道，企业长期发展的资金压力巨大，这也是制约中国服装企业特别是中小型企业发展的瓶颈所在。

总体来说，2014年中国经济增速降至24年来的最低水平，但第四季度增幅好于此前预期。社会消费品零售总额增长12%，增速略低于2013

年的13.1%。对于中国服装企业而言，关键是如何选择正确的发展策略，在维持现有经营状况下提高效率，并同时寻求事业的新突破点。因此，需要在研究国外服装企业成功经验同时，分析本土产业的优劣势，寻求发展契机。

三、中国服装产业优劣势分析

中国服装产业发展经历了三个阶段：原始积累阶段、平台搭建阶段、生态环境形成阶段，目前基本处于第一阶段结束和第二阶段开始的进程。

（一）优势

1. 制造优势明显，产业链健全

自改革开放几十年快速发展过程中，纺织服装产业得到了全面发展、壮大，积累了丰富的产业经验、资本和技术工人。

虽然2009年后经济处于低迷时期，劳动力成本不断上涨，新生劳动力短缺，人民币坚挺等不利因素对制造业带来巨大压力，但未来逐渐放大的内需，后工业4.0定制时代的来临，新技术和消费习惯的改变，为服装制造业提供了新的发展机会和模式。

可以预见的是：看似低附加值的制造业，未来可能是互联网时代竞争利器，全产业链升级将成为竞争价值中一个明显优势。1000亿美元市值的阿里巴巴，60%～70%的业绩来自于时尚消费品。阿里巴巴以及其他所有电商，不可能脱离传统时尚产品制造企业的支撑。

问题在于，时尚产品制造商在战略定位上，将自己作为电商的供应商，还是把电商作为渠道。伴随电商极速成长的是服装消费数量的增加，这是机会也是挑战，但不是每个服装企业都能搭上的快船。因为，现在进行的是产业洗牌，洗牌只是现象，只有经历充分竞争后，得以生存的企业才有机会"沐浴"新"智造"时代的到来。

2. 阶段性产业价值积累完成，转型优势明显

对于中国服装行业而言，伴随着中国经济的高速成长，大部分服装企

业完成了原始的资本积累。相对欧洲同行，中国服装行业的发展速度可谓飞快。虽然在设计、全球化人才培养等软实力方面尚有巨大差距，但在硬实力方面差距逐渐缩小。中国很多上市公司并非缺钱，只是不知道如何合理地花钱。转型过程中，拥有资金就意味着具备竞争的硬件基础，这是一个重要的竞争条件，也是一个重要的优势。

反观欧洲时装业同行，持续的经济低迷带来的不仅是销售下滑、增长陷入困境，更重要的是维持发展的资金的匮乏。虽然竞争中取得的胜利不完全取决于硬件优势，但中国品牌与外国品牌逐渐减小的差距意味着有机会"决战"。

3. 强烈的竞争意识，学习提升能力快速

竞争的核心最后还是人，学识和技能的匮乏都不可怕，最可怕的是却步不前。百年穷困培养了中国人强烈的忧患意识，正是这种精神支持中国这个国家和服装企业获得今天的成就。尽管高福利的欧洲缓慢且人文化的环境培养了大量充满才华的设计师，但未来互联网时代令打造品牌的方式也在产生巨大的改变，而一些欧洲同行对互联网和新技术的观望和排斥，就像身处20世纪的状态。但在中国，变化已经成为常态，改变才有生存机会，学习才有未来。这个多变的时代我们很适应，这是我们的优势。

（二）劣势

（1）品牌企业规模偏小，没有形成绝对规模优势，容易被电商和国际品牌冲击、分割；

（2）投机心态严重，缺乏长远规划；

（3）阶段性成长已经完成，转型成为必然，企业能力需要质的提升，超越自身成为困难；

（4）过于关注销售数量和金额，品牌缺乏人文精神；

（5）国际化程度低，缺乏全球资源整合、参与全球竞争的能力；

（6）缺乏打造独特品牌风格的创新方法；

（7）资本运作能力欠缺，善于资本投机，不善于资本投资；

（8）对下一代企业领导者的培养和关注不够。

（三）发展趋势

（1）目前纺织服装行业仍处于颓势，部分主流服装公司面临库存加剧、增长乏力的挑战；

（2）由于成本上升、渠道变迁、互联网等新兴渠道对原有渠道的冲击，国际品牌加大对中国市场的布局，加剧了行业竞争，服装行业发展模式由以往的外延式扩张向内生性增长转变；

（3）随着经济增长和人均消费水平的提升，服装行业仍具备保持整体增长态势的潜力，尤其是中高端产品；

（4）企业积极转型，或转向高端产品，或拓展其他业务，行业并购事件增加；

（5）越来越多的传统纺织服装企业选择"触网"，或通过并购扩大渠道，提升企业经营能力和整体市场竞争水平。

第四节 变革带来的思考

一、互联网 VS. 实体企业

2014年，中国电商市场开启上市热潮。聚美优品于5月16日在纽交所上市；京东于5月22日在纳斯达克上市；阿里巴巴9月19日在纽交所挂牌上市。国内外环境均利好于我国电子商务的发展，电子商务交易规模日益增大（图2-25），从而引发所谓"互联网思维"的盛行。

（一）来自电商的冲击

2014年12月初，阿里巴巴对外公布截至11月30日淘宝今年交易额已突破1万亿之后，业界关于电商与传统零售之间的变革、取代、融合之争甚嚣尘上。不管争论结果如何，基本上达成一致观点：电商确实已经对传统零售造成巨大冲击，传统零售不能再忽视电商的力量。

中国电子商务交易规模

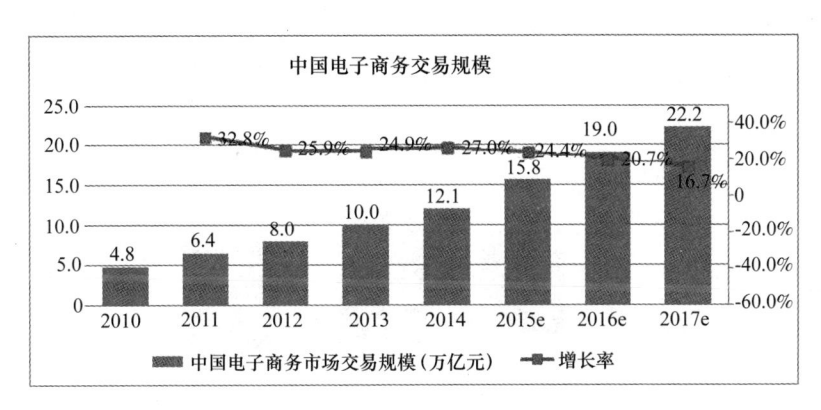

图2-25 中国电子商务市场交易规模及增长

截至2013年12月，中国网络零售市场交易规模达18851亿元，较2012年的13205亿元同比增长42.8%；占社会消费品零售总额的8.04%，2012年这一数据仅为6.3%。贝恩预计到2015年，中国电子商务规模将达到33万亿元。2013年，国内B2C、C2C与其他电商模式企业数已达29303家，较2012年增幅达17.8%；网购用户规模达3.12亿人，同比增长26.3%，而2012年用户规模为2.47亿人；移动电子商务市场交易规模达到2325亿元，同比增长141%，依然保持快速增长的趋势；海外代购市场交易规模达767亿元，较2012年的483亿元涨幅为58.8%。其中，服装成为网购市场最大品类，也是电商企业争夺用户最大的品类。京东、当当等电商争相打出时尚电商概念，唯品会、寺库中国、魅力惠等时尚电商闪购项目相继出现。

服装消费是最贴近百姓生活的基本消费，所以电商对传统服装零售市场的冲击也最直接。实体店一直以来是服装销售的主渠道，而电商的崛起，让服装一跃成为网络购物中占比最多的一个品类，冲击着实体门店的销售。

从近年来的数据对比分析可以看出，服装鞋帽品类用户网购率超过八成，虽然服装网购交易额增长持续减缓，但在网购市场已占据主要份额，这也正是服装电子商务发展趋向成熟的标志。未来几年，服装电商整体规模仍将稳步扩大，将占据我国网购市场的绝对份额。

2013年，服装电商市场规模达4349亿元（图2-26），同比2012年的3050亿元增长了42.6%，占整个电商市场的23%；2014年服装电商市场规模为6153亿元，同比增长41.5%。

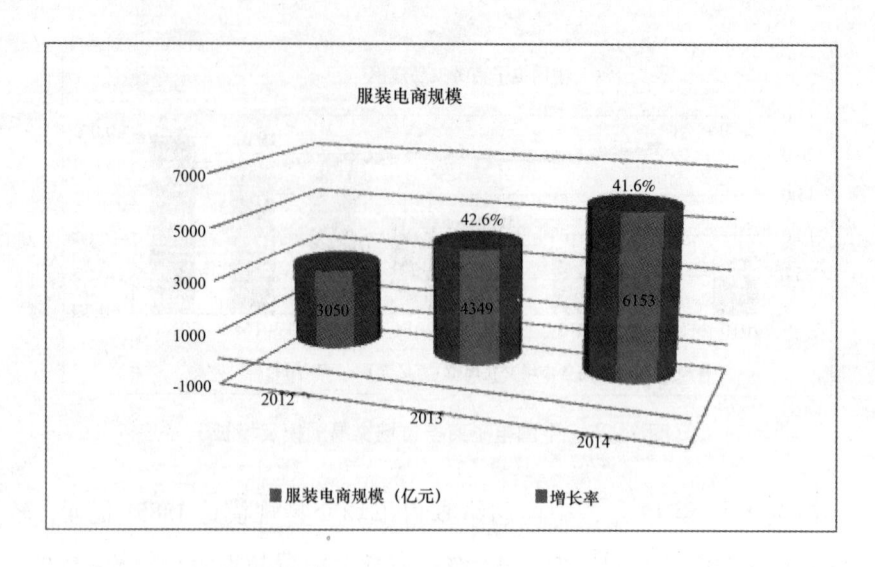

图 2-26 中国服装电商规模及其增长

不容忽视的还有，当下服装行业正处于"消费升级"驱动的又一时间窗口中，以往服装电商是以淘宝、天猫等的"低价"为核心，驱动力是优惠、促销、爆款等手段，随着消费需求的变化，高品质也将成为网购消费者关注的第一要素。"低价=低质"模式很难继续左右消费决策。这个消费升级的窗口打开后，将意味着一次"洗牌"，天猫、淘宝等电商平台面临着被分食的风险，这也是京东、当当等纷纷抢滩服装品类的原因。

此外，随着3G/4G商用时代到来，移动电子设备更加普及，移动电子商务发展迅猛。随着网络交易规范性、信息安全性等问题的改善，消费者会在一个交易透明、支付安全的网购环境下购物，用户的黏性会大幅提高，服装电子商务的前景会更加看好，企业将在移动端不断进行渠道拓展和分流。

（二）服装实体企业触网

1. 抓住机遇：开拓网销渠道

在经济低迷的大环境下，服装实体企业陷入一波又一波的关店潮，而服装电商市场却火爆非凡。面对蓬勃发展的电子商务市场，传统服装企业正在积极转型，开始尝试紧抓这一发展机遇，借助电商平台开展线上业务，尝试开拓线上销售渠道。

在43家纺织服装业上市公司公布的2014年前三季度业绩预告中，仅有4家公司预增、5家公司续盈、14家公司略增。在这些上市公司三季报中显示出另一条信息：电商渠道已成为这些服装公司销售的重要拉动力。

2014年1~6月，七匹狼电商平台销售约1.3亿元，同比增长超过20%，约占同期总营收的12.7%；探路者线上收入16193.81万元，较上年同期增长127.38%，占总营收约26%；太平鸟集团电商业务营收为19047.02万元，占服饰主营业务总收入的10.30%；珂莱蒂尔电商业务的收入增至1951万元，同期增幅高达127.48%；拉夏贝尔2014年"双11"当天线上成交额约2500万元，"双12"当天线上成交额约1200万元。

2014年1~9月，海澜之家电商销售1.8亿元，增长350%，占同期总营收约2.2%；雅戈尔线上收入6243万元，约占同期服装业务总营收的2.14%；森马服饰和九牧王等公司前三季度电商收入增速均在20%以上，对整体营收增长均贡献明显；罗莱家纺公司2014年上半年电商品牌LOVO销售增幅超过80%，今年拟将罗莱、LOVO之外的其他品牌有计划、有节奏地导入线上，扩大品牌影响力和市场占有率。

数据显示，服装家纺类产品约占线上销售金额的30%左右。面对持续的传统渠道销售疲软状况，纺织服装企业纷纷积极推广线上业务，加大对电商的投入，期望依靠线上销售收入拉动整体业务增长。

2. 转变观念：探索O2O新模式

海澜之家采取线上线下同价的O2O模式，目前其销量已位于天猫服装销售前列。传统服装企业做电商，其优势主要体现在品牌影响力、多年沉淀下来的客户群体以及产品研发等优势上。

鉴于整个网络销售的低价氛围，很多传统服装品牌最初仅仅把电商平台当作一个处理库存产品的途径，低价、过时、断码产品充斥其中。而事实上，电商之于服装企业绝非简单的库存产品销售通道，而是影响服装产业变革的重要思维方式。

传统品牌的营销手段是渠道的抢占，代理商店铺资源、资金的抢占，基本上以店铺多寡定输赢。有渠道就有店铺，有店铺就有顾客，有顾客就有销售。而如今，电商取代了渠道，店铺多寡不再是品牌实力的证明。

服装企业必须接受这样一个事实：以互联网模式思考，以革新的方式理解电商。只有这样才能找到并维持品牌的消费群体，同时，让目标消费者找到品牌，让更多的消费者明白品牌意义。如果消费者认定品牌，就不用纠结店铺开在哪里或是只能依赖线下渠道。

因此，电子商务对传统服装企业不仅是一种渠道，更是一种趋势，一种更进步的、向前的生活方式的变革。

3. 线上与线下：优势互补

传统服装企业需要革新和发展，服装电商离不开品牌和质量，两者都要生存发展，线上线下融合是必然趋势。传统服装品牌做电商能异军突起，还依赖于品牌的一贯质量和深入人心的影响力，引导网络用户的选择。随着"用户体验"概念的不断加深，电商也需要发展线下，提升品牌的整体形象。

"线下试穿、线上下单"或许将成为服装品牌未来发展的重要趋势。如今，消费者更需要高品质、高性价比的精品服饰，他们开始以更挑剔的眼光优选商品，包括男装、女装、鞋类、箱包、配饰等各个类别，他们更强调对"美"的诠释与理解，胜于单纯追求低价。消费者正在追求个性化、高品质的服装商品，逐渐摒弃之前散乱、混杂、低价的购衣理念。

4. 传统行业与电商：共生共存

传统制造业的发展，不会因互联网的崛起而"消失"。淘宝60%的交易来自日常消费品，没有传统制造业的存在，电子商务也失去了存在的意义。互联网是传统制造业、传统零售业的最大推手，需要互相依靠。

传统行业在未来的发展过程中，利用互联网摸索出适合自己的生存方式和发展方向，进而迈入"后工业4.0定制时代"。天猫或京东等电商，会作为一种销售模式和分销业态长期存在。借助网络平台，将产品制造与消费者需求直接联系起来，消费者可在网上自己参与设计、选择自己想要定制的产品；而传统制造企业，则在后台利用自己的产品或制造优势，提供消费者确切需要的产品。

在未来，以消费者为主导的市场，传统制造业也好，传统零售业也罢，会迎来成长的春天，更加蓬勃地发展。

5. 榜样：国际时尚品牌触网

2001年在伦敦创业板上市的英国时尚品牌ASOS（图2-27），无疑是时尚品牌触网并迅速发展的典范。年销售额在上市的10年中增长了400多倍，市值约40亿美元。截至2014年2月底，ASOS网站的活跃用户数同比增长36%，达到820万人，英国本土销售占比稳定在61%左右；ASOS目前的市盈率，按2014年预期盈利计算接近90倍。

德国时尚及生活用品在线零售商及零售服务提供商OTTO集团（图2-28），坐拥123家各类企业和品牌，足迹遍布全球20多个国家，为无数品牌提供多渠道零售、金融和物流服务。2013财年，OTTO创收118亿欧元。作为集团业务拓展的核心平台，互联网已经成为OTTO主要的销售渠道，集团超过五成的零售业绩来自其60个在线营销平台。旗下"OTTO.de"拥有1300多个品牌，每年发出1820种不同的商品目录，成就无数热销全球的经典。

从出版第一份邮购目录、仅供应28款鞋类单品的初创企业，到如今

图2-27　英国时装品牌ASOS　　图2-28　德国时尚用品供应商OTTO集团

全球最大的在线服饰和生活用品零售商，创立于1949年的OTTO集团致力于拓展零售行业新模式：电视购物、互联网络、手机平台……

OTTO集团自从20世纪60年代就开始在中国进行采购业务，并于20世纪80年代在香港建立了办事处。进入90年代，OTTO集团将旗下的Hermes-OTTO International（H-OI）带入中国，于上海、东莞以及香港分别设立办事处，为国内外各大时尚、居家用品以及生活类的品牌提供定制化的采购服务。

基于集团互联网业务在全球范围内的高速扩张，OTTO集团于2012年将其首屈一指的电商服务品牌Hermes NexTec引进中国。Hermes NexTec在时尚以及家居用品领域的电子商务管理有着丰富的经验，提供网上商店管理、网络营销、仓储运输、收付款业务以及电话服务中心的一站式服务。

LASCANA是OTTO引进大中华地区的第一个女性生活时尚品牌，将与OTTO集团下姊妹品牌Hermes NexTec在电商领域紧密合作，以期在电子商务以及实体销售渠道同时取得长足发展。作为植根中国的第一步，LASCANA在2013年11月推出品牌自有电商网站LASCANA.com和天猫lascana.tmall.com两大电商平台。

二、国际快销品牌逆势飞扬

快销品牌的来袭将奢侈大牌拉下高傲的舞台，使普通大众都可享时尚盛宴。在全球需求下滑的大背景下，越来越多的传统奢侈品品牌开始表现出后劲乏力，时尚快销品牌却保持了逆势飞扬。

快销品在服装界内一般被认为是廉价时尚，主要针对年轻人和普通白领阶层。快时尚即"快速、少量、多次"，尽管美特斯·邦威、森马等本土服装品牌以发展速度和体量规模成为中国服装界的佼佼者，但近两年出现的业绩下滑、库存高企等问题，使得我们不得不反思并分析ZARA、H&M和优衣库等快销品牌的发展及运作模式。

（一）国际快销品牌在中国的发展

2002年，快销品牌开始在中国萌芽，当时日本快销品牌优衣库率先抢滩上海。2006年，西班牙时尚大鳄ZARA于上海开设了中国第一家分店。正是ZARA在上海南京西路的这家中国首店，到同年年底及春节时期创下单店单日销售额80万元的惊人业绩，相当于80个同类中国服装品牌日销售额的总和。此后，快销品牌成为全国的商业地产项目的宠儿，迅速在全国扩张开来，快销品牌开始全面冲击较早进入中国的老牌服装品牌甚至奢侈品品牌。

盘点2014年快销品牌内地门店拓展情况发现，优衣库计划每年在中国开设80～100家新店；H&M 2014年继续扩张；UR计划五年内实现中国市场100家门店等。从各大快销品牌开店拓展情况看，2014年快销品牌仍处在飞速扩展阶段，仍是购物中心招商的香饽饽，在整个中国市场占有举足轻重的地位。快销品牌在过去的这些年扩张速度惊人，仅上海南京西路靠近梅陇镇广场的一段就集合了ZARA、H&M、优衣库、GAP、Massimo Dutti等快时尚品牌店。

2014年开始，快时尚行业整体上正在面临着各种变局。在一天能创造150亿元网购订单的诱惑下，曾经装着高冷的快时尚品牌不仅在全国布点，更把店铺开进天猫、京东等电商平台。大到拥有自己的"超级物流"系统，小到为中国顾客改变店铺的灯光布局和试衣镜款式，快时尚正在为中国市场的变动积极应对，并悄然调整着策略。

1. 市场潮流需求仍超设计能力："抄袭"罪名无法摆脱

撕掉商标，就无法分出不同品牌。这是大家对快时尚品牌的普遍印象之一。各大快时尚品牌之间和奢侈品品牌之间的互抄也好，模仿也罢，这早已经成为时尚业界常态。每年每季四大国际时装周的品牌新系列发布会、秀场照片等都能成为社交媒体里传播最多的内容。巴黎、伦敦、纽约、米兰时装周秀场上的设计师新系列，两周之后就能在全球街头找到同款或类似款，这就是快时尚。

亲民价格定位在200～2000元，让大部分快时尚品牌被誉为"买得起的时尚"，看似巨大的中国市场却因为十几个快时尚品牌的涌入感觉竞争十分激烈。也正是如此，快时尚品牌的设计师们要时刻搜寻最新的设计灵感和创意，出没于各种时尚发布会自然是最快、最直接的灵感或者是说"抄袭素材"的获取途径。

一线时尚奢侈品品牌新品发布会之后的2周左右，其中的新元素就能在快时尚的新品橱窗里找到痕迹。比如某奢侈品曾在2013年秋冬系列中推出过胶片底片装饰画元素，很快就被国内外各大快时尚品牌抄袭，色系及板型都极其相似，只是将其中的动物形象换成其他动物。同样，某法国奢侈品品牌新推出的鞋子系列上使用了金属鞋扣，发布会之后不久即出现在了街头，只是形状略有改变。快时尚品牌反应迅速的设计师们的"灵感"追寻也大功告成。

世界顶级奢侈品品牌 PRADA 的设计师缪西娅·普拉达 Miuccia Prada 曾说，"快时尚确实已经是当今社会的一部分了。快时尚的设计应该有独创性想法，而目前的确到处充斥着糟糕的复制。"如何找到新的设计灵感，是快时尚品牌最大的困扰。有些无法寻找到突破的品牌甚至已经束手就擒，养成习惯，固定的从利润中提取一部分金额用以支付抄袭的赔偿。拿大牌的设计素材妆点自己的设计，这就是赤裸裸的快时尚抄袭模式。巨大的市场压力让快时尚品牌研发始终游走在崩溃边缘，借鉴国际大牌设计师当季的设计，已经成为快时尚品牌的潜规则之一。

尽管抄袭会折损品牌的形象，但是几乎没有哪个快时尚品牌愿意改变。毕竟，时尚与潮流的本身很难下定义，市场和设计师之间的关系就像鸡和蛋的故事：先有市场需求还是先有设计灵感，先有设计师灵感还是先有市场消费欲望，本身就是难以回答的。比如以红底鞋闻名的法国设计师品牌克里斯提·鲁布托（Christian Louboutin），在看到伊夫·圣罗兰（Yves Saint Laurent）也在销售红底女鞋之后，曾以非法竞争和商标侵权将对方告上法庭。但是法院的最终判决认为红鞋底虽然独特，却不能视为独家所有的商标或者知识产权。

有媒体报道，快时尚品牌每年购买版权以及抄袭罚款的费用数以千万欧元计。美国快时尚品牌 Forever21 曾在 4 年内被起诉 50 多次。有评论表示，等到判决生效，衣服早已销售一空，从利润中提取一部分用以支付败诉后的赔偿，已经成为一些快时尚品牌的习惯。

2. 入驻电商平台："大数据"定趋势

2014年，快时尚品牌 ZARA、C&A 在天猫上线，GAP 把网店开进了京东，而优衣库官网则首推虚拟试衣功能。而此前，H&M 等品牌已入驻其他购物网站，都在高冷地坚持主打自有官网购物。相比此前沦为电商"试衣间"的担心，快时尚品牌更希望找到线上线下盈利的平衡点，并为此采取了行动。

中国已经是全球第二大电子商务市场。2014 年中国电商服装销售此前预计总额是1000亿美元，比2013年增长了40%，而服装销量则占到中国电商市场的20%以上。不过，电商发展的同时，实体店的市场份额在逐步减少。而事实上，拥有一定品牌优势，快时尚品牌并不担心实体店的生意。之所以迟迟不愿和电商平台合作，最大的原因在于电商平台上有不少仿冒者。有快时尚品牌透露，几年前网络购物环境并不理想。当他们和电商平台交涉消费者投诉其平台的假货时，结果电商需要品牌方按件支付"打假费用"。

和国内仅几家网络购物平台主导电子商务市场不同的是，在欧洲、美国和日本市场，时尚品牌都是更倾向建立自己的在线销售网络平台。而2014年，不仅有单一品牌和电商开展合作，更有海外快时尚购物平台Topshop以合作方式借助"尚品网"正式登陆中国市场。尽管合作意味着渠道及其所产生的部分利润会拱手相让给中国网络电商，但是中国市场的巨大发展潜力依旧让快时尚品牌对这样的合作义无反顾。

和中国电商合作，与在购物广场里开一间店有无区别，是快时尚品牌目前考虑的问题。对消费大数据的掘取与分析，正在成为眼下快时尚品牌在中国未来战略中最看重的部分之一。毕竟，一个一年可以出15～20个产品系列的快时尚品牌，总部仓库里的所有衣服不会停留超过3天，对于他们来说，快速决策的基础正是正确的市场数据。

面对高昂的成本，进入网络购物平台的快时尚品牌不用费力建设实体店覆盖中国市场，尤其是二三线城市市场，既省去了选址开店对基础设施的要求，也不用担心服务质量无法保证。对快时尚品牌更有吸引力的是网络平台产生的大数据，将成为真实有效的市场参考标准。当一线城市的实体店铺再也挤不下之后，哪些二三线城市将成为新店的首选，或许都将从网店数据中得出。有业内人士表示，中国作为快时尚最重要的市场之一，不仅拥有数量庞大的消费者，更重要的是对于国际企业而言，能够预测在线商业盈利的最佳方式，使得中国市场正在演变成一个大型实验场。

（二）国际快时尚品牌销售状况

2014年，优衣库母公司迅销集团以预托证券（HDR）的方式赴港挂牌，引起业界对快时尚扩张潮的讨论，梳理国内外快时尚发展的情况发现，虽然去年整体经济环境不理想，但优衣库、H&M在华业务的增速均超过两位数。与之相对，国内快时尚品牌却似乎仍未找到好出路。

目前快时尚品牌竞争激烈，市场格局已经较为稳定，国内品牌难以在短时间内进行扩张，未来面对的压力将会越来越大，优势越来越少。迅销集团在回应挂牌原因时称其不以融资为目的，只是因为"随着中国等亚洲市场的急速增长，公司致力于集中发展亚洲业务，借此提升公司在区域内投资者及顾客之间的知名度"，借此，也可以窥见中国市场对于优衣库品牌拓展的重要性。

事实上，随着国内消费者对快时尚的青睐，包括优衣库、H&M在华的销售量均可与国内快时尚品牌媲美。据统计，优衣库与H&M 2013财年在中国的销售额分别达1250亿日元（约合人民币75.75亿元）和66.55亿瑞典克朗（约合人民币64.07亿元），仅这两个品牌去年在华掘金就已经超过140亿元。以此数据，这两个品牌的销售规模均远远超过进入国内多年的佐丹奴，销售规模与森马服饰相近。

而中国市场也早就成为这些快时尚品牌的销售增长引擎，以H&M为例，中国的销售增长为23%，而集团的销售增长则为6.69%。迅销集团以中国业务为代表的国际业务中，营业收入以及营业利润同比分别增长超过六成，反观日本国内，受到毛利率影响，营业利润同比下滑5.4%。

由于中国市场增速快，这些快时尚的开店速度也表现惊人。根据中商情报网提供的监测数据显示，2013年H&M、优衣库、GAP、ZARA的新开店数量分别为60家、77家、34家和20家。而快时尚代表之一的班尼路母公司2013年上半年在国内的门店数则减少了333家。而据中商情报网不完全统计，上述四个快时尚品牌2014年的店铺拓展数目已达155家。

与日益快速发展的国外快时尚品牌相比，国内品牌近年却受库存压力所困，业绩堪忧。美特斯·邦威服饰发布的2014年中财报中，2014年1~6月，总营业收入29.94亿元，主营业务收入29.62亿元，同比下降20.11%，净利润为1.79亿元，同比下降19.61%。

(三)国际快时尚品牌利润状况

曾经有报告称快时尚品牌高达40%～60%的毛利率,即使与苹果这样的高科技公司相比也毫不逊色。而眼下快时尚品牌都表现不错,比如H&M最近发布的一份财报显示,2014年前三季度H&M收入有15%的增幅,净利润上涨19%。

销售增长与它在意大利、西班牙等市场的电商业务相关,并且财报中提及它最近在中国上线的H&M网站获得了不俗的开局。为了吸引更多顾客,H&M如今也积极在互联网上展开销售。2014年10月H&M登陆阿里巴巴旗下的天猫。此前ZARA确定与天猫合作,在天猫上推出2014年秋冬系列。

从渠道方面看,ZARA、优衣库等快时尚成熟企业都是直营门店,而国内快时尚服饰企业如美特斯·邦威、森马等都是"直营+加盟"的模式,甚至还有代理环节,这形成了二者库存管理方面的不同。加盟商或代理商增加了信息沟通和反馈环节,需求计划因为环节的繁冗被逐级放大,"牛鞭效应"显著。这种夸大之所以被企业容忍,一方面是行业惯例如此,另一方面则显示出加盟商、代理商与企业之间没有形成有利于库存控制的机制,15%～20%的退货率和换货率使得加盟商和代理商没有库存控制的动力。据不完全统计,中国快时尚服饰行业中,产销比维持在60%～70%就是很好的水平,而ZARA的产销比则在85%以上。

(四)国际快时尚品牌资产规模

ZARA作为快时尚品牌的领导者,其母公司Inditex集团是20年来西班牙最成功的企业之一。该集团麾下拥有ZARA、Bershka等多个知名品牌,如今已成为一个市值超过80亿美元的集团公司,是西班牙排名第一、全球排名第三的服装零售商,在全球52个国家拥有2116家分店。

另一个快时尚巨头H&M,在世界上43个国家和地区拥有2500多家门店与87000多名员工。设计主要由100多位内部设计师,配合采购人员与打板师携手创造。H&M 还销售自己品牌的化妆品、配饰和鞋类产品。目前，H&M 销售 H&M、COS、Monki、Weekday 和 Cheap Monday 品牌的服装，以及 H&M Home 家居产品。它已是全球扩张速度最快的服装品牌之一，市值超过 60 亿美元。

而目前在华增长速度最快的优衣库，2013 年的总营收为 1.14 万亿日元（约 698.5 亿元人民币），净利润 904 亿日元（约 55.2 亿元人民币）。

（五）国际快时尚品牌店铺规模

从图 2-29 中看出，日本迅销集团旗下品牌优衣库在前三季度中新增 47 家门店，较集中的是 5 月份，一个月就新开 19 家门店。其中，5 月 1 日和 5 月 31 日都是单日开 8 店的节奏。截至目前，优衣库在华门店总数达到 289 家。

瑞典品牌 H&M 紧随其后，2014 年来新开门店 39 家。H&M 的拓展速度趋于稳定，除了 2~3 月，其他月份均能保证 4 家以上的门店增长。目前，H&M 在华门店总数为 224 家。

而西班牙品牌 ZARA 却明显放缓了扩张的脚步，截至目前仅仅新增了 8 家门店，拓展速度与优衣库和 H&M 相差甚远。

另外，无印良品、UR、GAP 等品牌新增门店都在 20 家以内，继续稳步扩张的策略。从整体上看，国际时尚休闲品牌在华渠道正在逐步下沉，开业路径逐渐向三四线城市蔓延。如佛山、襄阳、温岭、无锡、临沂、潍坊等城市都出现了国际时尚休闲品牌的门店。

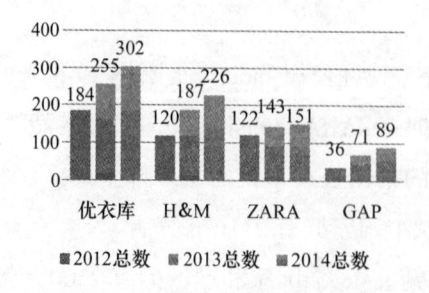

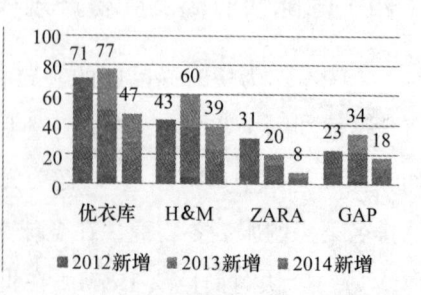

图 2-29 2012~2014 年四大快时尚品牌在华店铺数量及新开店数量

（六）国际快时尚品牌营销费用

从 2014 年第三季度的财报来看，ZARA 母公司 Inditex 这个季度的整体品牌营销花费为 341.97 亿元，依然位于首位。而 H&M 公司这个季度的营销费用比 ZARA 略低，为 321.91 亿元，优衣库母公司迅销零售的营销费用为 217.21 亿元人民币，平均都占销售收入的 37% 左右。相比之下，国内大众时尚品牌，无论是从规模还是从销售费用上来讲，都不及这三大国际快时尚品牌（图 2-30）。

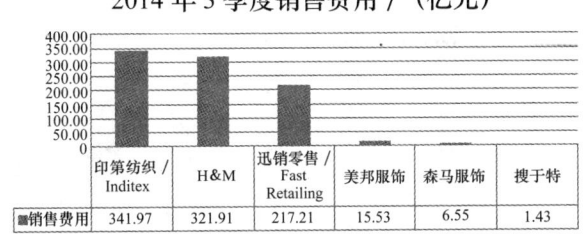

2014 年 3 季度销售费用 /（亿元）

	印第纺织/Inditex	H&M	迅销零售/Fast Retailing	美邦服饰	森马服饰	搜于特
销售费用	341.97	321.91	217.21	15.53	6.55	1.43

图 2-30 快时尚品牌 2014 年 3 季销售费用对比

从销售期间费用率上来看，国内品牌也是普遍低于国际品牌（图 2-31）。以营销投入较大的国内品牌美邦服饰为例，销售期间费用率也高达 39% 左右。但与国际时尚品牌销售费用投入方向不同，以美邦服饰为代表的国内大众时尚品牌更注重在电视广告、明星代言等方面进行品牌推广。国内品牌主要是以推广整体品牌为核心，而国际品牌更注重店铺形象和产品推广，以推广店铺和产品为核心。

销售期间费用率

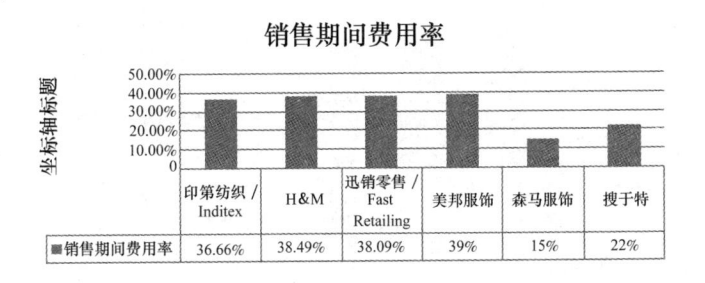

	印第纺织/Inditex	H&M	迅销零售/Fast Retailing	美邦服饰	森马服饰	搜于特
销售期间费用率	36.66%	38.49%	38.09%	39%	15%	22%

图 2-31 快时尚品牌销售期间费用率

（七）国际快时尚品牌与国内上市公司综合指标对比

从 2014 年第三季度公司财报来看，以 ZARA 母公司 Inditex，H&M 以及优衣库母公司迅销零售为代表的三大国际品牌毛利率平均都在 50% 以上，而美邦服饰的毛利率在 47.40%，森马服饰的毛利率在 36.6%，潮流前线的母公司搜于特在 36.90%，整体上普遍低于国际品牌（图 2-32）。

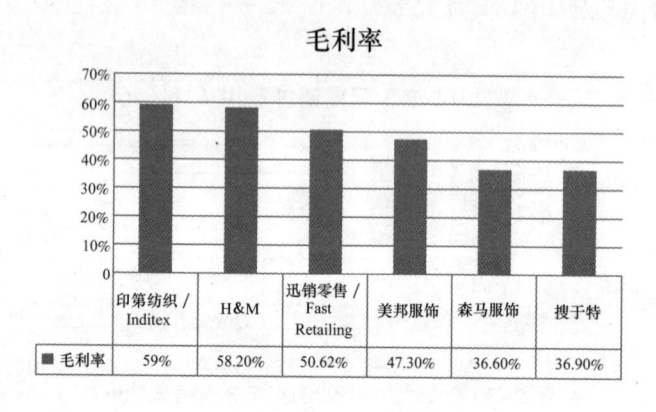

毛利率

	印第纺织/Inditex	H&M	迅销零售/Fast Retailing	美邦服饰	森马服饰	搜于特
毛利率	59%	58.20%	50.62%	47.30%	36.60%	36.90%

图 2-32　快时尚品牌毛利率对比

虽然在毛利率上国际快时尚品牌普遍高于国内大众时尚品牌，但是在净利润和营业利润率上来分析，国际快时尚品牌与国内大众时尚品牌的平均数据相差其实并不是很大（图 2-33）。

净利润与营业利润率

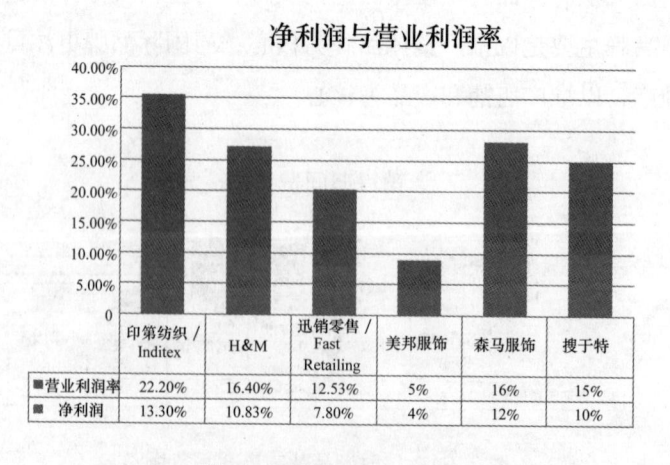

	印第纺织/Inditex	H&M	迅销零售/Fast Retailing	美邦服饰	森马服饰	搜于特
营业利润率	22.20%	16.40%	12.53%	5%	16%	15%
净利润	13.30%	10.83%	7.80%	4%	12%	10%

图 2-33　快时尚品牌净利润与营业利润率对比

以"快"著称的国际快时尚品牌的库存周转率非常高，如图2-34所示，ZARA母公司Inditex的库存周转率高达3.83，而中国潮流前线的母公司搜于特的库存周转率仅为0.98。国内品牌周转率普遍低于国际品牌，库存周转速度显然不止慢一拍（图2-34）。

库存周转率

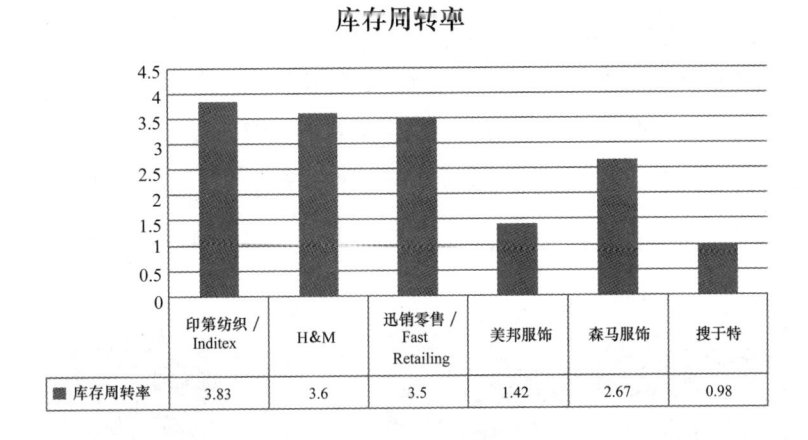

	印第纺织/Inditex	H&M	迅销零售/Fast Retailing	美邦服饰	森马服饰	搜于特
库存周转率	3.83	3.6	3.5	1.42	2.67	0.98

图2-34 快时尚品牌库存周转率对比

相关案例之一：

优衣库：逆境持续发展之道

在服装行业不稳定的中国商业市场，来自日本的优衣库（优衣库）却能在行业竞争如此激烈的中国市场稳扎稳打，成就其在中国的商业地位。这个企业的竞争力究竟在哪儿？

1. 消费人群定位精准：不走大众路线，改为中产路线

进入中国初期，优衣库定位为大众品牌，与其在日本市场定位一致。日本优衣库的营销口号是"以市场最低价格持续提供高品质的商品"的大众品牌。但日本所谓的"大众"与中国的"大众"概念完全不同，日本"大众"几乎与中国中产阶级的水准持平。所以优衣库初入中国市场时，并不具有明显的价格优势，两地客单价约相差10倍。

当时公司的中国管理层认为必须在价格上作出调整，因此牺牲了设计和品质。为把价格降下来，中国市场的产品面料全部改过标准，使得产品品质与日本市场差距明显。这些改造过的、以低价销售的商品，并未获得

中国消费者认同，甚至一度被中国大陆市场视为一个低档品牌。

随后，优衣库把自己的定位调整成为一个中产阶级提供基本衣着的品牌，才在中国市场上真正找到了属于自己的位置。然而，找到自己定位的优衣库丝毫没有松懈，无论是在定位、选址、商品陈列、品质与服务的质量上都严格要求，逐步巩固其在中国市场上的地位。

2. 陈列细节把握：极力呈现"基本款百搭"理念

优衣库的服装多为基本款、百搭款，价位较低，产品实用性广。因此，服装陈列讲究以超级整理术凸显仓储式的陈列效果。不仅细致到每个货架的陈列高度，每一件衣服陈列在货架的对齐方式等，都有严苛的统一标准。虽然是极其简单的商品整理工作，但要求店员做到极致（图2-35）。

图2-35 优衣库店面陈列

各种商品搭配陈列，整齐地摆放和搁置在货架台上，把模特置身于透明的圆桶内展示，完全展现"百搭"理念。在服装的搭配选择上，因销售的服饰类型很多，不同的服饰之间都有密切的联系，优衣库积极利用不同服饰活动之间形成的协同优势。例如，在以外衣为主打的基础上，适当地配套一些休闲内衣；在销售衣服的货架上，同时还陈列帽子、围巾、鞋袜等一系列相关产品，使之形成一个有效的业务体系，主副业务相辅相成。

3. 细致服务

优衣库在中国焕然一新的，除了主打基础款产品和独特的商品百搭效果陈列之外，还有从日本移植而来的细致服务，这也是优衣库在中国市场大受消费者欢迎的重要原因之一。

4. 领先"成本战略+SPA"经营模式

从优衣库的整体产业变迁看，以往发展水平较高的日本纤维行业在一定程度上正面临衰退，而中国是世界最大的纤维生产地和出口国。为此，日本迅销公司将生产重点放在了中国，从20世纪90年代后，90%以上的产品都是在中国生产。充分利用空间距离小、文化传统相近的优势，在日本同种面料的成本要高出约15%～30%，同样的劳动力成本要高出约11%左右。由此可见，优衣库利用中国廉价劳动力降低经营成本的战略十分明确。优衣库在短短几年中迅速崛起，在一定程度上得益于多年来与中国伙伴的合作和"中国制造"的结果，这也成为其在中国市场进一步发展的强大基础。

此外，优衣库的不同之处是其全新概念的经营运作模式——SPA（自有品牌服装专业零售商模式，即从最初的商品策划、面料开发、生产加工、物流及销售，所有过程100%自主控制的模式）。这种SPA经营模式将顾客与生产者直接相连，摒弃了通过代理商、中间商等不必要的中间环节，彻底实施低成本经营。

凭借着上述优势，优衣库在中国市场不断扩充，进驻大型商场，设立专卖店。

5. 线上、线下双线作战

不仅在线下实体店的扩张速度令人称奇，优衣库在线上也打下了属于自己的一片天地。

2008年4月16日，优衣库在中国品牌服装零售业率先推出网购业务，和阿里敲定成立优衣库天猫旗舰店，而那时的优衣库在国内直营店铺数量仅为11家。

在线下，优衣库扩张门店的计划还在不断蔓延；而线上，则借助淘宝网在中国拥有强大的网络零售商圈实力，将销量快速提升。优衣库在中国网购市场快速发展阶段开始试水电商平台，如今已实现通过网络渠道拓展中国市场的目标。从近两年"双11"当天的销量看,优衣库在阿里"双11"销量前十排行中崭露头角。

在进入中国市场的13年间,优衣库已经摸索出了适合自己的中国市场生存法则,也正在雄心勃勃地制订下一个目标:2020年优衣库在中国的店铺数预计达到1000家,业绩实现5倍增长。

相关案例之二:

ZARA:快速反应的需求满足模式

传统服装行业,一件衣服从设计师的创意,到成品卖给消费者,中间的流程需要6个月以上。但快时尚品牌却将这个时间缩短了10倍,最新的时尚潮流趋势,都能够被这些快时尚品牌迅速捕捉并投向市场。快时尚品牌并不是潮流的创造者,而是潮流的快速反应者。

以ZARA为例,一年至少推出12000种以上的款式,往往最新一季迪奥新系列在巴黎T台刚刚亮相,几周之后,其他城市的时尚男女就能够在ZARA的橱窗里看到时尚元素已经变成了成衣。正因如此,ZARA是世界公认的商业上最成功的快时尚品牌,尽管其饱受欧洲原创品牌的诟病。

1. "垂直出货"模式控制流程

ZARA的品牌核心竞争力具有其独特性,其"垂直出货(Vertical Integration)"的运营模式是其他时尚品牌难以模仿的,该模式极大地缩短了产品出货的时间:平均2周。因此,ZARA一年可以有15~20个系列。"垂直出货"模式,能更好更快地控制整个流程。从市场调研、设计、打板、制作样衣,到批量生产、运输、零售,比同样以出货速度著称的H&M快了5天。为了追求快,ZARA当然也投入了巨大的成本。

首先,在生产流程上,ZARA依靠总部所在的拉科鲁尼亚的无数手工作坊、家庭工厂起家,很多产品直接在当地生产,直到最近几年才逐渐外包。

其次,在远程运输上,都是使用飞机,而不用货船。ZARA愿意支付高额的运输费用而不愿意花费广告费和市场营销费用,ZARA的市场营销费用只占总成本的0.3%~0.4%。

此外，ZARA总部仓库里的所有产品不会停留超过3天，店铺每周会向总部下单两次以补充产品，存货周转率比其他品牌高3～4倍。在折扣销售上，平均每季只有15%的衣服需要打折出售。

2."快速满足反应"模式

统计显示，ZARA的顾客平均一年光顾店铺17次。如此高的进店次数，归功于"快速满足反应"（图2-36）这一设计概念。

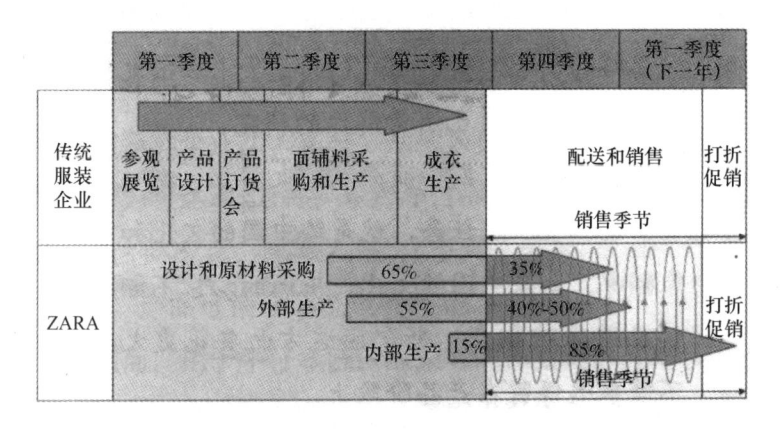

	第一季度	第二季度	第三季度	第四季度	第一季度（下一年）
传统服装企业	参观展览	产品设计	产品订货会	面辅料采购和生产　成衣生产	配送和销售　销售季节	打折促销
ZARA	设计和原材料采购 65% / 35% 外部生产 55% / 40%~50% 内部生产 15% / 85% 销售季节				打折促销

图2-36　ZARA"快速满足反应"模式

ZARA的核心不是为了品牌而去塑造品牌，也不靠明星代言赚取口碑，而是把核心放在店铺和产品上，因为只有在店铺里的产品才是真正与顾客接触、反映顾客真实需求的媒介。

因此，ZARA以"快速满足反应"模式发力。在管理上，要求店铺及时提供销售数据，并提交店面经理，而后将结果交给设计部门；设计部分按照顾客需求设计出款式，再将其递交给商业部门去评估成本和价格，之后开始打板、样衣制作、移交工厂生产、最后存放于ZARA超级大的物流仓库。仓库门口会有无数的货车，每天两次将产品运输到欧洲其他地区或者机场。

在这个流程中，单就设计而言，平均20分钟设计出一件来自顾客消费反应的衣服，每年可以设计出2万5千件以上的新款。因为顾客对于时尚的需求是变化的，所以店铺收集的资料是具有时效性的。

任何服装品牌，需要摸清市场，找准定位，打造出自己品牌独特的竞争力。单纯模仿，难以让自己成为下一个优衣库或者ZARA。

三、"转型"——中国时尚产业发展的必然

面对需求日益低迷的服装市场，服装企业危机感日益加剧，原来屡试不爽的产品或者营销策略，在今天成效甚微。面对市场全面萎缩以及蓬勃发展的互联网，服装企业面对最大的危机，不是当下的利润多寡，而是在未来事业能否持续。

（一）传统营销"大势已去"

中国服装企业正经历改革开放以来最大的危机，主要表现在2010年后持续下降的利润。原来通行的营销策略，如产品、生产、渠道、招商、广告宣传、代言人等曾经传统服装企业成功的套路，在今天已然失灵。传统固化的经营思路，让传统服装企业在互联网时代顿感手足无措。当潮流退去的时候会发现：乐观与缺乏远见，让投机付出了巨大代价。

如何找回如火如荼的发展之势，是所有传统企业最大的命题。换个角度看市场，时尚需求依然存在，只是摆在面前的严峻事实是：不改变，必然会被淘汰。

1. 转型怕转死，但不转型等死

转型，这个词已经被说烂，但这两个字的确关乎中国服装企业生死，尤其是大型企业。年销售额超过10亿元的企业，靠的就是传统的渠道和团队，转型谈何容易。诺基亚的企业文化、管理规范、专利创新都是全球顶尖的，但为什么会消失？答案很简单，诺基亚和成就它的时代一起消失了。

对于中国服装企业，转型有两种：

第一种是被迫转型。当问题集中到不能解决的时候，倒逼企业转型，这种转型成本是很大的，也是很痛苦的，但不手术必定死亡。

第二种是预见式转型。企业领导人的战略洞察能力超强，这种企业家是稀缺的，比如IBM当年把PC业务卖给联想，就是在PC机快不值钱的

时候提前卖了个高价，IBM 提前完成转型，非常成功。

但这种企业家在全世界也是凤毛麟角的。人，往往不愿意割舍过去的成功与光荣，恋旧情节是人之常情，但商业不能恋旧，李嘉诚警告自己的儿子绝对不能喜欢上任何一个行业或业务。往往动感情的时候，就是失败的开始。

2. 不能适应"快"，最好快点离开

互联网时代，企业会越来越累，因为变化越来越快，以往相对舒服的日子一去不复返了。曾经佐丹奴、真维斯很火爆，仅仅 10 年已成为过去式；包括 PLAYBOY、梦特娇、金利来等；现在 ZARA、优衣库、H&M 大行其道，再过 5 年，市场会怎样？在日新月异的互联网时代，如果企业不够快，未来出路有两条：一是赶紧卖掉企业，然后把钱投给年轻人，做他们的股东；第二个出路是，自己冒险转型，欧时力、地素就是如此。

目前，很多服装企业的策略都围绕维持既得利益中谋求发展，作为企业或者品牌，怕死就是等死，"破"就是"立"，态度决定结果。

3. 紧随互联网的步伐，找准节奏

中国服装产业规模太小，很容易成为互联网整合的对象。美国是互联网的诞生国，互联网没有对美国传统零售业产生重创。主要原因在于美国服装企业学会利用互联网技术，提高企业竞争力，如线上和线下的互动，即在线下通过实体保持品牌形象，利用互联网便利扩大销售。

中国互联网的低价、快速发展已进入成熟阶段，也面临着品牌和品质的回归时代。本土服装企业需要抓住这个时机，把握顾客需求本质，即"性价比"和"服务"。改变原有线下全品类大批发的经营思路，学会驾驭线上和线下两种模式，即改变线下供应链、线上快速反应的模式，适应和积极变革，摸索出适应自己品牌的方式，找到新的发展机会。

4. 让顾客成为你的免费推销员

现如今，习惯性向顾客推广品牌的做法是"一厢情愿"，如何利用社交网络用体验说话才是硬道理。

产品需要广告语，需要提炼独特的销售主张，这些都已经成为品牌宣传的思维定势。但广告语在推销产品时的力量越来越弱，谁能准确描述小米手机的广告语？谁又能回忆起苹果手机的广告语？但这两个品牌都做成功了。

很多传统企业用传统思维做互联网营销，其实，产品不一定非要在互联网上销售，更重要的是学会用互联网思维方式进行营销，就是与目标客户群的良好互动，形成粉丝经济，建立起品牌的粉丝帝国。让良好的产品口碑"病毒式"传播，让每位顾客成为品牌的义务推销员，这才是成功的关键。

5. 回归产品的本质，产品为王

产品才是顾客真正的兴趣所在。今天的年轻一代买的不仅仅是产品，更是购买一种精神或者乐趣。

传统思路经营服装越来越低迷，尤其很多历史悠久的传统服装企业，仍然执著于文化包装。传统文化可以作为品牌故事背景，但面对"90后"消费者，不宜作为品牌的第一诉求，品牌今后拼得更多的是创意文化。

因此，品牌提供给消费者的产品必须充满人情味，而不是自我夸奖与包装。时尚行业本质是创意，趣味性、人性化、与众不同，加上一流的品质，才能创造真正的体验感。同时，打动顾客"痛点"的价格最为关键，这就是性价比。时尚产品暴利时代已经过去，面对现实，做好符合精神需求的产品才有美好的未来。

（二）时尚行业渠道转变趋势

服装家纺作为网购第一大品类，5年后有望实现40%线上销售比例。伴随网络购物兴起，未来行业重构是大势所趋，时尚行业成为风险投资商们最为关注且认为最具潜力的电商领域。传统品牌服装企业依靠开店的增长模式已经走到尽头，市场细分化和渠道多元化是未来发展方向。

1. 从仓库到顾客：渠道扁平化

原有时尚产品从设计、制造、订货、店铺至顾客的过程必然消亡，漫长的交易过程已经成为成本的克星，店铺的租金、不断上涨的薪资、需求周期的缩短等都是传统营销的弊病。面对顾客主导消费时代的来临，传统供应链模式就是库存大涨的主要原因，经销商必然成为过去式，互联网淘汰的就是流通环节（图2-37）。

传统服装行业可以利用互联网思维，做到整合上游供应商，让产品直接从仓库送达顾客手上。没有批发价，让每个经销商成为股东，卖出去分成，成为线下的利润分配方式，共享大数据，众筹、分包成为事实，让传统变得不传统，打破渠道的僵局，才能立于市场。

图2-37 渠道扁平化

2. 没有模式的模式就是最好的模式

在全球一体化的今天，世界是平的，没有区域市场之分。传统时代，可以做区域品牌老大；互联网时代，已没有这个机会。一个商业模式只能存活一个企业，看ZARA做得好，就模仿，那企业就是找死。成功不能被复制，每个企业必须搭建自己的核心竞争力，把自己的唯一优势发挥到极限，就能实现差异化竞争。任何产业都可以做到最好，世界上任何产品都是围绕人的需求展开的，红海和蓝海只是相对而言。能否直接面对消费者创新商业模式，是对所有传统企业转型的考验。

未来是直销时代，三种直销模式会畅行天下，即互联网直销、人联网直销、社区连锁直销。大分销时代未来前景渺茫，渠道的存在是因为过去物流、信息不发达形成的。今后，消费者不再愿意为渠道成本埋单，消费者需要以出厂价购买产品。传统企业必须认真思考的是产品如何能直接到达喜欢它的消费者手中，而且让他们爱不释手并广为传播。这才是最好的商业模式。

（三）学会资本运作：扩大资产打造平台

中国时尚产业规模普遍较小，在受到电商冲击时措手不及。但电商对传统行业的影响是暂时的，互联网对传统行业的刺激，正是制造业和零售业的发展动力。在电商的冲击下，中国的服装企业需要考虑未来的发展，投机时代已然逝去，资本运作时代已经到来。

企业发展通常经历三个阶段：通过利润扩大规模；通过资本扩大资产，同时获得更大的资本；之后打造生态环境。

1. 赚取利润扩大规模

服装企业首先要盈利，而后进入某个专门领域（例如运动、休闲、淑女、正装等）通过并购和整合相关品牌，形成这个领域中的"托拉斯集团"——实现规模最大化，专注于把这个平台做大。从而能够掌控且满足这个领域中不同消费层次的某个消费需求，让这个层面的消费者对品牌的黏度更高。

企业在这个阶段不只是着力于销售额的增长，同时也要着力于资产规模的放大，获取更大的资产市值。这也意味着可以获取更多的资金，要从"赚钱机器"变成"资产最佳"。

2. 扩大资产获得资本

当企业处于第二个阶段时，需要做到的是通过资本进行并购，整合资产，让资产价值最大化，成为企业优势。并购，对于中国时尚行业或是上市公司来说还是一个全新的模式。通过品牌并购，可实现多元化品牌战略。并购是企业发展到一定阶段时继续前行所必然经过的阶段。

在这个阶段，企业的核心资源分化为两个，即品牌资产和资本。这时，企业要通过并购，掌握多品牌，形成品牌集群，把品牌当作一种资产，进行交易。通过买进和卖出，使手中的资产保持最佳状态。

3. 打造生态环境

可以用打牌来形容并购：一手好牌绝对不是摸出来的，一手真正的好牌是在打的过程中慢慢"打成"的。想要赢得这场战役，想要打成一手好牌，必须通过资本进行整合，让自己手上始终持有最赚钱的品牌和最赚钱的资产，这样才会形成平台的"资产效应"，才能进入打造生态环境的未来型竞争企业，像 LVMH 集团、开云集团、历峰集团等，它们的一举一动对于所处领域的发展和方向有着很大的影响力。

中国很多企业上市之后，碍于经营者的水平和视野，对于未来资本运作在能力上是欠缺的。因此，很难看到中国的上市公司能够运用资本运作手段形成资产平台，进而在领域中形成有影响的时尚企业。究其原因，"投机"是症结所在。上市后的资本更多地投入房地产、基建、矿产等非主营业务，希冀赚取"快钱"。当遇到政策性变化时，企业缺少专业性的应对措施，陷入困境。再转回主业时发现时代已更替。

因此，时尚企业需要学习并且掌握资本运作的能力。在与国外品牌合作的过程中，把资产变成价值，未来才有竞争力。

第五节　中国时尚产业的机遇

一、潜在的消费增长与动因

（一）庞大的人口基数和特殊的人群结构变化

服装作为需求的主要消费品，消费主体——人口是关键。

据第六次人口普查，中国人口总数达到13.4亿，是世界公认的具有巨大消费潜力的国家。虽然中国生产总值已经位列世界第二，仅次于美国，但人均GDP水平大约排名第90位，人均服装消费水平仍较低。随着经济收入的提高，预计中国和印度两大人口大国将逐渐成为消费主力，中国和印度的服装市场将超越美国和欧洲。

从年龄构成看，2013年末，中国大陆16～60岁（不含60周岁）的劳动年龄人口为91954万人，比2012年末减少了244万人；占总人口的比重从2012年的74.1%（图2-38）下降至67.6%。

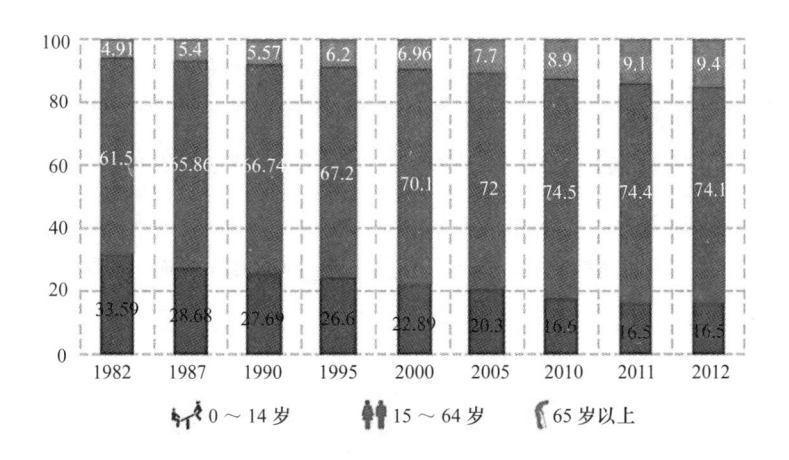

图2-38　1982～2012年中国大陆人口年龄结构变化

从图 2-38 可以看出，20 世纪 90 年代到 2005 年，我国 20～30 岁人群绝对数量不断下降，占总人口的比重同时下降。但从 2005 年开始，这一年龄段人口出现回升，且一直持续到 2015 年。这是因为，60～70 年代生育高峰期出生的婴儿，其子女在 2005 年前后进入 20～30 岁。这种人口结构对于消费的推动表现在："80 后"、"90 后"成为重要的消费群体，年轻人消费得到跨年代收入转移的支撑。

预计 2015～2020 年，中国 20～29 岁人口将会下降，并出现持续的负增长。因此，中国未来最大的消费主流有两个：一是银发经济，60～70 年代婴儿潮出生的人群，将在 2015 年以后陆续进入退休阶段，尽管这一人群即将步入老年，但这个年龄层人群的消费将不同于 40～50 年代出生的节俭型人群，他们退休后会更注重享受生活，如旅游、养生、时装、家居等一切与享受生活相关的产品会受到更多的关注，这一代中高收入人群退休时，可以算是"富闲"一族，颇具消费潜力，将是最有消费能力的退休人群。二是新生代经济，"90 后"将是 2020 年之后的主流消费人群。

当服饰品牌审视自己的定位时，若发现与这两代人群都不沾边，会是一件非常冒险的生意。

（二）节节攀升的居民收入和不断提高的消费水平

收入水平的提升，是消费结构升级的首要条件。

统计显示，2013 年我国城镇居民人均收入 29547 元。其中，城镇居民人均可支配收入 26955 元，比 2012 年名义增长 9.7%，扣除价格因素实际增长 7%，全年城镇居民人均可支配收入中位数 24200 元；农村居民人均纯收入 8896 元，比 2012 年名义增长 12.4%，扣除价格因素实际增长 9.3%，农村居民人均纯收入中位数 7907 元。农村居民人均纯收入实际增速比城镇居民人均可支配收入实际增速高 2.3 个百分点，城乡居民人均收入倍差为 3.03。

虽然节俭风盛行，但国内居民消费水平近年来持续提高。2013 年国内消费市场仍保持较高增速，最终消费对 GDP 贡献度为 50%。全年社会消费品零售总额 234380 亿元，比 2012 年名义增长 13.1%，扣除价格因素实际增长11.5%。其中，城镇消费品零售额202462亿元，增长12.9%，乡村消费品零售额31918亿元，增长14.6%。

整体来看，中国消费结构已经进入从衣食向住行和康乐升级的阶段，与衣食相关的支出所占比重逐渐下降，而与住行相关的耐用消费品支出所占比重迅速上升，与康乐相关的消费项目将长期呈稳定增长趋势，但农村居民消费结构仍处于第一阶段的衣食上。因此，未来三四线城市及乡镇市场在服饰消费上具有较大的潜力。

（三）持续推进的城市化进程

虽然中国居民的家庭人均可支配收入和消费支出不断上升，但是较大的收入差距阻碍了消费的进一步扩张。国家在政策层面上，通过加速城镇化、减少城乡差距、提高劳动者报酬份额等措施提高居民收入水平，为消费结构的升级提供了基本条件。

据中国经济网2014年1月20日报道，我国城镇常住人口74916万人，比上年末增加1805万人，乡村常住人口61866万人，减少1095万人，城镇人口占总人口比重为54.77%。中国的城市化率从1996年开始加快，目前正处在快速城镇化的进程当中，预计至少未来10年仍是中国城市化率快速提升时期。在此阶段，中国消费进一步提升空间巨大。

1995年以来，城镇居民和农村居民用于衣着方面的消费额呈逐渐增长趋势，但衣着消费占总的居民消费性支出的比例基本稳定。2002～2013年，我国城镇人均衣着支出约占总收入的7.5%左右，而服装支出在农村居民占比的消费结构中的平均比则是4.58%，无论是在经济上涨还是下行期间，这一比例基本保持相对稳定，变化的只是居民在消费服装的档次上的选择。

显然，我国二三线及以下城镇居民的消费能力还没有开发出来。调查显示，农民现金收入每提高1元在服装上的花费仅为4分钱，而城市居民实际可支配收入每提高1元在服装上的花费则为0.14元，农村居民每年用于衣着类的消费仅为城市居民的18.17%。因此，城镇化进程将催生大量的服装消费需求。

中国服装市场在过去10年间扩大了2倍，预计这一数字在未来10年内将以10%的年增长率继续攀升。到2020年，中国服装零售销售额将达到13480亿元。10年后将成为全球最大的服装零售市场，而这10年时间，中国服装业的机会集中在中小城市。2010年，中小城市构成了约50%的服装市场，到2020年，2/3的中等收入阶层及富裕消费者将居住在四至七级城市，并将占据服装市场整体增长的60%。对于企业而言，这意味着利益份额将更加分散。如果中高价位的服装要想在市场上实现80%的覆盖率，企业需要进入462个城市。到2020年，为保持同样的市场覆盖率，企业将需要进入568个城市。

对于服装企业，过去制胜的关键在于拥有一个大品牌、低成本供应链、并有能力通过特许经营迅速发展零售业务。要想在未来取得成功，服装企业需要调整战略：寻找为中小城市提供服务的机会，确定自身品牌所拥有的以及应该拥有的消费者需求空间。

（四）时尚消费升级

中国经济的稳定增长对于服装需求增长起到巨大的推动作用，但此需求已非彼需求，作为新兴消费群体，"80后"、"90后"正在改变社会消费倾向。随着消费人群结构、观念、习惯的变化以及互联网等因素的影响，未来的需求不是可见的，更多地取决于时尚企业能否创造、挖掘并引导需求。

基于价值观、生活方式的差异性与多元化，中国消费者的需求更加细分，并形成多个具有不同价值驱动因素和消费行为取向的消费族群，如图2-39所示。一个追求清晰定位的品牌，已不可能同时满足所有消费者的需求。

在服饰消费上，以同质化、基本款为主的量销模式日渐式微，从众性消费向差异化个性消费转化趋势明显，从讲求品质的耐用消费导向，向追随时尚潮流变幻的快速多样消费转化。在新一代消费者价值认知当中，以往相互矛盾对立的元素，如技术与艺术、工作与休闲、工业与自然，都可以和谐共存，并以一种全新的整合概念和形象出现。

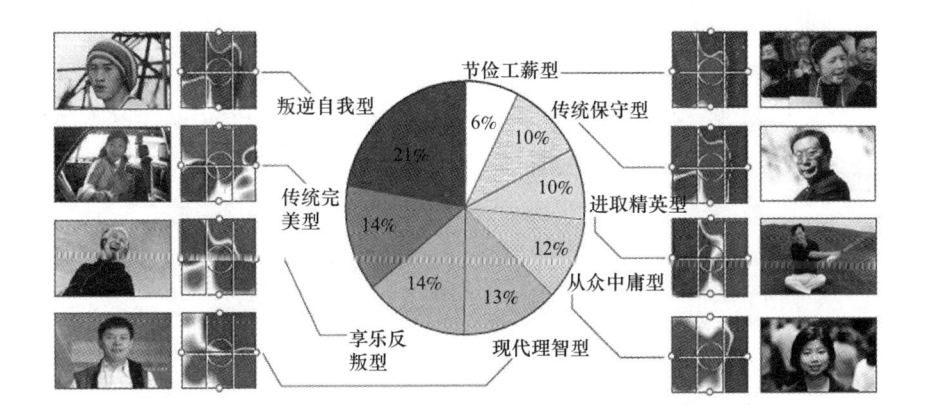

图 2-39　中国不同类型消费者占比

另一方面，基于整体生活品质和消费能力的提高，时尚产品质量、价格在消费关注因素中已不是最重要的，个性化、理念认同、款式等逐渐成为关键的消费驱动因素。如本土设计师品牌"例外"的成功就在于其品牌理念、个性主张等得到目标消费群体的共鸣和认可，在十几年的时间内迅速崛起（图 2-40）。

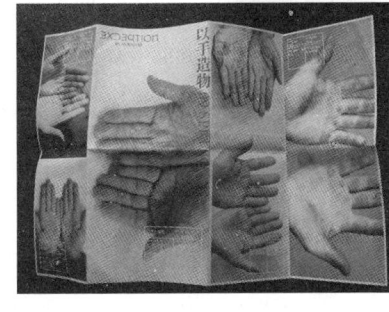

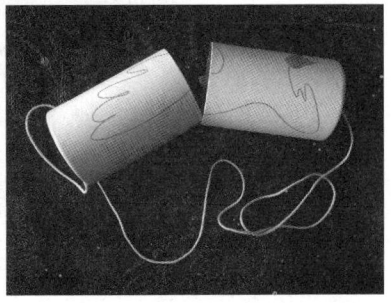

图 2-40　例外品牌门店及价值主张的宣传

因此，面对消费群体的更新换代，定位大而全的品牌将被抛弃。精准定位、挖掘并满足个性化需求的细分市场成为时尚品牌制胜的关键。以往成功的服装企业，借助和依赖丰富经验的时代已然逝去，回归产品本质的时代来临。未来需要企业有更多的创意和设计，储存足够的时尚行业必备的竞争力（图2-41）。

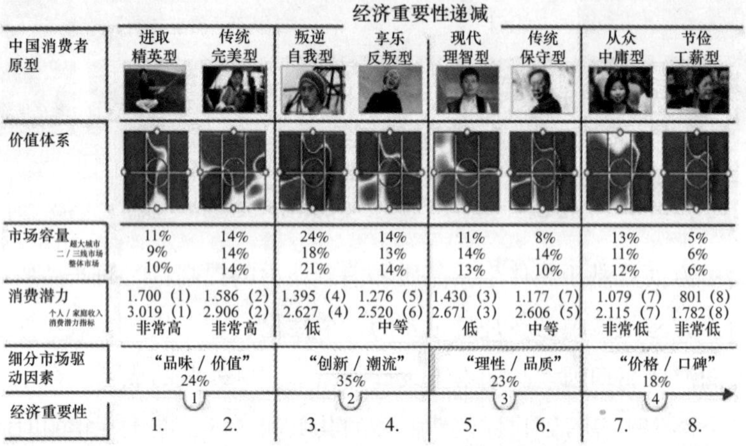

图2-41　中国不同类型消费者特征与分布

二、传统服饰行业的新机遇

（一）抓住后工业4.0时代

2010年，德国联邦政府制定《德国2020高技术战略》；2012年，《德国2020高技术战略》行动计划发布，"工业4.0"一词首次出现。

2013年6月，德国汉诺威国际工业博览会的主题是整合型工业，展出了工业4.0的样板，同年由多领域专家组成的德国工业4.0工作组发布了专门报告——《保障德国制造业的未来：关于实施工业4.0战略的建议》。

该报告把工业4.0称之为第四次工业革命，报告认为，由信息技术的发明所推动的工业自动化为代表的第三次工业革命正在向第四次工业革命转变。第四次工业革命已经来临，它是以全方位的网络化、智能化、绿色化等融合为代表的新工业革命，这也是继第一次机械化、第二次电气化/规模化、第三次信息化/自动化之后的第四次工业革命。

在工业 4.0 计划中，未来工业生产形式的主要内容和特征如下。

（1）规模定制：在生产要素高度灵活配置条件下，规模生产高度个性化产品；

（2）良性互动：顾客与业务伙伴对业务过程和价值创造过程广泛参与；

（3）集成：生产和高质量服务的集成。物联网、互联网以及大数据将取代传统封闭性的制造系统，成为未来工业的基础。

中国纺织服装工业的大而不强，是长期以来急功近利的发展模式所致，其特点是：

（1）平铺扩张、求大求快，差异性弱、被模仿性强；

（2）文化含量低、逐利倾向高，经营管理粗放，难以把握全球时装产业技术的战略制高点；

（3）缺乏创意、设计、品牌等核心竞争力，可持续发展能力较低。

因而，在改革开放后的 30 年中，中国服装产业一直处于工业 1.0 和 2.0 的混合时代，亟待向工业 3.0 升级。而德国提出的工业 4.0 相关措施，非常值得作为制造业大国的中国服装行业借鉴。

（二）搭上持续发展的快车

德国工业 4.0 战略为中国服装行业未来发展提供了很好的思路，要想搭上持续发展的快车，可考虑从四个角度着手。

1. 软性制造

所谓软性制造，就是增加产品附加价值，拓展更多、更丰富的服务与解决方案。

小米并不认同自己是手机"硬件"生产商，通过互联网建立粉丝文化，小米利用"米聊"建立社交社区，把硬件优势转化成体验与话题，并且提供 24 小时从订购到持有的期望满足感，真正做到了不再将"硬件"生产视为制造业，而是让"软件"在制造业中不断发挥主导作用。通过商品产生的服务或解决方案，对制造业的价值带来巨大影响。

所以，未来的服装制造业需要放弃传统的"硬件式"思维模式。在互联网平台或实体店铺中，不能以销售产品为唯一目的。要从"软件"，也就是服务产生附加值的角度发展制造业，包括顾客参与产品设计、购物更快捷等，这是服装行业未来应该借鉴的发展方向。

2. 从"制造"到"智造"的趋势

在非互联网的时代，纺织服装由于产业链比较长，为了提高制造的速度和效益，将相关产业集群化，将地理、产业互补、资金和资源等整合在一起，形成规模和距离优势。

然而，电商的蓬勃发展，让产品从仓库直接到达顾客手里成为常态。电商带来的速度、便利以及价格的革命，让传统制造无法消化这一切带来的成本。而传统实体店铺在融资成本、劳动力、租金高涨的时期，也难以保证企业的持续盈利。

上述瓶颈以及消费者个性化需求，迫使服装企业重新审视未来的经营方式，即如何透过互联网，将"产品—设计—辅料—面料—制造—入库—物流—店铺—顾客"这一流程大幅简化，实现以顾客需求为导向，让制造跟随顾客需求作出"动态"的反应。

这种依据需求、规模定制的模式，可有效解决每个环节的低效、库存和资金的使用效益。而模块化制造是将标准化的产品零部件加工过程进行组装，并以此来设计产品。这样做的好处是，能够快速响应市场的多样化需求，满足消费者的差异化需求。

因此，互联网跨越了国家、地域等物理条件的制约，让"制造"变得"智造"。

3. 从"群体"到"个体"定制的趋势

发达国家将以规模化为对象的量产制造业生产基地转移至新兴市场国家后，以定制化为重点的多种类、小批量制造业在本土渐成主流。未来发达国家制造业的走向，将根据个性化需求进行定制，形成规模定制潮流。同时，消费者本身也将有能力把自己的需求付诸生产制造。

通过互联网定制，使得生产工程高效化，专业性的小规模手工制作的企业在一些城市的市区开始涌现。根据消费者的需求，进行柔性定制化服务将成为趋势，这些企业凭借优越的设计，与大批量生产形成差异化竞争。

服装的特殊性在于，顾客可以参与其中表达自己的设计思想，以往的高级定制是少数人的特权，互联网让个性普及化成为可能，并且让制造商直接面对需求，实现对时尚的快速反应。

4. 大数据服务

随着信息技术和互联网、电子商务的普及，服装制造业市场竞争出现了新的变化：首先，要求服装制造企业能够不断地基于网络获取信息，及时对一线店铺顾客需求做出快速反应；其次，要求制造企业能够将各种资源集成与共享，合理有效地利用各种资源。

互联制造，能够快速响应市场变化，使顾客需求得到最大满足。通过制造企业快速重组、动态协同来快速配置制造资源。在提高产品质量的同时，减少产品投放市场所需的时间，增加市场份额。同时，能够分担基础设施建设费用、设备投资费用等，减少经营风险。

三、时尚产业的金融时代开启

（一）时尚产业中的三种类型

中国服饰企业不仅需要在品牌建设、创意设计等方面进一步提高，同时，还需要学习如何做强，成为最强才能成为最大。目前中国最大的服饰企业是百丽，规模在300亿～400亿人民币，但与耐克、ZARA、优衣库等相比较，规模尚小。企业做强的关键，是要明白在不同阶段应采取相应的战略。纵观全球服装服饰产业，有三种类型存在。

1. 趋势型

ZARA、优衣库、H&M、GAP等快时尚品牌，都是这一类型企业。

所谓趋势，指的是流行趋势，也指消费趋势。快时尚不是一种现象，是欧洲经济经过长期的低迷发展期，收入下降，社会财富经历重新分配，贫富差异日益扩大，大量财富日益集中在少数人手中，社会消费主流中产阶级沦落，高端消费低迷，中产阶级收入的停滞不前，造成需求向平价方向转移，结果导致高品质、低价格成为社会消费主流。而互联网兴起、消费周期变短等也都是快时尚崛起的重要经济因素。

这个趋势迅速被快时尚企业发现，它们抓住这个趋势，让快时尚成为消费主流。在短暂的20年间，快时尚大行其道，并快速在全球发展起来，造就了一批规模在百亿美元的巨无霸企业。而中国本土的服装品牌忽视了这个趋势来临，从看不见、看不起，到来不及、错失良机，丧失了成为趋势型企业的良好机会。觉醒之后，便面临着巨大的压力。

2. 平台型

全球运动品牌耐克、世界最大的户外运动品牌VF集团等，运用资本的力量，通过近20年的不断并购整合，在各自擅长的领域成为领导型企业集团。它们明确自身在全球的定位，通过有目的并购关联资源，搭建品牌资产集群，整合关联资产，降低运作成本，在目标顾客层面的生活方式组建不同价格、不同需求的品牌，全面满足定位层面顾客的需求，获得了营业规模和资产规模的最大化。

任何企业都不可能全面满足顾客需求，只要能够在一个层面形成平台效应，就能成为百亿规模的强大企业。通过资本运作，搭建品牌平台，这是中国服装企业最欠缺的远见和能力。中国的服装市场不是需求的饱和，而是没有挖掘和影响顾客需求的强势时尚品牌企业。

3. 生态型

没有平台的企业，难以成为生态型企业，奢侈品行业的老大LVMH集团就是这样的企业。

生态型企业能够自如运用资本的力量，领导消费趋势。2020年以后，中国时尚行业是否可能诞生这样的企业，成为千亿级别的巨无霸也不是没有可能。关键是需要具备站在全球角度进行战略布局的意识，以及整合全球资源和资本的能力，这个梦想才会成为现实。

在中国本土市场，已是全球竞争本土化、本土竞争全球化。中国服装品牌国际化的前提，不是站在中国看世界，而是要站在世界看中国。

（二）从并购到资本价值增值

相对欧洲成熟的服装市场，培养一个品牌成为知名品牌需要漫长的发展历程，并购成为一种有效的手段。

品牌作为消费品行业的一种重要的资产，其可持续发展需要资金的持续投入。对于历史悠久百年品牌，保持历久弥新需要更多的资本推动。并购的目的不仅仅是收购一个品牌资产，通过并购，可在较短的时间内，战略性地形成垄断性的竞争力。在获取利润的同时，形成产业优势，保持资产规模和资产价值。同时，在并购过程拉动股价，获取更多资本。法国LVMH集团就是时尚行业并购的专家，通过并购整合，LVMH集团成为全球最大的奢侈品集团。

（三）品牌"资产化"和资产"产业化"

服装行业除了设计、营销是保证成功的重要因素外，持续经营最重要的资产就是品牌。品牌是企业资产中重要的无形资产。

基于历史和国情，在经营活动中，中国企业喜欢把资金用于固定资产的投入，以期获得银行更多的贷款支持。在全球化竞争的今天，只有品牌可以行走全球市场。因此，关注品牌，不只是提高销量，更要关注品牌无形资产的增值。品牌价值是由品牌和顾客沟通过程中建立并认知的，除了良好的品质、独特的设计，还需对品牌文化、品牌所倡导的生活方式和理念进行推广；借助互联网和各种媒体，通过赞助活动、名人效应等积累口碑；从而逐步形成固化的品牌认同，让品牌成为被追捧的偶像，最终成为定位群体身份的代表。

伴随着中国整体影响力的提升，走向国际化参与全球竞争成为必然，让品牌资产化、产业化是中国服装企业制胜的必经之路。这个过程必须经过三个阶段完成：地域领导品牌阶段，国内品牌阶段，国际品牌阶段。

中国大部分品牌需要在第三个阶段转型。因为，服装品牌具有民族和国家特质，民族的才是国际的，当中国制造被高品质、顶尖设计所称道时，就是品牌国际化最佳的时机。中国服装企业已经站在这个十字路口，走出去，只是时间和投入问题。

本章总结

中国的时尚行业今天只是完成了原始积累，时尚产业的春天即将来临。

在未来的5～10年时间里，中国很多本土品牌会成为年轻消费者心目中的代言人，并且可能会有很多本土品牌走出国门得到国外消费者的喜欢。

一个国家产业的发展基于几个关键因素：第一，人口；第二，经济消费能力；第三，稳定的发展环境。这些因素中国正在逐步具备，在今后的时间里，能够搭上中国第二次快速成长机会的企业，一定要在这个过程中把握机会，理清自己的战略思路，相信这样的企业未来会得到长足的发展。

第三章
时尚产业背后的故事：全球时尚产业并购案例

引 子

当你走进一座商场，你会发现，原来从一楼到三楼的几十家奢侈品牌，仅仅只属于三家公司；当你来到化妆品销售区，无数的化妆品和香水品牌，原来也只属于这么两家公司……时尚产业里有太多美丽的品牌，在动辄几十年甚至上百年的发展历程中，殊不知它们早已分门别类地加入了各自的阵营。我们喜爱这些品牌，消费这些品牌，但我们是否真的了解它们呢？你是否知道是什么一直让这些品牌保持青春与活力，并不断地在影响着我们的生活吗？

对于这些世界知名的时尚品牌，除了关心它们的品质，我们更应该关心它们悠久的历史，关心这些品牌的过去和现在，关心品牌背后的故事——那就是资本运作的神奇。这些品牌背后大多有资本大鳄的身影，因为资本的介入，给这些品牌注入了新的活力，令品牌不断推陈出新，不断满足消费者新的愿望和需求，并且使我们像着了迷一样地追随它们。

第一节　阿迪达斯与耐克的"恩怨情仇"

正如同可口可乐和百事可乐、肯德基与麦当劳一样，在体育品行业也存在着一对冤家，那就是阿迪达斯与耐克。这两大运动品牌先后孕育而生，又先后统治整个行业数十年，几乎瓜分了目前整个体育用品市场。两个品牌在刚成立时都只在某一体育用品领域有所擅长，但通过一系列的市场策略调整和产品创新，都逐渐演变成涵盖多个体育类项目的行业巨头。它们之间经历过产品战、公关战、代言战、并购战等，为了打击对方、尽可能地抢占市场资源而无所不用其极。尤其是在近十年间，多次的品牌并购与售出，主导了体育用品江湖上的一阵阵血雨腥风。

一、从德国小镇走出的阿迪达斯

19世纪末期，在德国法兰克地区的赫佐格奥拉赫小城，有一位普通的制鞋工人，他叫克里斯托弗·达斯勒。老达斯勒本是一位纺织工人，工业革命带来的失业潮让他丢掉了自己的工作，转而从事了手工制鞋行业。老实本分的老达斯勒靠着制鞋的微薄收入养活家庭，本应该平平淡淡地在这个德国小镇上度过自己的一生。然而不平凡的是他所选择的这个养家糊口的行当，却为自己的后代找到了致富的宝藏。老达斯勒有两个儿子，大儿子鲁道夫·达斯勒，二儿子阿迪·达斯勒，都沿袭了父辈的足迹，走上了制鞋的道路（图3-1）。后来，前者创立了彪马品牌，后者创立了阿迪达斯品牌。

阿迪·达斯勒与哥哥鲁道夫·达斯勒之间的恩恩怨怨早已被人们当作茶余饭后的谈资说了几十年，彪马与阿迪达斯这两大品牌也成了兄弟倪墙的范例。两人于1924年7月1日成立了达斯勒兄弟公司，但经过第二次

图3-1 达斯勒兄弟（右侧为阿迪·达斯勒）

世界大战的洗礼以及两人性格上的不同，两位创始人在1948年宣告决裂。弟弟更多地继承了父亲踏实精湛的制鞋技艺，与擅长营销、口才出众的哥哥不同，阿迪·达斯勒从一开始便为阿迪达斯奠定了专业基础。1949年3月，阿迪达斯鞋厂与其商标"Adidas"一起在德国注册。

二、世界冠军的宠儿

阿迪达斯的第一批样品鞋在1952年赫尔辛基奥运会上亮相，穿着阿迪达斯运动鞋的捷克运动员扎托佩克在5000米和10000米赛事中两度夺魁，阿迪达斯品牌开始崭露头角。两年后，德国足球队穿着阿迪达斯鞋击败了匈牙利队，夺得了1954年世界杯冠军。这次夺冠，阿迪达斯鞋立下了汗马功劳。因为比赛那天下着雨，赛场上很泥泞，可是阿迪达斯鞋中有一种特殊的鞋钉可以防止打滑，这让阿迪达斯鞋备受追捧。

在运动鞋的制作和设计上，阿迪达斯还有很多革新，例如四钉跑鞋、尼龙底跑鞋和活动组合鞋钉（这种鞋钉既可插入也可拔出）。阿迪达斯公司制作的鞋质量优，品种多，因而在具有广泛影响的国际体育活动中长期居统治地位。在1976年的蒙特利尔奥运会上，所有个人奖牌获得者中，85.8%的运动员穿阿迪达斯公司的产品。真可谓"一举成名天下知"，阿迪达斯的产品成为运动冠军的首选，在各种运动项目比赛的竞技场上，运动员都以穿有"三道栏"和"三瓣叶"的体育用品为荣，公司的销售额更是上升到10亿美元。除了生产各类体育运动鞋外，公司还增加了一些与体育有关的用品，例如短裤、运动衫、田径服、网球服、泳装、便服、各类体育用球、乒乓球拍、越野雪橇等。一时间，阿迪达斯由一家德国小镇上不起眼的小作坊，发展成为覆盖多个运动领域、世界上最大的经销体育精品的跨国公司。

三、"美国梦"的代言人菲尔·耐特

在达斯勒兄弟公司经营得如火如荼的1938年，远离欧洲的美国，一个普通的男孩出生了。和大多数同龄人一样，他喜欢运动，尤其喜爱打篮球、打棒球、跑步，他的名字叫菲尔·耐特。耐特一直很喜欢运动，就连大学也选择的是美国田径运动的大本营——俄勒冈大学。在俄勒冈，耐特遇到了自己一生的良师益友——教练比尔·鲍尔曼。鲍尔曼是个事业心极强的人，一心要使自己的运动队超过其他队伍。训练比赛中，运动员的脚病是最常犯的，鲍尔曼便想设计出一种鞋，底子轻、支撑好、摩擦力小，但稳定性强，这样可以减少运动员脚部的伤痛，跑出好成绩。鲍尔曼的这一想法，给耐特心中播下了一粒投身运动鞋领域的种子。

在俄勒冈大学毕业后，耐特选择了斯坦福大学商学院继续学习，他也一直保持着对田径运动以及运动鞋事业的痴迷。虽然德国制造的阿迪达斯运动鞋质量最好，但价格昂贵，在美国国内很难买到。而当时廉价的日本商品正充斥着美国市场，这也让耐特找到了生财的门道——利用日本较为便宜的劳动力以及自己老师鲍尔曼对运动鞋设计的心得，来生产一种价格适中、质量上乘、符合运动员需要的鞋子。1962年，24岁的耐特在获得了工商管理硕士学位后前往日本游历。在日本的展览会上，耐特碰到了日本的虎牌运动鞋厂家，他假称是来自美国的蓝丝带运动公司，刚好虎牌需要一个代理商来打入美国市场，于是就把代理权给了这个初出茅庐的小伙子。拿到代理权的耐特立即找到了鲍尔曼，他们两个人出资500美元，组成真正的蓝丝带运动公司，成为虎牌运动鞋在美国的独家经销商，开始了最初的创业。这个蓝丝带运动公司便是耐克的前身。1972年，奈特和鲍尔曼终于发明出了自己的鞋种，新鞋以"耐克"命名，耐克公司正式成立。

四、后来居上的耐克

20世纪60年代末70年代初，美国人开始越来越关心自己的身体健康状况。几百万以前从不参加体育锻炼的人也开始锻炼。整个70年代，参加散步的人数不断上升。据估计，70年代末，坚持散步的美国人有2500万～3000万，另有1000万人则不管是在家还是上街都穿跑鞋。庞大的锻炼群体使跑鞋业呈现出一派繁荣景象。1972年成立的耐克公司，一举抓住了这一市场良机。

在1972年俄勒冈州尤金市奥运会预选赛上耐克鞋首次亮相。穿阿迪达斯的运动员在预选赛中获得了前三名，获得第四名到第七名的马拉松运动员则穿了耐克鞋。阿迪达斯并没有把这个来自美国的新兵放在眼里。确实，无论是公司实力还是市场份额，阿迪达斯相比当时年轻的耐克都是巨人一般的存在。世界冠军、顶级赛事那样的高端市场耐克还无法企及，但是由于耐克公司的精心研究和下大力气开发新式样，它却慢慢地被大众市场所喜爱接受。到了70年代末，公司生产的鞋式样多达140余种。耐克根据不同脚形、体重、跑速、训练计划、性别和不同技术水平，时时设计不同的新式样。到了70年代末80年代初，市场上对耐克公司的产品需求十分巨大，有800个百货商店、体育用品商店和鞋店为它经销产品。整个公司的运营业绩也十分惊人，1976年耐克公司销售额为140万美元，仅仅7年之后便上升到6.94亿美元。在1979年年初各大公司在美国跑鞋市场上的占有份额中，耐克公司以33%居于首位，两年之后它的份额更是逼近50%，可以说上演了一幕美国运动品行业里的神话。随着阿迪达斯掌门人阿迪·达斯勒在1978年去世以及随之而来的儿女夺权之争，给了耐克绝佳的成长空间。

五、收购匡威，巩固地位

自20世纪80年代以来，随着乔丹和伍兹等超级巨星的加盟，耐克凭借自己一系列出色的市场运作，以及包括跑鞋在内的休闲装备方面的进步发展，已逐渐取代阿迪达斯在体育市场龙头老大的地位，并慢慢将距离拉远。阿迪达斯对于产品设计的保守以及20世纪90年代管理权的更迭混乱，使其丢掉了原有的市场优势。随着商业全球化浪潮的日益汹涌和海外市场巨大利益的驱使，尤其是在耐克的福将"篮球飞人"乔丹退役之后，耐克的发展也陷入了停滞状态。此时，深谙经济法则的菲尔耐特做出了"攘外必先安内"的决策。

2003年，耐克宣布以3.05亿美元的巨资收购另一个著名的运动鞋品牌匡威（Converse）（图 3-2）。这一巨额的交易将以现金和承担债务的方式完成。耐克在收购匡威之后，双方在美国运动鞋市场所占的市场份额将超过 40%。耐克公司相信这将有助于他们在竞争中战胜当时市场上的两个最主要的竞争对手：阿迪达斯和锐步。

匡威在 1908 年由摩尔·匡威创立，从 20 世纪 50 年代开始成为了美国乃至全球销量最大的运动鞋品牌。20 世纪 60 年代，匡威还曾占据了美国 90% 的篮球鞋市场——"J 博士"欧文穿的就是匡威鞋。不过进入 20 世纪 80 年代后，匡威开始衰落，在 NBA 市场中被耐克超越，直到 2001 年宣告破产。同时，作为匡威最为经典的产品——帆布鞋，自 1917 年诞生以来，已经销售了 6 亿多双，这让耐克羡慕不已。耐克一直以来都无法在帆布鞋市场与匡威竞争，而且匡威独特的复古风格也是耐克难以效仿的。

此番收购让耐克成功进入知名廉价品牌的市场，并把自身毫无优势的帆布鞋领域拿下。被收购后，耐克一方面让匡威转型成为休闲时尚品牌，大大削弱其运动属性；另一方面，保留匡威的篮球系列作为自己的低端产品。耐克会选择一些有潜力的球员以匡威品牌的名义签下，当日后球员有出息了，就提升至耐克或者乔丹品牌。2003 年，当年热火三巨头中的两位，韦德和波什刚进联盟的时候都是穿着匡威的篮球鞋，后来波什为耐克代言，韦德为乔丹系列代言。

对匡威的收购重组，使得耐克在利润最为丰厚的北美运动品市场取得了不可撼动的霸主地位，也为其进军全球市场提供了坚实的大后方。

图 3-2　匡威经典鞋款 Chuck Taylor All Star

六、复苏的阿迪达斯抱团取暖

经过了世纪之交的一段迷途之后，阿迪达斯终于在 21 世纪初走上了正轨。此时，原先的小兄弟耐克已经跑到了自己的前面，犹如龟兔赛跑中那个打盹的兔子，阿迪达斯如梦方醒，开始拼命追赶。

2003 年，为了拉大与竞争对手阿迪达斯和锐步的差距，耐克收购了匡威。仅仅两年之后，阿迪达斯便做出了回应。2005 年 8 月 3 日，当时世界第二大体育用品公司阿迪达斯和第三大体育用品公司（也是美国第二大体育用品公司）锐步宣布联姻。阿迪达斯公司同意以 37 亿欧元（约合 37.8 亿美元）也就是说每股 59 美元的价格购买锐步，这个价格超出了收购宣布前一天锐步公司的收盘价 43.95 美元。

2004 年阿迪达斯销售额为 87 亿美元，净利润为 4.23 亿美元，锐步的销售额为 40 亿美元，净利润为之 2.09 亿美元。而此时耐克的年销售额为 122.53 亿美元，净利润则达到 9.46 亿美元，如图 3-3 所示。同年，耐克在美国运动鞋市场占有率为 36%，而阿迪达斯的市场占有率只有 8.9%，锐步是 12.2%。

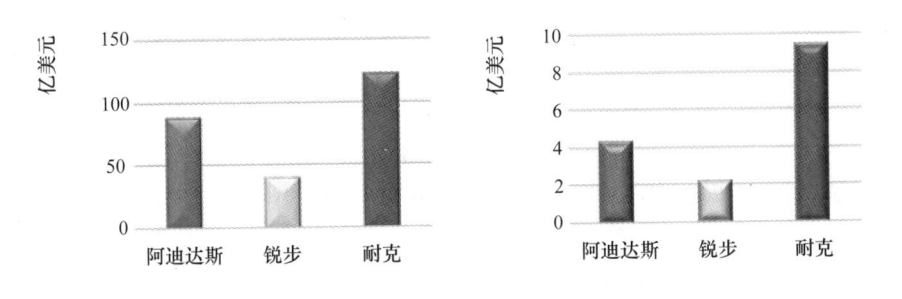

图 3-3 2004 年三大运动品牌年销售额、利润对比

通过此次收购锐步，阿迪达斯在全球尤其是北美市场的份额大大增加。对于与耐克长期争雄的阿迪达斯而言，与锐步的联合是其扩大市场影响力的有利时机。虽然在美国市场所占地位还无法与耐克同日而语，但锐步在北美四大体育联盟（美国职棒大联盟 MLB、北美橄榄球职业联赛 NFL、全美篮球职业联赛 NBA 和北美冰球职业联赛 NHL）都具有非凡影响力，

同时拥有它们的官方球衣赞助合同。而阿迪达斯的传统领域则是世界杯足球赛、奥运会及各大欧洲足球职业联赛。尽管并购以后耐克公司仍有实力占据行业老大的地位，但合并后的阿迪达斯和锐步拉近了与耐克的差距，整个体育用品市场的格局随之重组。

并购为阿迪带来的经济效益是显而易见的。并购之后，阿迪达斯根据现有的设备资金整合锐步，使美国市场份额迅速扩大，更大的产量和销售量分摊了成本。其次，通过并购掌握先进技术优势。阿迪达斯的优越在于世界领先的专业性能，而锐步在于独到的时尚性和新颖性。因此，两大集团都希望相互吸取对方的核心技术，使产品有特色且完备。另外，美国作为耐克的本土战场，阿迪达斯凭借本次收购找到了一个绝佳的突破口。锐步的美国市场对阿迪达斯是最重要的，并购回避了进入市场的难题。阿迪达斯产品的目标是专业运动员，而锐步的定位是妇女、年轻人和一般消费者，两者合二为一，壮大了消费者群体。同时，锐步还是唯一可以设计、制造，并且在几乎所有销售渠道中销售NBA、WNBA和NBDL各支球队的鞋帽、T恤、绒衫和其他服装产品的企业。合并之后的阿迪达斯与锐步将在篮球、橄榄球、冰球及女性体育用品市场协同合作，可以说阿迪达斯拿到了进入以上运动领域的门票。

七、以彼之道还施彼身

阿迪达斯并购锐步，两个经济实体的合并给了耐克切实的挑战。耐克在1984年签约飞人乔丹，顺利进入了NBA篮球鞋领域。随着飞人一个个神话的上演，耐克篮球鞋也在市场上势如破竹。但是锐步给了阿迪达斯重新振作篮球鞋产品的契机（锐步作为老牌球鞋品牌，NBA中有不少球星都穿着它们设计的球鞋——除了国人熟知的姚明，还有巴朗-戴维斯、弗朗西斯、艾弗森等）。面对阿迪达斯如此赤裸裸的挑战，担心后院起火的耐克决心以彼之道还施彼身——向阿迪达斯赖以为傲的足球体育用品市场下手。

2008年，耐克宣布以2.85亿英镑收购英国足球用品制造商茵宝

（Umbro）。茵宝于 1920 年在英国北部的柴郡成立，当时公司的名称是 Humphrey Brothers Clothing。具有 80 多年历史的茵宝从创立之初便投身于足球运动产品领域，并逐渐成为称霸英国享誉世界的知名足球体育品牌。在茵宝的成长历程中，曾伴随多支绿茵豪强一起夺得世界杯殊荣，其中包括 1958 年和 1962 年连续两届赢取世界杯的巴西队，以及 1966 年世界杯冠军英格兰队。而 1966 年也是茵宝最辉煌的历史时刻，当时进入最后 16 强的队伍中就有 15 支球队穿着茵宝的球衣。英国作为现代足球的发源地，同时拥有"世界上最成功的足球联赛"英超，能在此立脚足见茵宝不俗的实力。茵宝同时还赞助了像迈克尔·欧文（2001 年欧洲足球先生）、约翰·特里（切尔西俱乐部和前英格兰国家队双料队长）、巴里·弗格森（格拉斯哥流浪者俱乐部和苏格兰国家队双料队长）、德科（葡萄牙国家队中场核心）等众多一线足球明星，还是知名足球俱乐部曼联、切尔西以及英格兰国家队当时的官方赞助商。

可以说，耐克拿到如此重量级的品牌，在足球用品市场给了阿迪达斯当头一棒。想当年阿迪达斯靠着一双足球鞋走向世界，而如今耐克竟然要在阿迪达斯最擅长的领域横插一脚。此次收购让耐克打开了更热爱足球运动的亚洲和东欧市场（美国人民对于足球的理解还更多的是橄榄球），而原先被阿迪达斯所盘踞的欧洲市场，也因为茵宝的收购而被耐克进入。如同阿迪达斯接纳锐步的赞助合同一样，耐克有样学样地将茵宝的签约球员与赞助合同直接拉入名下。更为重要的是，茵宝为耐克带来了最直接、最地道的足球产品制造技术，填补了耐克在这一领域的先天缺陷，让阿迪达斯的技术优势不再明显。

而耐克的精明并不仅仅体现在收购茵宝上，更为重要的是仅 4 年后，耐克便做出了抛售茵宝的决定。2012 年 10 月 26 日，耐克宣布了一项令很多足球球迷吃惊的出售协议，其以 2.25 亿美元的价格将旗下品牌茵宝出售给艾康尼斯品牌集团公司。耐克公司总裁兼首席执行官 Mark Parker 表示该项举措能让其"集中于最具增长潜力的机会上"。利用持有品牌的这 4 年，耐克几乎榨干了茵宝的商业价值，其产品研发技术和赞助资源这两个最为核心的价值已被耐克榨干。在这 4 年里，耐克逐渐将自己的赞助和推广渗透到了足球领域，经历过欧洲杯与世界杯两大顶级赛事的考验后，其发现自己的主品牌耐克已经在足球领域与阿迪达斯有分庭抗礼的底气。这时候茵宝品牌的价值，对于耐克而言已经不大了。事实上，耐克早早就为剥离茵宝做准备了。茵宝与英格兰国家队的赞助合同本来是要到2018年结束，但英足总在2012年8月宣布与茵宝终止合作，取而代之的正是耐克。此外，耐克还从茵宝手中获得了如曼城等重量级足球队的球衣赞助合同。此时的茵宝，市场已经萎缩，知名度和影响力下滑，剩下的只是持续贬值的空架子，一向推崇轻资产的耐克，将茵宝抛售便不足为奇了。

多年的恩怨纠葛中，两大运动行业巨头的商业博弈仍在继续。目前，两大集团旗下都包含多个运动品牌（图3-4、图3-5），产品涉及足球、篮球、跑步、网球、高尔夫等专业领域以及人们的日常运动休闲穿着。两者亦步亦趋中，都未停下向前的脚步。正因为它们的存在，让运动变得如此简单。

图3-4　阿迪达斯集团旗下主要品牌示意图　　图3-5　耐克集团旗下主要品牌示意图

第二节　欧莱雅的品牌金字塔

"你值得拥有！"听到这句耳熟能详的广告语，人们脑海里不难浮现出范冰冰飘逸的秀发，李嘉欣娇美的容颜。每当走进商场，如果你买的是赫莲娜、兰蔻、碧欧泉、植村秀、美宝莲、小护士、羽西等品牌的化妆品，殊不知，它们其实源自同一个"娘家"：欧莱雅。

一、一支染发剂起家

现在，每当说起欧莱雅，很多人的印象中都是无孔不入的美宝莲睫毛膏、巴黎欧莱雅的护肤品以及广告中模特璀璨的面容。但是让很多人意想不到的是，欧莱雅公司最初创业成功依靠的产品却是一支染发剂。

欧莱雅公司创立于1909年，创始人欧仁·舒莱尔，他既是公司的投资者，也是产品的研发者。1881年，舒莱尔降生在法国一个普通的小面包店店主的家庭。家境清贫让舒莱尔的童年充满了艰辛，从小就得帮父母打杂。其后，通过半工半读，舒莱尔在巴黎化学研究所完成了学业，进入法国中央制药厂工作。对于这位年轻的化学工程师来说，新的生活开始了。凭着自己对化学的兴趣和对工作的努力，舒莱尔在进入制药厂的第三年便开始领导药厂的化学小组。工作之余，一个偶然的发现改变了舒莱尔的命运。舒莱尔发现以散沫花等为原料制成的染发产品非但不够精致，还含有对人体有害的毒素，而且染发过程要耗费3个小时甚至更长的时间——这可苦了那些想掩盖白发的爱美女性。作为一位化学家，舒莱尔决心研制全新的染发剂。1907年，26岁的舒莱尔在经过无数次失败后终于研制出了第一款合成无毒染发剂，他将其命名为"奥莱雅"。这款世界首创的安全染发剂，也成了日后巴黎欧莱雅乃至欧莱雅集团的第一款产品。为了推广自己的成果，他逐家拜访巴黎的理发师，听取他们使用后的效果和意见，以便改进产品。两年后，舒莱尔斥资800法郎，在位于塞纳河畔的小公寓里成立了"法国无害染发剂公司"，这就是欧莱雅的前身。

到了20世纪20年代，法国一度流行短发，这样女性可露出漂亮的长颈。女性纷纷剪短自己的头发，几年之内，法国新开了4万家理发店。借助这股东风，舒莱尔的事业不断发展。不久，他收购了一家香皂制造企业，涉足洗涤、沐浴领域。1934年，公司推出了第一款大众洗发水——"多普"。有一次外出时，舒莱尔因被晒得脱了皮，他又研制并推出了著名的防晒油——"太阳琥珀"。1939年，公司正式改名为欧莱雅，当时员工超过1000人，其中销售代表达300多人。从普通的化学药剂师到知名的企业家，舒莱尔完成了人生的一次华丽转身。

除了孜孜不倦的科研精神，历史证明舒莱尔还是一位商业天才。在舒莱尔的领导下，欧莱雅公司进入了快速发展的道路。从生产染发剂开始，以核心品牌欧莱雅为开端，经过几代人的共同努力（舒莱尔于1957年去世），逐渐将触角延伸到美容美发行业的其他领域。翻开欧莱雅的百年历史，赫然在目的是一部众星闪耀的品牌收购历史：1964年收购兰蔻、1965年收购卡尼尔、1970年收购碧欧泉、1989年收购赫莲娜、1996年收购美宝莲等，如图3-6所示。欧莱雅将这些来自不同国籍、不同文化背景的品牌收购后重新进行定位和包装，使之成为各自领域的领导品牌。目前，欧莱雅集团共拥有500多个优质品牌（图3-7），在全球拥有283家分公司、

1964年	1965年	1970年	1973年	1989年	1993年	1996年	2000年	2006年	2008年	2010年	2012年
兰蔻	卡尼尔	碧欧泉	Gemey	理肤泉 赫莲娜	Redken	美宝莲	美奇丝	The Body Shop	YSL	Essie	URBAN DECAY

图3-6　欧莱雅历史上的主要收购

图3-7　欧莱雅旗下的知名品牌

42家工厂、100多个代理商以及624项专利,4000多位研究人员、5万多名员工。欧莱雅拥有极细分的市场,相应的产品覆盖高、中、低不同档次,并深入5大洲130多个国家和地区,产品包括护肤防晒、护发染发、彩妆、香水、卫浴、药房专销化妆品和皮肤疾病辅疗护肤品等。

多年来,欧莱雅的市场业绩一直平稳增长。2013年,欧莱雅世界财富500强排名第396位,全球销售额达到288.8亿欧元,营业利润38.75亿欧元,护肤品与美发产品销售额排名前两位,分别占到集团总收入的34.1%和24.1%。与其竞争对手(联合利华、宝洁、雅诗兰黛等快销品集团)相比,欧莱雅也是一马当先,优势明显,如图3-8所示。

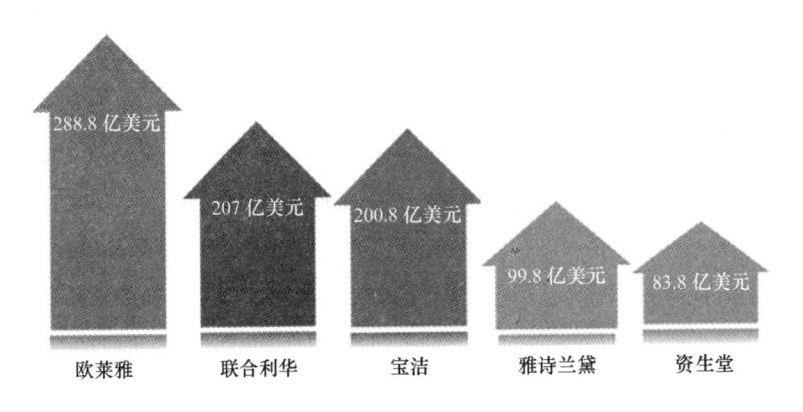

图3-8 2013年欧莱雅与竞争对手年销售额对比

二、打造品牌金字塔

在欧莱雅集团500多个品牌中,只有欧莱雅染发等少数几个是集团自有品牌,其余都是通过全球并购而来。由于旗下品牌达数百个,欧莱雅形成了独特的品牌金字塔结构(图3-9),从塔基到塔尖,依据各自功能对应不同的细分市场。

背景资料:

品牌金字塔战略的提出始于20世纪90年代。顾名思义,金字塔是梯形分层的,因此又称作层级金字塔,这种战略是将品牌按照价位、功能,或者是消费层次的不同构成金字塔式的结构，不同的品牌分别占据塔底、塔中和塔尖。它是相对于扁平式的产品结构而言的。

从经济层次来分析，产品在金字塔结构的不同位置，也就意味着针对不同的目标消费者，所需要的竞争战略也将不同。在塔的底部，是低价位、大批量的产品；在塔的顶部，是高价位、小批量的产品。大多数利润集中在金字塔的顶部，但塔底部的产品也具有重要的战略作用，因为这些低价位产品可以起到"防火墙"的作用，阻碍竞争者的进入，保护金字塔顶部产品的丰厚利润。

针对塔尖位置的高端客户，欧莱雅推出的兰蔻、阿玛尼、伊夫·圣罗兰、拉夫·劳伦、碧欧泉、赫莲娜、植村秀、科颜氏、羽西等产品，陈列在高档的百货商店；而走大众路线的巴黎欧莱雅、卡尼尔、美宝莲纽约和小护士等则在普通商场及超市就可以买到。此外，薇姿、理肤泉和修丽可只在药房和医院专售，这强化了专业化、科学化、医学级的品牌识别度；而在发廊及专业美发店，我们能看到卡诗和欧莱雅专业美发两款染发产品在销售。通过合理布局，使不同的品牌对应满足各细分市场消费者的不同需求，形成了品牌金字塔。在欧莱雅品牌金字塔的搭建过程中，美宝莲纽约与小护士的收购尤为引人关注。

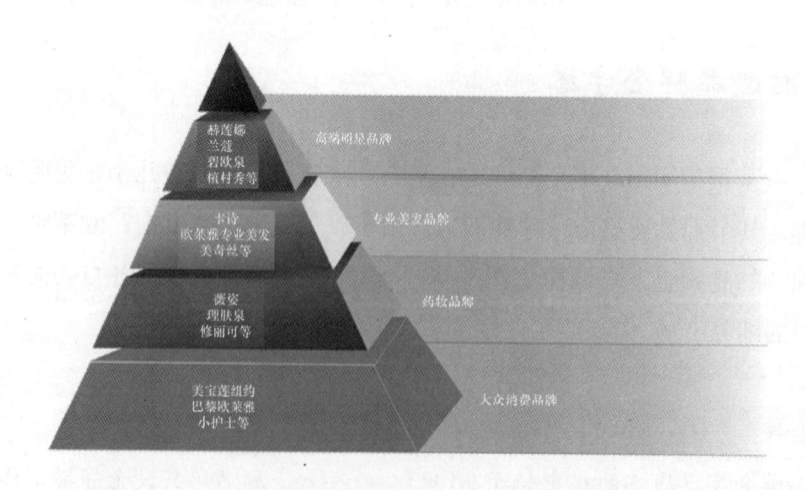

图 3-9　欧莱雅的品牌金字塔示意图

三、把"纽约"加上

我们常常都能听到这么一句广告语"Maybe it is Maybelline",此时往往跟着一位光彩耀人的美人忽闪着明媚的大眼睛,画外音的品牌是"美宝莲纽约"。你有没有想过,为什么要加上"纽约"二字呢?

美宝莲由美国化学家威廉姆斯(T. L. Willams)于1915年创办,但创办时这家百年老字号并不在纽约城,跟纽约也没有任何关系,不过是美国中部田纳西州一个生产唇膏和指甲油的中档化妆品公司。随着公司的发展,逐渐在彩妆领域有所建树,成为美国国内知名的彩妆品牌,主要产品便是睫毛膏等眼部美容产品。

1996年欧莱雅为了壮大自己的彩妆市场,出资7.58亿美元将美宝莲收入囊中,并立志要将其打入国际市场。收购当年,美宝莲3.5亿美元的年销售额中只有7%来自美国以外的地区。时任欧莱雅CEO的英国人欧文中爵士认为,美宝莲要想打入国际市场,首先必须走出自身的窠臼。1996年,欧莱雅将美宝莲总部从孟菲斯迁到纽约,从此在海外市场,美宝莲商标的后面便增加了"纽约"两个字。这是仿效欧莱雅主打产品,以凯瑟琳·德纳芙为形象代言的巴黎欧莱雅。因为在世界许多地方的消费者看来,纽约这个大苹果是西方花花世界的象征,其产品应该代表最新的时尚。一些原先躺在美宝莲研发实验室里的成果因此迅速推向了市场。各种光怪陆离、色彩各异的唇膏,如冰柠檬和胡椒薄荷色的Miami Chill发售后引起狂热购买。这一战略被证明是无比成功的。2001年,美宝莲创造的10亿美元销售额中,有56%来自包括90个国家的海外市场。如今,美宝莲已成为全球最大的国际知名彩妆品牌。

四、进军中国市场

1996年年底,欧莱雅正式进军中国市场。通过大型百货商店、超市、药房、高档专业发廊和免税店等各种销售渠道,将旗下的巴黎欧莱雅、美宝莲、卡尼尔、阿玛尼、兰蔻、赫莲娜、碧欧泉、植村秀、欧莱雅专业美发、巴黎卡诗、美奇丝、薇姿和理肤泉等15个国际知名品牌引入中国。进入中国初期，欧莱雅依靠自身强大的国际影响力迅速占领了中国市场。其中兰蔻坐上了高档化妆品的头把交椅，美宝莲则占据了中国大众彩妆领域半壁江山，薇姿和理肤泉药妆在药店也有一席之地，但是唯独大众护肤品市场捉襟见肘。为了尽快改变这一局面，欧莱雅在中国市场上不断寻找，希望找到解决这一问题的办法。到2003年时，答案终于找到。2003年12月10日，一项收购协议在北京王府饭店秘密签订。11日，世界化妆品巨头欧莱雅集团正式对外宣布，将中国护肤品品牌"小护士"收归帐下。

小护士创立于1992年，原为港商独资企业丽斯达日化（深圳）有限公司所有，是当时中国排名第三的护肤品牌，仅次于玉兰油和大宝，市场占有率达到5%，在中国年轻女性中的品牌认知度高达96%。同时全国有28万个销售网点，是市场上分销最广的护肤品牌之一。小护士的这些资产都被欧莱雅所看好。在收购协议签订后，小护士正式加入欧莱雅在上海的大众化妆品部，欧莱雅集团继续保留小护士的销售渠道。除了销售渠道和管理系统，欧莱雅还钟情于小护士在湖北宜昌的生产基地。丽斯达日化（深圳）有限公司在湖北宜昌拥有一个生产基地，年产能约为1亿件。而欧莱雅曾在1999年投资5000万美元，在苏州工业园区建立了一个生产基地，主要生产欧莱雅和美宝莲的部分产品，产能也达到1亿件左右。拥有两家工厂，将使欧莱雅在中国大众化妆品的细分市场中争取到更大份额。

小护士的加入让欧莱雅一下子在大众护肤品市场站稳了脚跟，品牌金字塔的塔基终于变得稳固了。但是在中国市场这块大蛋糕面前，欧莱雅并未就此罢手，2004年年初，欧莱雅又虎口夺食，从宝洁、资生堂等竞争对手手中"抢"走了知名化妆品牌羽西。至此，通过并购，欧莱雅在华工厂达三家，分布在苏州、宜昌和上海，生产能力从1亿件猛增至2.6亿件。随着对小护士和羽西完成并购，欧莱雅在国内的护肤品品牌得以充实。新购品牌在全国拥有近30万个销售网点，如同一张大网，把欧莱雅的触角进一步延伸到二三线城市。

至此，欧莱雅在中国的品牌总数达17个。欧莱雅将在中国的品牌分成4大门类，其中巴黎欧莱雅、卡尼尔、美宝莲纽约、巴黎创意美家、小护士属于大众化妆品，兰蔻、碧欧泉、赫莲娜、植村秀、羽西、阿玛尼、科颜氏属于高档化妆品，薇姿和理肤泉属于活性健康化妆品，欧莱雅专业美发、卡诗、美奇丝属于专业美发产品。4大类产品又形成一个包含高、中、低多个层次的品牌金字塔结构。

1997年欧莱雅刚进入中国内地时的销售额是1.8亿元人民币，随着在国内不断的扎根生长，至2013在华销售总额达132.8亿元人民币，较2012年增长了10.2%，这也是欧莱雅中国连续第13年实现两位数增长。中国已成为欧莱雅亚太地区的决策中心、运营中心和研发中心。经过17年的快速发展，欧莱雅已成功奠定了其在中国化妆品市场的领导地位，成为中国市场上第一大护肤品集团、第一大彩妆集团、第一大高档化妆品集团、第一大皮肤医学化妆品集团和第一大专业美发品集团等。

回首欧莱雅的发展之路，并购一直是其最有效、最直接的驱动力。大量品牌，尤其是本土品牌的加入，补全了自身产品组合的不足，让它有能力去组建自己的品牌金字塔。不同的产品细分、不同的档次定位、不同的分销渠道，带来的是最精准的投放，最直接的去面对消费者。

拓展阅读：

委身欧莱雅 美即缘何"嫁入豪门"

2013-08-23 中国商报记者 陈芳

8月15日晚，于2011年登陆资本市场的面膜霸主美即控股国际有限公司，顶着面膜第一股的光环，投入到全球最大化妆品制造商欧莱雅集团的怀抱中。至此，双方多年的"绯闻"变成了现实。而让人好奇的是，稳坐面膜这一细分市场第一把交椅的美即，为何会选择委身他人呢？

7月底以来，美即控股两度停牌引发的花落谁家的猜测终于有了结果，被2011年与其有着收购"绯闻"的欧莱雅集团揽入怀中。

8月15日晚，美即控股和欧莱雅联合发布公告表示，欧莱雅拟以每股6.3港元的价格全面收购美即。按美即全部已发行的约10.4亿股股份计算，此次收购总额约为65.38亿港元。

值得一提的是，每股6.3港元的报价比美即在香港联合交易所最后一个交易日每股 5.05 港元的收市价，溢价约 24.8%。比 180 个交易日前每股 3.78 港元的收市价，溢价约 66.7%。受收购消息影响，美即 8 月 16 日股价大涨，涨幅达 19.01%。

披露的公告显示，美即创办者佘雨原、邓邵坤以及骆耀文分别持有该公司 13.75%、8.99% 和 3.67% 的股份，机构股东 Baring、景林资产和西京资本持有该公司的股份分别为 20.94%、9.56% 和 8.75%。

欧莱雅公司对外表示："持有美即 62.3% 股权的六位主要股东已经承诺将支持欧莱雅的提案。"与此同时，美即创办者以及机构股东还向欧莱雅做出了不可撤回的承诺。

是什么原因让欧莱雅准备用高额聘金"迎娶"美即呢？对此，欧莱雅公司表示，中国面膜市场的发展前景十分广阔，而专注于研发、生产、销售面膜的美即，又在该领域扮演着领导者的角色，市场占有率第一，增长势头十分迅猛，盈利能力强。而且，还与欧莱雅集团有着相同的理念——追求创新、追求高品质。此次收购，将通过双方的优势互补，使美即品牌更加深入人心。

据 AC 尼尔森统计，2012 年美即品牌占有中国面膜市场近三分之一的江山，市场份额为 26.4%，稳坐面膜行业头把交椅。

美即控股对自己为何选择"出嫁"的解释则是，作为国际化妆品行业巨头，欧莱雅集团在化妆品以及美容产品方面成绩卓然，还有着骄人的产品研发能力。这意味着欧莱雅不仅可以帮助美即品牌更好地成长与发展，还可以为其提供强有力的研发支持，从而对美即品牌产生协同效应。这不仅符合美即及其股东的利益，还将惠及美即员工、客户等群体以及整个面膜行业。

不过，此次交易还需中国商务部批准，预计在 2014 年上半年完成。

公告显示，如果该交易获批，美即控股将从香港联合交易所退市，成为欧莱雅在中国的一个独立业务部门。这将创下外资大鳄收购中国本土日化品牌的最高交易记录。

第三节　斯沃琪，瑞士手表的拯救者

我们都听说过这么一句俗话："男人看表，女人看包"。作为彰显身份的象征，手表和皮包分别被时尚男女所喜爱。在手表的世界里，你或许不太了解最高档的品牌是哪一个，但是你一定知道瑞士手表在行业中的地位。瑞士作为举世闻名的钟表王国，孕育出劳力士、欧米茄、雷达、浪琴、天梭等举世闻名的品牌。在人们心目中，瑞士手表一直是精美、高雅、华贵的代名词，是身份、地位、财富的象征。瑞士手表曾一度占据世界手表市场的绝大部分份额，但也经历过低迷乃至要被市场淘汰的危机。在命运攸关之际，一家公司力挽狂澜止住了瑞士手表的颓势，并在不断的创新变革中发展壮大，成为手表行业的霸主。它就是这一节的主角，瑞士手表的拯救者——斯沃琪（Swatch）。

一、在风雨飘摇中诞生

自从1550年第一家瑞士表厂建立开始，瑞士钟表业依靠其先进的技术和精密的工艺一直稳居世界领先地位，到20世纪70年代初达到鼎盛时期。钟表业对于瑞士而言不仅是精湛的产品和工艺，更是引以为豪的历史和文化。但是繁华背后却隐藏着巨大的危机。随着电子技术的迅猛发展，以日本精工为代表的亚洲钟表制造商给世界钟表业带来了一场跨时代的革命。它们以塑料代替传统的金属外壳，以石英电子代替复杂的机械装置，大幅度降低了手表制作成本和价格。在不到十年的时间里，日本、中国香港等地生产的塑料电子表迅速覆盖欧美市场，而原本占据垄断地位的瑞士手表在国际市场的占有率由43%猛跌到15%。1982年，瑞士手表总产量降到5300多万块，出口量从8200万块跌落到3100万块，销售总额退居日本、中国香港之后，仅居第三位。当时两家最大的钟表集团——ASUAG和SSIH，1982年和1983年累计亏损5.4亿瑞士法郎。有1/3的瑞士钟表工厂倒闭，数以千计的小钟表公司宣布停业，一半以上的钟表工人加入了失业队伍。整个瑞士钟表业面临着有史以来最严重的危机，支撑国民经济半壁江山的钟表业风雨飘摇。

历史的重担交到了黎巴嫩裔企业家尼古拉斯·海耶克（Nicolas G. Hayek）（图3-10）的肩上。他早在1957年就在瑞士自创了管理咨询公司Hayek Engineering，一直活跃在欧洲商界。面对当时的紧迫局势，政府决定将采取一切必要措施挽救瑞士钟表业。在政府的出面协调下，以瑞士银行和瑞士联合银行为首的7家银行，联合投资10亿瑞士法郎，买下了瑞士最大的两家钟表企业ASUAG和SSIH公司，并将两大公司合并，于1983年5月组建为瑞士微电子和手表工业集团公司（即SMH集团，后更名为斯沃琪集团），委任尼古拉斯·海耶克担任总经理（当时海耶克的咨询公司直接参与策划了两大手表集团的合并计划，并在项目过程中让海耶克产生了领导合并后新公司的想法）。这几乎是瑞士钟表业的最后一搏，如果以失败告终，那么世界上也许从此不再有真正的瑞士手表。

图3-10 SWATCH之父——尼古拉斯·海耶克

二、"S"——你的第二块手表

踌躇满志的海耶克并没有对瑞士手表失去信心，因为早在他入主斯沃琪之前，通过他的调查（海耶克所在的咨询公司），就找到了集团新的增长点。根据海耶克的调查，当时的手表行业竞争环境是这样的：世界市场每年需5亿块手表，最低端的市场包括价格在75美元以下的手表，每年销售量在4.5亿块左右；中层是75～400美元的手表，每年销售量在4200万块左右；剩下的800万块手表在上层，价格从400美元到几百万美元一块。而瑞士手表的市场份额是：底层 4.5 亿块手表中的市场份额为 0，中层的市场份额为 3%，最高层的市场份额为 97%。因此，发掘中低档次市场成为当时的重中之重。

当然发展低端手表在当时也饱受争议，人们担心这会降低瑞士手表的品牌价值。海耶克决心另辟蹊径，在低端市场一改瑞士手表厚重的形象，研发一款更加年轻、时尚和个性化的

图 3-11 多姿多彩的 SWATCH 手表

手表，来迎合低端市场年轻消费人群的口味。因此，SWATCH 便应运而生了。

这一手表新品被定名为 SWATCH，名字中的"S"不仅代表它的产地瑞士，而且含有"Second Watch"即第二块表之意，表示人们可以像拥有时装一样，同时拥有两块或两块以上的手表。这正如海耶克所倡导的，SWATCH 不仅是一款新型的优质手表，同时还将带给人们一种全新的观念：手表不再只是一件昂贵的奢侈品和单纯的计时工具，它还是一件"戴在手腕上的时装"。从 1984 年开始，SWATCH 每年推出一款新产品，都会有一个别出心裁的名字，并在款式上进行大胆突破，激起了市场上年轻消费群体的强烈反响（图 3-11）。到 1988 年，斯沃琪的营业额就已经超过了西铁城和精工，逼得日本人节节后退。斯沃琪所代表的瑞士手表，终于打了一场漂亮的翻身仗。

三、高档手表的回归

发展中低端市场，给了濒临淘汰的瑞士手表喘息的时间，解了燃眉之急，也让瑞士手表重新获得市场的认可。但是市场份额的扩大并没有让海耶克高兴太久。在他心目中，让体现着瑞士制表精华的高端机械手表发扬光大，才是他接下来的使命。

斯沃琪集团是由 ASUAG 和 SSIH 两家表业公司合并而来的，这两家公司分别拥有欧米茄、雷达和浪琴等中高端表款。但是直到 1999 年，集团销售仍然以中低端产品为主。在石英电子表越来越普及的时候，海耶克却看到了瑞士机械机芯代表的高端手表市场所蕴藏的潜力——高档表不仅体现着瑞士制表技术的精华，而且利润也更为可观。眼光独到的海耶克认为，集团推出的 SWATCH 手表成功转变了人们的价值观念，越来越多的人开始将手表视作个人形象甚至是个人身份的象征；而此时，日本和中东一些地区，由于经济形势的好转产生了一批新兴的富裕阶层，这都为高端手表品牌的复苏提供了潜在的机遇。海耶克迅速出击，在 1999～2000 年，相继收购了三家历史悠久的老字号钟表品牌——宝玑（Breguet）、珐琅表（Jaquet Droz）、格拉苏蒂（Glashutte）。它们均被保留原有的名字，并被定位为比浪琴和雷达更为名贵的顶级品牌。斯沃琪利用集团的雄厚资源，挖掘品牌内生增长，其中最经典的案例便是宝玑的收购。

相关链接：

斯沃琪集团收购宝玑之后，通过在品牌、文化、制造、技术、市场等多方面协同运作，将宝玑进行重新包装，使其成为斯沃琪集团的奢侈品牌旗舰。

宝玑的历史可以追溯到 1775 年，宝玑的创始人、天才技师 Abraham-Louis Breguet 在巴黎开设了第一家钟表店，凭借渊博的钟表知识和过人的技术，吸引了当时最优秀的工匠投身门下，开始了其传奇的钟表人生。1782 年，推出最早的自动上条怀表，它具备两问报时、60 小时动力储存显示、双发条盒等创新功能；1783 年宝玑推出了自鸣钟弹簧，设计出优雅的镂空圆点指针（后被称为宝玑指针），改进了摆轮游丝（后被称为宝玑游丝）；1790 年又发明了避震装置，而其最伟大的发明——陀飞轮装置，消除地心引力对擒纵系统的影响，大大提高了钟表的准确度。有了这些工艺和发明，宝玑席卷了整个欧洲，各国皇宫贵族均以拥有宝玑手表为荣，甚至法国王后玛丽·安东尼也向 Breguet 定制怀表。

但是在 Abraham-Louis Breguet 去世后，宝玑逐渐失去了往日的光辉，

20世纪50年代到90年代，其几次易手，不仅没有达到先祖的境界，而且行走尘世，日益没落。尽管如此，海耶克仍认为宝玑具有无可比拟的品牌优势，因为宝玑蕴含Abraham-Louis Breguet的天才基因，拥有百达翡丽才能媲美的传奇历史。海耶克从投资公司Investcorp手中接过宝玑，并于2002年辞去斯沃琪集团CEO和总裁职务（仅留任董事会主席），转任宝玑的董事会主席，从产品结构、机芯制造、营销运作等方面对症下药，重塑宝玑品牌。

在产品结构方面，海耶克改变了之前Investcorp对宝玑运动表的定位，"宝玑是欧洲文化遗产的组成部分，它的座右铭是文化！宝玑是技术和艺术的绝妙联姻，拥有宝玑，你就同时拥有爱因斯坦和贝多芬"。因此，海耶克接手之后减少了并购前主打产品Type XX的产量，以最能体现公司大师形象的陀飞轮手表取而代之。

在手表最核心的机芯制造方面，斯沃琪集团接盘前宝玑曾经面临相当混乱的局面：宝玑拥有一家高级机芯制造公司Nouvelle Lemania，但Lemania仅有9%的机芯供应宝玑，而宝玑主要依赖积家的Calibre和Frederic Piguet两个系列机芯。这样的局面非常不利于宝玑品牌的形象。一方面，Lemania生产的顶级机芯被其他厂商使用，另一方面，宝玑所使用的积家机芯，也被其他厂商使用，因此宝玑在手表的核心部件机芯上并没有独特的优势，宝玑的品牌也因此难以提升。对此，海耶克首先整顿Lemania机芯公司，并将其改作宝玑的专供机芯公司，停止向其他五家公司的供应；之后，引入Valdar负责研发微机械和精密零件，宝玑只负责特殊机件的制造。同时，海耶克将宝玑的员工由170人增加到230人，使更多的人手投入到设计与研发中。结构调整后，高级机械机芯研发团队也逐渐推出了一系列新机芯，重新为宝玑注入活力。

在营销运作方面，海耶克同样亲自上阵，参与设计了一份凸显宝玑在钟表历史上独特地位的广告。广告以宝玑的顾客拿破仑和丘吉尔分别作为形象代言人，并摘录巴尔扎克、大仲马、普希金、司汤达等欧洲著名作家在其作品中对宝玑的描述，通过名人名作展示宝玑的深厚历史底蕴。2006年4月，斯沃琪集团和全球最大手表连锁公司Tourneau达成合作协议，联合在美国开设奢侈手表专卖店，打通在全球最大奢侈品市场的销售关脉。此外，斯沃琪集团还先后在巴黎梵顿广场和日内瓦开设宝玑博物馆，并不计代价购买所有 Abraham-Louis Breguet 时期的留存表。例如，2001 年 10 月，一只 1808 年生产的稀有陀飞轮怀表以 195 万瑞士法郎被宝玑博物馆购回。

一系列的运作之后，宝玑在奢侈表界重新抬头，根据佳士得、苏富比和安帝古伦的拍卖数据，宝玑的身价（以最高拍卖价格衡量）已经超过劳力士、江诗丹顿、爱彼，仅次于拍卖明星百达翡丽。2007 年 11 月，一款为法国皇后约瑟芬定制的宝玑腕表，在佳士得以约 136 万美元的价格成交，是佳士得当年钟表拍卖纪录的第三位。

随着斯沃琪集团的重心不断向高档品牌转移，高档表的收入占集团总收入的比例也在逐渐增大。经过海耶克的不懈努力，瑞士手表行业又重新焕发了昔日的高贵魅力。

四、掌握自己的命脉

几个世纪以来，瑞士的钟表制造一直是分工合作的小作坊形式。绝大部分品牌都是向专业机芯公司购买机芯，然后装置在自行设计的表壳内，这种专业化分工的生产模式可以大大降低生产成本。但这种松散的合作方式有一个致命的弱点，即如果上游机芯公司限制供应，中小装配厂商将面临十分被动的局面。精明的海耶克又怎会没考虑到这一点，于是在高端手表市场布局的同时，又开始了对机芯制造商的收购。

从 1993 年收购开始，截至 2013 年，斯沃琪集团共有 14 家配件制造厂，涉及机芯、表盘、游丝发条、珠宝等领域，可以说是完全覆盖了制表业上游。配件发展不仅为集团带来了收入的增长，而且对整个瑞士钟表行业产生了不容忽视的影响。被收购的配件制造厂中举足轻重的有三家：ETA、Prederic Piguet、Nivarox-FAR。ETA 公司是瑞士最大的钟表机芯制造商，几乎 80% 的瑞士钟表厂商都使用其机芯，客户主要包括高端品牌雅典（Ulysse Nardin）、中端品牌帝舵、豪雅、宝格丽、浪琴以及低端品牌天梭、美度、豪利时等。Frederic Piguet 是瑞士最高端的机芯制造商，其客户包括宝珀、爱彼、宝玑、江诗丹顿、万国、伯爵等主流奢侈品牌。Nivarox-FAR 则几乎垄断了游丝发条的制造，不仅向欧米茄、宝玑、宝珀等集团内品牌供货，劳力士、百达翡丽、爱彼等也是其客户。实际上，通过 ETA、Frederic Piguet、Nivarox-FAR 三家公司，斯沃琪集团控制了瑞士机芯产量的 75%，并在某些关键配件上形成了垄断。

现在，包括劳力士、江诗丹顿、百达翡丽等品牌都要从斯沃琪集团购买机械机芯，斯沃琪一下便掌握了市场话语权。在市场竞争中，斯沃琪可以通过限制甚至停止机械机芯供货的方式打击竞争对手。百达翡丽甚至曾经计划放弃使用机械机芯，但是按照瑞士的规定，不使用机械机芯不能宣称为"瑞士制造"，百达翡丽只能作罢。因为得不到充足的机芯供应，百达翡丽不得已只好限产。另外，为了更好地控制和挤压竞争对手，斯沃琪集团还要求厂商注明机芯的品牌，通过这个方式提醒客户斯沃琪集团的价值。正如同我们经常在电脑上看到英特尔芯片的商标一样，斯沃琪的机芯品牌所代表的专业与权威，也采用这种形式得到了传播。

五、钻石型的品牌构架

在海耶克家族的掌控下，现今的斯沃琪集团通过一系列的并购买入，拥有 18 个不同档次风格的手表品牌，形成了梯度完整的钻石型品牌结构（图 3-12），充分掌握从中低端到顶级的各个细分市场的机会。其奢侈表、高端、中端、低端的品牌个数比例为 7∶3∶6∶2，高端品牌特别是奢侈品牌的数量占有绝对优势。通过满足不同消费偏好，为其市场建造了一个竞争对手无法逾越的屏障。

斯沃琪的腕表品牌分为 4 个档次：顶级品牌包括宝珀（Blancpain）、宝玑（Breguet）、欧米茄（Omega）等 7 个品牌，是集团销售和利润的重要保证；高档品牌包括浪琴（Longines）、雷达（Rado）等，中档品牌包括天梭（Tissot）、美度（Mido）、汉密尔顿（Hamilon）等，它们以其优良的品质和独特的风格获得了较高的市场份额；基本品牌 Swatch 和 Flik

Flak 是与日本石英表争夺年轻、时尚人群最重要的武器，尤其是 Swatch 极大的市场占有率和顾客忠诚率为集团的高端品牌蓄积了大量的潜在消费者，同时也有效地提高和维护了集团的市场份额。

图 3-12　斯沃琪集团的钻石型品牌结构

多元化的产品线、高低错落多个档次的品牌结构、完美掌控的产业链、全球化的销售通路，使得斯沃琪集团在全球四大表业巨头中独领风骚。通过一系列的组合拳，将瑞士钟表市场从自由竞争转变为寡头垄断，建立了竞争对手无法动摇的市场地位，斯沃琪终成为钟表行业最具影响力的行业霸主。

第四节　不一样的精彩，历峰集团

当人们徜徉在灯红酒绿的奢侈品世界的时候，当人们对一件件举世珍品品头论足的时候，可能很多人不知道，常见的这些奢侈品品牌其实早就被几大商业巨头瓜分殆尽。正如前文所讲的 LVMH 集团一样，世界有三大奢侈品集团，它们几乎包揽了世界上大部分的奢侈品品牌。现在我们所要跟大家介绍的，便是稳坐奢侈品行业第二把交易的 Richemont，在国内我们更喜欢叫它历峰集团。

历峰集团能够在暗流涌动的奢侈品战场上与 LVMH 集团这一行业巨鳄周旋至今，并且还能不断稳固自己行业第二的排名，那么它有着怎样的不同寻常之处呢？

一、从烟草走向奢侈品

历峰集团的发展颇为传奇，它是由烟草行业起家，创始人是南非亿万富翁安顿·鲁伯特（Anton Rupert）。鲁伯特家族为南非第二富贾，仅次于奥本海默家族（Oppenheimers，南非矿业巨头）。安顿·鲁伯特在南非也是一位富有传奇色彩的企业家。鲁珀特生于南非中南部一个小镇，1941年以 10 英镑开始创业，靠葡萄酒和白酒起家，不久经营范围扩展到了烟草业。1945 年时组建了伦勃朗公司，主业是酿酒和烟草，并很快控制了南非烟草业 90% 的市场份额。之后，他开始开拓欧洲市场，在海外参股了英国烟草企业乐福门公司和英美烟草公司，成为世界上最大的几家烟草公司的大股东。20 世纪 70 年代时，伦勃朗公司已经成为仅次于菲莫、英美烟草和雷诺士-纳贝斯高的全球第四大烟草商。

此时我们要提一下安顿·鲁伯特的长子——约翰·鲁伯特（Johann Rupert）（图 3-13）。在父亲的光环下，年轻的约翰·鲁伯特没有完成学业就开始了商业生涯。他从开普敦的斯坦林布什大学辍学后，在美国大通银行找到了一份工作。五年之后的 1979 年，约翰回到了家乡南非，但是他却并不愿意子承父业，而是固执地做着自己喜欢的事——管理南非最著名的两个葡萄园 Rupert&Rothschild 和 L'Ormarins。尽管如此，约

图 3-13 目前历峰集团的掌舵人约翰·鲁伯特

翰还是给了父亲不少经营上的重要建议，比如劝说父亲把经营业务转向奢侈品行业。

1976年，伦勃朗集团控股的乐福门国际公司（原主要经营欧洲烟草生意）收购了英国男装品牌登喜路（Dunhill）51%的股权，接管了其烟草与饰件部门，集团开始正式介入奢侈品品牌的经营。紧接着，以登喜路为收购平台，1977年收购了当时主要制造钢笔的万宝龙（Montblanc）部分股权。通过对登喜路和万宝龙两个奢侈品牌的香烟及烟斗打火机等配件的经营，当时着眼点还停留在香烟的乐福门很快就发现了香烟和奢侈品的微妙关系（乐福门所经营的高档香烟与奢侈品的消费者具有重合），此后加大了对奢侈品的收购力度。1983年收购了卡地亚（Cartier）的纽约分部，1985年收购法国成衣品牌克洛伊（Chloe），并拿下万宝龙的全部股权，1988年又通过卡地亚收购了知名奢侈品手表品牌伯爵（PIAGET）。

随着集团旗下奢侈品业务的壮大，设立新的业务构架日益紧迫。同时，为了避免当时国际社会对南非种族隔离制度所进行的制裁影响到家族生意，安顿·鲁伯特开始把家族在南非的资产和在世界其他地方的资产分割开来。1988年，伦勃朗集团着手重组国际业务，在瑞士成立了一个新的控股公司，取名历峰。原集团的乐福门国际公司开始由历峰掌控，乐福门旗下的登喜路、万宝龙、卡地亚、克洛伊、伯爵等品牌一并归入历峰门下，如图3-14所示。未来奢侈品世界第二大巨头历峰集团初具规模。

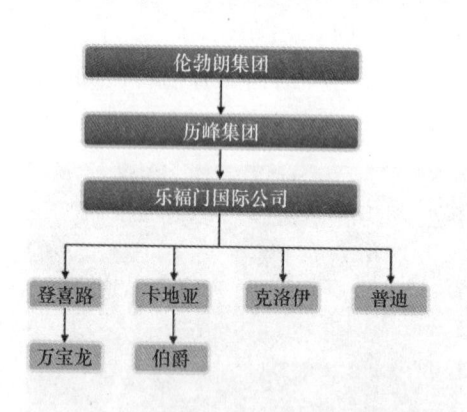

图3-14 1988年重组后集团组织框架图

相关链接：

卡地亚是一家法国钟表及珠宝制造商，于1847年由Louis-Francois Cartier在巴黎Rue Montorgueil 31号创办。1874年，其子亚法·卡地亚继承其管理权，由其孙子路易·卡地亚、皮尔·卡地亚与积斯·卡地亚将其发展成世界著名品牌（图3-15）。1888年，卡地亚尝试在镶嵌钻石的黄金手镯上装上机械女表；1904年曾为飞机师阿尔拔图·山度士·度门设计世界上首只戴在手腕的腕表——卡地亚山度士腕表（Cartier Santos）。同时卡地亚还获得了欧洲王室的青睐，1902年即将登基为爱德华七世的威尔斯王子曾经赞誉卡地亚为"皇帝的珠宝商，珠宝商的皇帝"。他并于1904年委任卡地亚为英国王室的皇家珠宝供应商。卡地亚目前隶属瑞士历峰集团。

图3-15 卡地亚的珠宝及腕表（最右为 Cartier Santos 系列腕表）

1874年，Georges Edouard Piaget 以机芯制作起家，在瑞士的一个小村庄里创建了 PIAGET 伯爵表。1940年，Piaget 的孙子为伯爵表的发展开拓了国际市场。1956年伯爵表推出了超薄机芯。20世纪60年代以来，伯爵一边致力于复杂机芯的研究，一边发展顶级珠宝首饰的设计。从设计、制作蜡模型到镶嵌宝石，伯爵表始终秉承精益求精的宗旨（图3-16）。目前隶属瑞士历峰集团。

图3-16 奢华的伯爵腕表

二、二代接班，再次重组

约翰·鲁伯特在参与家族资产剥离、重组，以及历峰在瑞士证交所挂牌上市等工作中，充分展示了他的经营天赋，自20世纪90年代起，鲁珀特将家族企业开始交给长子约翰打理。经过之前突飞猛进般的业务拓展，历峰集团旗下的奢侈品与烟草生意都是如火如荼。但是好景不长，人们逐渐意识到吸烟会对人体带来巨大危害，全球性的禁烟运动层出不穷，反烟情绪高涨，这给经营烟草生意的历峰控股公司乐福门国际带来了沉重打击。全球性提高的烟草税率、社会性的负面报道、香烟广告的严格限制、市场的急剧萎缩，让历峰集团瞬时间就站在了命运攸关的路口。

通过业务改革有了历峰集团的诞生，这一次初掌大权的小鲁伯特决定再一次重组公司业务，剥离不良业务模块，好让公司尽快回到正轨上来。如图3-17所示，约翰·鲁伯特首先设立了旺多姆奢侈品集团，原来在乐福门国际公司旗下的登喜路、卡地亚等奢侈品牌被并入旺多姆奢侈品集团，而乐福门则继续经营香烟业务，历峰持股66.7%。这样，历峰集团便下设了两个不同的业务公司，旺多姆主要经营奢侈品业务，而乐福门则是烟草业务，两大业务被正式剥离。从此，香烟部门在历峰集团中的地位蜕变，整个集团的重心已经转移到拥有更好的社会形象及前途的奢侈品部门。

正所谓"瘦死的骆驼比马大"，伦勃朗集团可是以烟草发家的，尽

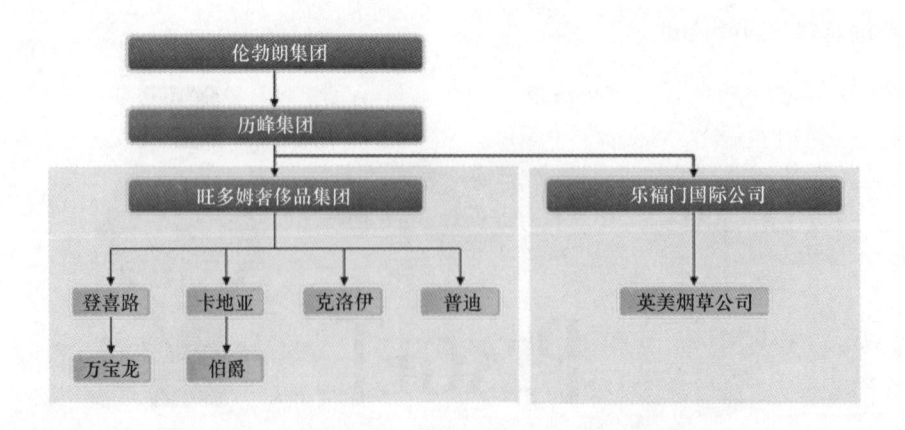

图3-17　1993年重组后至1999年公司组织框架图

管目前市场环境不好，但烟草部门在历史上为集团做出的贡献可是有目共睹的，所累积下来的财富也是十分惊人的。在这次重组后，烟草部门的任务转变成为奢侈品部门提供现金流，以保证公司在新的发展方向上动力十足。鲁伯特（本文之后所提及鲁伯特均为约翰·鲁伯特）所采用的方式是将烟草部门的股权等资产不断售出，以换取资金。一直到1999年，鲁伯特采用换股的方式，将主营烟草的乐福门国际出售给英美烟草公司，换来历峰集团在英美烟草19.6%的股权。通过本次交易，历峰集团完全退出了香烟的日常经营，而只是坐取英美公司的股票红利。鲁伯特的这一步棋巧妙地让集团避开了步履维艰的烟草行业，而且还通过股权交易为奢侈品业务发展带来了充足的资金支持，更不用说在重组完成后的2000年，用集团在英美烟草公司13%的股权击败了不可一世的LVMH集团，将积家（Jaeger-LeCoultre）、朗格（Lange&Sohne）和万国表（IWC）三个钟表奢侈品牌收入囊中的故事了。

三、聚焦珠宝与钟表

经历过烟草行业的辉煌与没落，见证了奢侈品业务的一步步壮大，历峰逐渐将业务重心转移。此时的国际奢侈品市场上，LVMH集团是巨人一般的存在，如何才能在巨人的阴影中发展壮大，历峰的回答是"避其锋芒，击其之短"。

LVMH集团的传统强项是皮革制品与酒水，在这两大领域，几乎没有人能撼动LVMH集团江湖大佬的地位。但是LVMH集团也并非无懈可击，珠宝与钟表业务一直是其发展的弱项。于是，珠宝与钟表成为历峰集团奢侈品业务发展的重中之重。

翻开历峰集团在20世纪90年代初的品牌库，卡地亚、伯爵都是知名的钟表品牌。以此为基础，聪明的鲁伯特在1991年发起了一个至今都在制表行业享有举足轻重地位的高级制表基金会，并第一次举办了日内瓦国际高级制表沙龙（Salon International de la Haute Horlogerie，SIHH）。第一届SIHH只有卡地亚、伯爵、名士以及两个独立制表品牌参加，历峰旗下品牌占了一半以上。SIHH 迅速成为了历峰称霸高级制表业的有力武器。

相关链接：

SIHH，日内瓦高档钟表国际沙龙（图 3-18），从 1991 年诞生开始，就与瑞士原有的大型的钟表展览会——巴塞尔表展，一起成为每年最为重要的两大制表业展览会。

与巴塞尔表展上动辄 2000 个参展品牌的喧嚣不同，SIHH 的参展商只有不到 20 个。但是这为数不多的参展商却都是最为顶级、代表了最高工艺的奢侈品牌商。熟悉瑞士两大表展的人都听过一句话——进巴展易、进日展难，因为只有受到邀请才能参加 SIHH。从 1991 年的 5 个参展商，展会面积仅 4500 平方米，发展到 2014 年 16 个参展商，近 30000 平方米的展会面积。展览举行期间，不同奢侈品品牌的表款推介、酒会派对轮番上阵，各界名流、明星穿梭其中，场面奢华异常，SIHH 的高端形象因此迅速深入人心。

图 3-18　日内瓦高档钟表国际沙龙 SIHH

为了继续扩大自己在珠宝钟表领域的优势，1996年，鲁伯特花费1.1亿瑞士法郎收购了顶级钟表品牌江诗丹顿；1997年，收购了意大利制表界翘楚沛纳海品牌的钟表精密仪器部门；1999年，买下了高档珠宝商梵克雅宝60%的股权；翌年，他又从竞争对手LVMH集团的CEO、也参与收购竞标的伯纳德·阿诺特手里夺走了3个重要的钟表奢侈品牌：积家（Jaeger-LeCoultre）、朗格（Lange&Sohne）和万国表（IWC）。进入21世纪后，鲁伯特仍没有放松对知名珠宝钟表品牌的追逐，在进一步扩大对旗下品牌的控股权之余，还在2006年收购了瑞士机芯制造商Minerva，2007年收购了手表制造商Donze-Baume SA，2008年收购知名制表品牌罗杰杜彼（Roger Dubuis）60%的股权。

相关链接：

江诗丹顿成立于1755年，为世界最古老的钟表制造厂，也是世界最著名的表厂之一。江诗丹顿传承了瑞士的传统制表精华，同时也创新了许多制表技术，对制表业有着莫大的贡献。如今，江诗丹顿在日内瓦的工厂年产量仅为6000支，表盘上的如瑞士国徽般的十字标记，已经是品位、地位和财富的象征（图3-19）。"最小批量，最优质量，最高卖价"一直是江诗丹顿的经营战略。自1840年起，每只手表的生产图纸、记录、销售日期及机芯表壳编号等资料，都完整无缺地保留在公司的档案柜中。它们将超群的技术，严格的测试，精湛的工艺与完美的造型结合在一起，创造出一个又一个高贵典雅、令人赞叹不已、极富收藏价值的稀奇经典之作。在漫长的制表岁月中经久不衰，成为名贵典雅的象征。

2014年1月20日开幕的第24届SIHH有16个顶级品牌参展，其中历峰掌控的品牌占去12个席

图3-19 江诗丹顿与其著名的"马耳他十字标"

位（专业制表板块的 8 个品牌加上卡地亚、梵克雅宝、拉尔夫劳伦和万宝龙）。通过鼎力支持 SIHH 这一行业盛会和大刀阔斧地并购整合，历峰集团高举高打、多管齐下，在整个珠宝与钟表领域形成了极强的影响力。这也带给了它与 LVMH 集团叫板的实力。

四、历峰的秘密

发展到 2013 年，历峰集团总销售额达到 101.5 亿欧元，营业利润 24.26 亿欧元，利润率达到 23.9%，高于业内巨头 LVMH 集团的 20.7% 以及竞争对手开云集团的 17.9%。历峰的盈利能力是全世界奢侈品公司中最强的（图 3-20）。

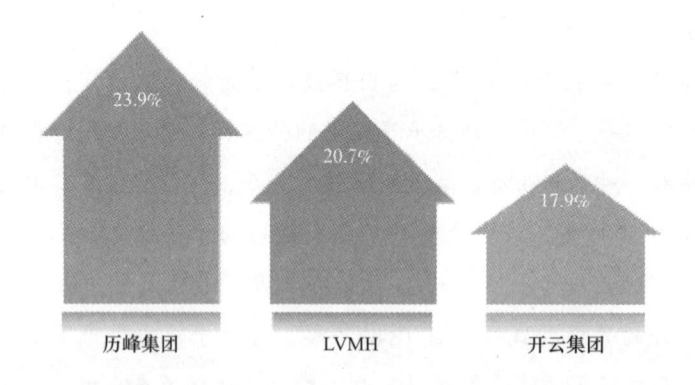

图 3-20 三大奢侈品集团 2013 年利润率对比（数据来源：各公司年报数据）

是什么造就了历峰如此高超的盈利能力？由历峰 2013 年年报可知，卡地亚和梵克雅宝所在的珠宝部门贡献了 51% 的营业利润，江诗丹顿和伯爵等所在的钟表部门贡献了 28% 的营业利润，两者相加达到集团总利润的近 80%，是集团最为仰仗的业务模块。而包括登喜路和上海滩等品牌的时装配饰业务，过去五年间基本在入不敷出的温饱线上挣扎，对集团几乎没有利润贡献。正是因为珠宝和钟表业务的极高盈利，才使得历峰集团的整体盈利水平大大超过其他奢侈品集团。目前，江诗丹顿、卡地亚和梵克雅宝是历峰集团倾全力打造的三大明星品牌。这三大品牌的销售额占据了集团总销售额 60% 以上，贡献着整个集团 70% 以上的利润。

另外，对比 LVMH 集团可以发现，两大集团在运营风格上具有明显的差异。LVMH 集团是张扬的、狂热的以及更加自由的。LVMH 集团允许绝大多数品牌自由地进行产品延伸，可以由皮革进入时装、香水，甚至珠宝腕表等领域，只要进入的品类符合该品牌的文化个性即可。这种做法最大化地利用了品牌资产，在满足消费者多元化需求的同时，又带来了足够多的利润。相比而言，历峰则是低调的、谨慎的乃至保守的。历峰坚持所有品牌都专注于自身核心业务，将其做精做专，成为该品类内的顶尖品牌。因此，历峰旗下的品牌大多专注于某一个或两个产品，并靠这一两个产品为其带来最大的市场利润。同时在并购策略上，历峰也远没有 LVMH 集团的咄咄逼人，而是耐心寻找市场上发展势头良好、预期升值潜力较大的品牌，而这些品牌往往更具备雄厚的技术实力支撑。

目前，历峰集团的业务分为珠宝、专业制表、万宝龙（Mont Blanc）及其他业务（登喜路、上海滩等综合品牌）四大版块，其中珠宝与制表是集团最为重要两大业务。珠宝板块下有卡地亚、梵克雅宝等；专业制表板块中有江诗丹顿、朗格、积家、伯爵、罗杰杜彼、沛纳海、万国、名士，还与拉尔夫劳伦（Polo Ralph Lauren）公司合资成立了珠宝腕表公司。靠着审时度势下对业务领域的不断调整与精准定位，以及在行业展会和品牌并购上的持续投入，历峰在竞争极其激烈的奢侈品世界走出了一条不同旁人的成功之路。

第五节　我的新名字，开云集团

讲过了咄咄逼人如虎狼一般不断并购的 LVMH 集团，也讲过了剑走偏锋叱咤珠宝腕表领域的历峰集团，奢侈品世界的三巨头还差一位没有介绍。或许前两家公司你或多或少地有听说过，但是这第三家公司的名字被人熟知的程度却要低不少。它在成立的几十年里不断更改旗号，几次易名的背后又有什么样的故事呢？经常出现在时尚人士手中的 GUCCI 经典配色手袋，与"飞奔的美洲狮"PUMA 运动鞋，你能想到它们都隶属于同一家集团吗？这就是接下来我们要介绍的：开云集团（Kering）。

一、由木材走向奢侈品

正如历峰集团以烟草生意起家一样，开云集团在创立之初也并非投资于奢侈品行业。它所从事的是一项与时尚行业相去甚远的生意——木材交易。故事要追溯到1962年，开云集团的先驱，整个家族产业的创始人弗朗索瓦·皮诺（Francois Pinault）先生，在法国创办了皮诺（Pinault）公司，主要从事木材交易，这便是开云集团最初的样子。

弗朗索瓦·皮诺（图3-21）1936年出生于法国布列塔尼的尚热罗小城，高中辍学就开始经商。后来在岳父的大力支持下，创办了以自己名字命名的皮诺公司，淘来了第一桶金。这家小公司在老皮诺的精明管理下，逐渐扩展到建材、药品、办公家具贸易等众多行业。经过26年的不懈努力，皮诺公司积攒了足够的财富与名望，并于1988年在巴黎交易所上市，成为法国著名的零售业巨头。只不过这时的皮诺公司和奢侈品行业仍然没有半点关系，更找不到目前开云集团的一点影子。

图3-21　弗朗索瓦·皮诺

故事的转折发生在1992年。在那一年，在零售业摸爬滚打了多年的皮诺家族终于如愿控股了巴黎春天百货（Printemps）。春天百货1865年诞生于时尚之都巴黎，是世界顶级的时尚品和零售业集团，牢牢占据法国百货商场的老大地位，是法国时尚工业的象征。皮诺公司在完成收购后，公司的名字也相应改为皮诺春天（Pinault-Printemps）。老皮诺迈出了走向奢侈品世界的第一步。

相关链接：

在巴黎中心位置，距离卢浮宫博物馆、卡尼尔歌剧院、香榭丽舍大街步行仅几分钟之遥，就是著名的巴黎春天百货（图 3-22），这是一家专营奢侈品牌产品的百货公司。1865 年，醉心于商业贸易的先驱 Jules Jaluzot 在巴黎萌发了创办一家包容万物的百货公司的念头，仅仅几个月后，法国春天百货便向顾客敞开了大门。商场用春天来命名，象征着复兴、清新和新理想的摇篮。它位于巴黎的中心位置，是第一个配备电力的商场，并突破了当时以讨价还价为主流的交易习惯，实行明码标价，堪称为一件壮举。巴黎人对巴黎春天百货趋之若鹜，竞相前往。可以说，巴黎春天百货是法国历史和文化的重要里程碑。在跨越两个世纪的历史变迁中，它见证了巴黎时尚潮流的发展，也记录了巴黎生活品位的变化，凝聚了巴黎文化精华，传承了城市浪漫经典，在巴黎时尚界具有举足轻重的地位。

图 3-22 巴黎春天百货

老皮诺并没有停下他的脚步。完成对巴黎春天百货的收购后，让他拥有了进入时尚世界的门票——一个优秀的时尚商品聚集平台。但是真正能让老皮诺与阿诺特（LVMH 集团的 CEO）相提并论，并被法国时尚圈所认可的，是他对知名奢侈品牌 GUCCI 的收购。

二、GUCCI 收购战

1921 年，Guccio Gucci 在家乡佛罗伦萨开设皮具用品专门店及工厂。因为曾于伦敦 Savoy Hotel 工作多年，熟识贵族及上流社会的品位和喜好，

GUCCI 的产品既有英国美学的精髓,又具有意大利工匠的超凡技艺,一经推出便受到时尚追随者的推崇。

但是进入 20 世纪七八十年代后,Gucci 家族一直陷于漫长的权力斗争之中,根本无心经营,品牌逐渐走向衰败。巴林投资集团 Investcorp 在 1989 年购入了 GUCCI 50% 的股份,算是帮助 GUCCI 走出了权力的斗争,与老 Gucci 的孙子 Maurizio 共同掌管品牌(巴林投资集团并不直接参与公司管理)。而此时,未来收购战中的一位主角——皮诺公司,则刚刚完成上市,尚未与 GUCCI 发生任何关联。4 年之后的 1993 年,GUCCI 依然亏损连连,毫无改善,1992 年亏损额竟然高达 4000 多万美元,几近破产。一直未插手经营的巴林投资集团终于忍不住出手了。它们以简洁明快的风格,直接从 Maurizio 手中买下了剩余的 50% 股份,实现了百分之百控股,Gucci 家族成员则从此与品牌再无瓜葛。

完全控股之后,巴林投资集团立即任命了新 CEO,并放手让新 CEO 自己决定创意总监人选。这位时尚行业的知名 CEO 德·索雷(Dominique De Sole)的确独具慧眼,于 1994 年任命了当时并不出名的 Tom Ford(图 3-23)为创意总监,此举后来被公认为是让 GUCCI 起死回生的关键。1995 年 3 月,Tom Ford 为 GUCCI 设计的系列产品首次亮相便一炮而红。他打破了 GUCCI 原本繁复守旧的形象,让 GUCCI 走出了一条略带颓废的性感路线,这明显超出了市场预期,得到了时尚界的广泛认同。以此为转折,GUCCI 终于走上了品牌复苏之路。

此时我们要来介绍一下 GUCCI 的救世主——巴林投资集团。1982 年夏天,中东小国巴林的主权基金巴林投资公司在首都麦纳麦成立,其办公

图 3-23 Tom Ford 与 GUCCI 产品

室的启用仪式竟然由总理主持，足见该公司的主权背景。这家公司将投资区域设定为西欧与北美。投资标的则涵盖了从房地产到高科技再到奢侈品等各个领域。尤其在奢侈品方面，宝玑、蒂芙尼（Tiffany）、GUCCI 等知名时尚品牌都曾出现在它们的投资清单上。1984 年，巴林投资集团在美国成功地收购了 Tiffany，1987 年就把它拿到纽交所上市，且上市之后没多久便将股权在市场上悉数抛出，其套现速度之快令人咋舌。其实，此种手法源于该公司一贯的投资风格。与大多数主权基金注重长线持有不同，它近乎偏执地追求快速流动，持有一项资产的时间通常不会超过 3 年。这种风格几乎贯穿了它所有的投资活动，在对 GUCCI 的投资中也不例外。就在 GUCCI 第一批新款成功发布之后半年左右，巴林投资集团便开始着手退出事宜。它们先在 1995 年 10 月把 49% 的 GUCCI 股份拿到阿姆斯特丹上市，1996 年又让其余的 51% 在纽约上市。就这样，这支中东小国的基金，又一次"以迅雷不及掩耳"之势完成了套现行为。而这一次上市套现的举动却为后来皮诺家族掌控 GUCCI 埋下了伏笔。

皮诺家族此时仍没有登上 GUCCI 收购战的舞台。1992 年，皮诺买下了巴黎春天百货，两年之后的 1994 年，又合并了成衣品牌 La Redoute，皮诺春天集团也变成了 PPR 集团（Pinault-Printemps-Redoute）。尽管公司规模不断扩大，但享誉世界的 GUCCI 犹如一颗璀璨的明珠让皮诺家族可望而不可及。这时，老皮诺的一位老友，也是他的竞争对手 LVMH 集团的阿诺特，却在不经意间帮了老皮诺一把。

Tom Ford 在 GUCCI 的成功让诸多奢侈品世界的大佬们分外眼红，而巴林投资集团的离去也正好给了他们可乘之机。1999 年 1 月，LVMH 集团的阿诺特率先发难。1999 年 1 月 5 日，LVMH 集团以每股 55.84 美元的价格买入 10 万股 GUCCI 集团股票，持股比例超过 5%，达到向美国和荷兰证监会备案的要求；1 月 12 日，LVMH 集团以每股 68.87 美元的价格再次买入 63.1 万股 GUCCI 集团股票，将持股比例提高到 9.6%；截至 1 月 16 日 LVMH 集团向证监会提交 13D 文件时，其持股比例已达到 26.6%，1 月 25 日持股比例升至 34.4%。在短短的 20 天时间里，LVMH 集团以 14 亿美元分四次共买入了 GUCCI 超过 34% 的股票，并立即以大股东身份要求向董事会派出3名董事（董事会由8人组成）。LVMH集团的突然袭击让GUCCI措手不及，而LVMH集团之所以能这样强势并购，是利用了GUCCI有49%的股份在阿姆斯特丹上市，而荷兰法律没有规定收购方必须事先向被收购方的全体股东提交收购方案。狡猾的阿诺特希望用这样的方式成为GUCCI的第一大股东并进驻董事会，进而用最小的代价掌控GUCCI。镇定下来的GUCCI管理层识破了阿诺特的"险恶用心"，要求LVMH集团以邀约方式收购GUCCI所有股份来反将一军，而这显然不是LVMH集团的目的。LVMH集团回绝了全盘收购GUCCI的请求。自此，LVMH集团恶意收购终告成立，GUCCI管理层根据这一点，就有理由去动用巴林投资集团留给它们的反恶意收购武器。

巴林投资集团在GUCCI身上的策略不是简单地套现走人，而是在离开之前就为保护管理层、反恶意收购进行了制度安排。在1995年出脱持股前夕的股东大会上，从法律层面赋予了董事会一项特殊的权利：在遭遇恶意收购时，可以向管理层发行新股，同时公司给管理层发放无息贷款来购买这些新股，新股每年的分红则用来偿还这笔无息贷款。这样发行的新股既不会降低每股收益，也不会影响资产负债表，公司的钱既没增加也没减少，只是玩儿了一下账面游戏，在不增加资本金的情况下却增加了投票权，从而可以稀释其他股东的投票权。如果恶意收购者继续增持，董事会就可以继续向管理层增发同样数量的新股，反正公司和管理层谁也不用出钱，股东的分红又不受影响，除了恶意收购者，没人会对这事有意见，这相当于巴林投资集团给GUCCI留下了一把对付恶意收购的利刃。

GUCCI当然毫不客气地立马祭出这一法宝，发行了与LVMH集团收购股票相同数量的新股，使其股份比例一下由34%降到了25%，无权进入董事会。14亿美元的收购代价、被稀释的股权、丧失表决权的股权、无效的增持股份，LVMH集团得不偿失。不肯善罢甘休的阿诺特向荷兰法院起诉GUCCI，认为其董事会向管理层增发新股，等于是"剥夺了现有股东的投票权"。殊不知，阿姆斯特丹交易所有一项规定，在该交易所上市的公司，可以采用发行优先股的方式来保护其不被恶意收购，而根据巴林投资集团留下的那份股东大会决议，GUCCI向管理层增发的新股就属于优先股。LVMH集团只好再找新的攻击点，它们发现GUCCI被巴林人弄到了两个市场上市，阿姆斯特丹交易所和纽约交易所，于是要求GUCCI公司的任何决议都必须同时符合两个市场的规定，便又向美国提起诉讼。不曾想，纽交所却有这样一条规定，在纽交所上市的外国公司，可以利用本国规则保护自己不被恶意收购。这下LVMH集团算是彻底没脾气了。

尽管如此，漫长的诉讼也让GUCCI的管理层感觉并不放心。诉讼开始时法院认为LVMH集团和GUCCI在交易过程中均存在不当之处，各打五十大板，敦促双方尽快达成中止协议和独立经营协议，并冻结了GUCCI管理层和LVMH集团所持有股份，不得增减。没有把握一定会赢得官司的GUCCI管理层，急于继续稀释LVMH集团的持股比例，这时剩下的办法只有一个，就是引入第三方投资者。上天的眷顾，终于把这块大蛋糕留给了皮诺家族。

1999年3月19日，GUCCI集团宣布与皮诺家族的PPR集团结成战略联盟，并向PPR发行3900万新股，这一数量几乎是LVMH集团持股数的2倍，交易价格是每股75美元，交易额总计花费29.25亿美元，而LVMH集团的股权则进一步被稀释到20%。而且，GUCCI还允许PPR今后再收购10%的股票，这样PPR最终持股比例可超过50%，远远超出LVMH集团的持股比例。同时PPR还获得董事会成员中的4个席位，拥有对主席的否决权。老辣的阿诺特这回碰上了大麻烦，他只好将PPR再追加起诉。官司一直打到荷兰最高法院，最后各方终于都无法忍受这场没完没了的闹剧，在荷兰法院的协调下，2003年三方达成一致意见，由PPR按约定价格全数收购LVMH集团所持的GUCCI股份，长达5年的官司终告了结。而在5年的纷争中，最初的原被告双方谁也没赢，却由第三者PPR集团以完胜收场。PPR集团用88亿美元的成本，将知名奢侈品牌GUCCI收入自己门下。

在整个收购战中，PPR集团一边忙于应对股权纷争，另一边也在协助GUCCI大力收购其他奢侈品牌。GUCCI集团先收购了圣罗兰（Saint Laurent）时装公司和圣罗兰化妆品公司；1999年，又购入意大利皮鞋公司Sergio Rossi 70%的股权；2000年5月，收购了全球历史最悠久的珠宝、钟表及香水品牌宝诗龙（Boucheron）；同年12月，收购英国时装品牌 Alexander McQueen 51% 的股份和美国手表生产商贝达手表（Bédat & Co.）；2001 年，GUCCI 集团与意大利著名皮具公司宝缇嘉（Bottega Veneta）签订收购协议，正式收购该公司 66.7%（其后增至 78.5%）的股权；同年，与斯特拉·麦卡托尼（Stella McCartney）宣布达成协议，共同发展以斯特拉·麦卡托尼为名的全球性品牌；2001 年 7 月，与法国时装名牌巴黎世家（Balenciaga）达成协议，收购该品牌 91% 的股权。就这样，GUCCI 一步步实现了集团化经营，也奠定了 PPR 集团成为全球第三大奢侈品集团的基础。

三、小皮诺接班

在完成对 GUCCI 的收购之后，即将进入古稀之年的老皮诺开始考虑将自己一手创办的公司传给下一代，自己的儿子——弗朗索瓦－亨利·皮诺（Francois-Henri Pinault）（图 3-24）。小皮诺毕业于法国巴黎高等商学院（HEC 高商）和斯坦福大学商学院，并于 1987 年开始涉入家族生意。为了证明自己，小皮诺从最基本的底层销售人员做起，先后在从事汽车和医药品销售的 CFAO、出售书籍及电子产品的网上零售连锁店 FNAC 等集团子公司任职。在他的带领下，CFAO 扩张极快，而 FNAC 在法国的盈利能力甚至超越了亚马逊。

图 3-24　弗朗索瓦－亨利·皮诺

小皮诺的优异表现让老皮诺甚为欣喜，交接的时刻终于到了。2003年4月的一个周五，老皮诺带着儿子到巴黎著名小餐馆 L'ami Louis 共进晚餐。席间他拿出三个联锁金环，第一只上刻着"弗朗索瓦 1962～2003"，1962年是老皮诺创办家族企业的年头；第二只上刻着"亨利 2003～"；第三只上什么也没有刻。而套在环上的则是老皮诺在阿特米斯办公室的钥匙。小皮诺以为一向喜欢恶作剧的父亲在和自己开玩笑，可转眼到了下周一，父亲办公室的抽屉果真清空了，而他就这样接替父亲成了这个家族企业的董事长。两年后，小皮诺又接手了 PPR 集团 CEO 职务。

相比父亲，小皮诺的商业嗅觉更为敏锐。他作为 CEO 后做的第一件事就是卖掉春天百货公司。春天百货公司自 1992 年被 PPR 集团控股以来，经过十余年的培育，已牢牢占据法国百货商场的老大地位，并在世界时尚商业内产生了重要的影响。然而在 2005 年 PPR 集团 178 亿欧元的总营业额中，春天百货的营业额仅占 7.52 亿欧元，逐渐变成 PPR 集团中一块最不赚钱的业务。2006 年，小皮诺选择了一个好时机，在房地产泡沫的鼎盛时期，将春天百货出让给德意志银行投资基金（RREEF）和意大利的 Borletti 集团，获得了 10 亿美元资金。舍弃春天百货固然可惜，但小皮诺认为此举能让集团保持高于平均水平的经济增长率，并在市场上获得更为丰厚的利润回报。同时，小皮诺的谨慎和嗅觉更表现在对金融危机的应对上。2007 年秋，当 PPR 集团起草下一年的预算时，小皮诺就指示要考虑到很有可能发生的经济减缓，而他的应对策略就是收购当时世界上第三大服饰生产商——德国运动品牌彪马（Puma）。PPR 集团花费 47 亿美元，以每股 330 欧元的价格收购了 Puma 27% 的股份。经济危机发生之时人们对于高档奢侈品的支出减少，但是 Puma 的良好销售，有力地支撑了 PPR 的业绩。

渡过难关后，小皮诺带领 PPR 集团又走上了并购扩张之路。2011年 PPR 集团收购了休闲体育用品公司 Volcom 和手表制造商 Sowind Group 51% 的股份。同时，为了进一步降低成本扩大利润，小皮诺又更新了管理架构，把 GUCCI 改组成奢侈品部，集团所有奢侈品牌都装进这个部门；把彪马等运动品牌改组成体育及生活方式部。在这个架构下，几乎所有的子公司都变成了PPR集团的事业部，各品牌独立运营，但人力、财务、法律、公关等由PPR集团统一负责，PPR集团"合众国"由"邦联式"变成了"联邦式"。在小皮诺的领导下，奢侈品牌和运动时尚品牌一起成为PPR集团的支柱。

四、几次易名背后的故事

2013年3月22日，PPR集团宣布改名叫Kering，中文名为开云。老皮诺所创建的皮诺公司，从1988年上市开始，已多次易名，而每一次更名的背后都暗含着业务模块和运营重心的变更。

1962年皮诺公司先以木材生意起家，后频繁买入卖出，将经营范围扩展到建材、药品、办公家具贸易等，那时的皮诺家族集团更像一家金融机构在操盘，业务主线并不清晰；1992年买下春天百货公司，集团第一次明确了进军高端零售业的目标，公司的名字也相应改为皮诺春天；1994年集团合并了成衣品牌La Redoute，皮诺春天也变成了PPR集团（Pinault-Printemps-Redoute），之后并购GUCCI集团，奢侈品三巨头雏形初现。2000年后，逐渐庞大的PPR集团意识到自己需要进一步明确未来的经营方向，众多与经营主线不相干的产业被出售：2002年，皮诺家族将个人名片用品公司Facet出售给法国巴黎银行（BNP Paribas），将下属金融服务公司Finaref出售给法国农业信贷银行（Crédit Agricole），将Guilbert的家庭购物业务出售给了史泰博（Staples），次年将办公家具业务出让给了欧迪办公（Office Depot），更是以5.65亿欧元的价格把元勋级的木材业务出售给了英国的沃斯利集团（Wolseley）。2006年时，皮诺家族又果断地把PPR中的第二个"P"巴黎春天剥离，更专注于利润更高的高端奢侈品行业。而在世界性的经济危机到来之际，收购Puma来渡过难关，在某种意义上，也是另一个"P"的回归。2013年，原来PPR集团仅存的家居服饰零售业务（Redoute）也要被出售，是时候为集团再换一个新名字了。

在"Kering"这个新造出来的词中，"ker"在皮诺家族发迹的布列塔尼地区，是"家"的意思。而集团的全新LOGO——两片树叶托着一个心形笑脸的猫头鹰，则是小皮诺对他的父亲、集团创始人弗朗索瓦·皮诺的致敬，因为猫头鹰是父亲最喜欢的动物，是智慧的象征（图3-25）。全新的开云集团终于在此时完成蜕变，彻底告别过去。今后运营的重点集中在奢侈品与运动生活方式两大领域。

图3-25 开云集团标志

目前，开云集团的业务遍布120多个国家，2013年集团销售额为97.5亿欧元。集团拥有一系列优势互补及强劲自然增长潜力的品牌，包括GUCCI、Bottega Veneta、Alexander McQueen、Saint Laurent、Balenciaga、Brioni、Sergio Rossi、Christopher Kane、Stella McCartney、Boucheron、Girard-Perregaux、Jeanrichard、麒麟珠宝、Pomellato、PUMA、Volcom、Cobra、Electric和Tretorn等。由木材行业起家，业务领域不断摸索调整，经历多次重要的并购与售出，终于在半个世纪之后的今天，成为与LVMH集团、历峰集团齐名的世界知名奢侈品集团。

第六节　VF保持年轻的秘密

当你穿着The North Face的冲锋衣去户外运动的时候，当你脚蹬Vans运动鞋在滑板上跳跃的时候，当你穿着Lee的牛仔裤享受休闲时光的时候，有一家你全然不知其存在的服装公司，却在数十个不同的方向影响着你的生活。这些出现在你生活不同场合的服装品牌，都来自于这一家具有百年历史的伟大公司，威富（VF）公司。

一、VF 的并购史

总部位于北卡罗来纳州格林斯伯勒的 VF 公司，其前身是一家成立于 1899 年的手套制造厂，1919 年时更名为 Vanity Fair 丝织厂，并于 1969 年在纽交所上市。经过 40 多年的不断发展，VF 已成为拥有 Lee、Vans、Nautica、Kipling 和 Wrangler 等 30 余个世界知名品牌，年销售额超过 120 亿美元的服装巨头，成为全球最大的上市服装公司之一。VF 迅速发展的背后，是一次次的并购，帮助其不断登上新的巅峰。

1969 年纽交所上市后，得到资本支持的 VF 开始了它的第一次并购，并购的对象是 Berkshire 公司和 H.D.Lee 公司。其中 Berkshire 公司当时是美国第五大针织品生产商，H.D.Lee 公司则拥有大名鼎鼎的牛仔品牌 Lee。通过这一次并购，让 VF 获得了强大的纺织生产能力，同时也正式宣告进入牛仔服市场，更让 VF 首次成功跻身到美国财富 500 强。

在美国第四次并购大潮的背景下，1986 年 VF 展开了对 Blue Bell 公司的收购。这一次的并购让 VF 的品牌库一下子增加了牛仔品牌 Wrangler 和 Rustler、泳装品牌 Jantzen、背包品牌 JanSport 和工作服品牌 RedKap，VF 也因此成为全球最大的上市服装公司和世界第二大牛仔服生产商。

相关链接：

20 世纪，美国曾经历过五次并购浪潮，其中第一次并购浪潮发生于 1897～1904 年，共发生了 2943 起并购。这一次并购浪潮的最主要特征是同行业之间的并购，即横向并购，而横向并购的结果是垄断的形成。

第二次并购浪潮发生于 1922～1929 年。这段时间内，因兼并而从美国经济中消失的企业数目近 12000 家，范围涉及公用事业、采矿业、银行和制造业。这一次并购浪潮的主要特征是纵向并购，即很多并购案例是通过并购将产品生产的各个环节，各个零部件厂商都整合到一个公司里，形成一个统一运行的联合体。

第三次并购浪潮发生于 1948～1964 年。和前两次浪潮相比，这次并购的特点之一是大规模的并购并不多，主要是中小规模的企业，且许多并购案是跨行业的并购。

第四次并购浪潮发生于 1981~1989 年，共发生并购 22000 多起。这次并购浪潮以融资并购为主，并出现了通过金融界的帮助，小企业并购大企业的现象。

第五次并购浪潮发生于 1992~2000 年，在此期间美国一共发生了 52000 多起并购案。本次并购浪潮的特点是跨国并购居多，多发于以互联网技术和生物技术为核心的新经济领域。

进入新世纪后，VF 并没有停下并购的脚步，相反的是，真正的疯狂才刚刚开始（图 3-26）。2000 年 VF 收购了户外品牌 The North Face 和 Eastpak，牛仔品牌 Chic、Gitano 和 H.I.S；2003 年收购了时尚品牌 Nautica 和 John Varvatos；2004 年收购时尚品牌 Napapijri、休闲箱包品牌 Kipling 和运动品牌 Vans；2005 年收购专业滑浪品牌 Reef；2007 年收购户外品牌 Eagle Creek、棒球及篮球运动服及附件的专业品牌 Majestic、时尚服饰品牌 7 for all mankind 和 Lucy；2008 年收购 Ella Moss；2010 年收购牛仔品牌 Rock & Republic；2011 年 VF 收购了专业户外制鞋品牌 Timberland。这一系列的疯狂并购花去了 VF 超过 65 亿美元，但并购的背后是 VF 的生产能

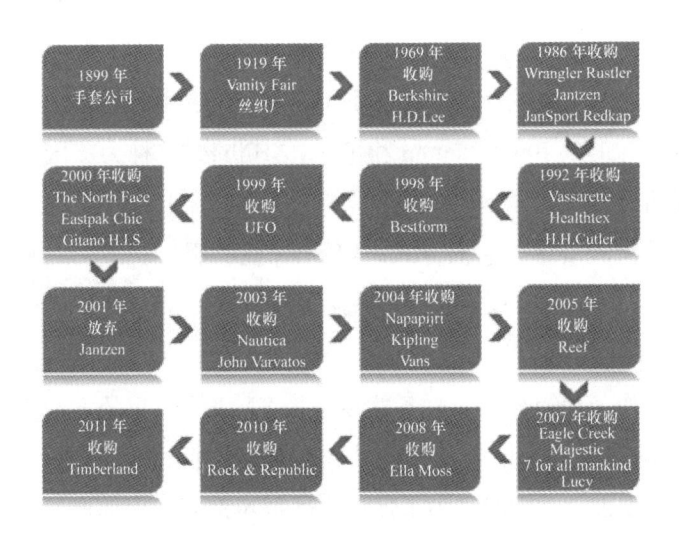

图 3-26 VF 的并购史

力不断提高、品牌结构得到优化、产品搭配日益完善、销售渠道全球拓展，最终让其成为在多个服装领域都首屈一指的行业巨头。

二、保持年轻的秘密

通过一系列的并购，让 VF 在百年时间内成为服装界的领袖。也正是通过并购，让这个百年的美国企业挺过一次又一次的经济危机。西方服装行业百年企业有很多，但是能像 VF 一样始终保持年轻活力并还能蒸蒸日上的并不多。VF 保持年轻的秘密是什么呢？没错，还是并购。

1. 选择合适品牌

尽管旗下品牌众多，但是 VF 并非是饥不择食地胡乱选择并购品牌，而是在集团内设立了一个专门负责收购的小组，通过对收购对象的产品质量、品牌背景进行大量的比较分析，最终确定合适的品牌。VF 的掌门人 Wiseman 曾说过，"收购品牌我们有三点要求，第一品牌必须亲近消费者，容易与消费者建立感情和联系；第二是品牌的国际化前景，可以从一个国家延伸到很多国家，推广到国际市场去；第三个是否有精明强干的团队，没有优秀的人才就没有品牌的增长。" VF 收购的品牌虽多，但是绝大多数品牌与生活休闲相关，这也是因为生活休闲的产品和品牌更容易与消费者建立联系和感情。对著名休闲品牌 Nautic 的收购便是最好的例证。

Nautic 是由华裔设计师朱钦骐于 1983 年在美国所创立的，经过 20 多年的发展，与 Polo Ralph Lauren 和 Tommy Hilfiger 并称为美国男士休闲服饰三大品牌。2003 年，VF 将其购入囊中。VF 看中 Nautic 的品牌实力，更看重其所代表的休闲生活方式，VF 预计此类服装将成为未来服装发展的主流。果然完成收购之后，VF 抓住了欧洲兴起的户外休闲运动潮流，收到了很高的回报。

另外，作为上市公司，财务业绩也是 VF 极为看重的。对于目标收购品牌，VF 的一个要求便是"被购品牌是否能够促进 VF 销售收入的增长以及利润的改善"。同时，为了保证集团每年都有较大的增长，对于那些不能持续增长或进步的品牌，集团坚决进行剥离。过去 10 年里，VF 已经剥离了10余个子品牌。

2. 瞄准恰当时机

有了中意的品牌，紧接着的便是选择一个恰当的时机来完成收购。回首VF的收购史不难得知，集团历史上的几次重大收购都处于美国几次并购浪潮之中，也是美国服装产业发展的黄金时期。有利的宏观环境是并购成功的重要保证。

其次，还要对细分行业发展阶段进行准确的判断。例如，20世纪中叶美国牛仔文化盛行，在此背景下，公司在1969年收购Lee开拓牛仔市场，随后又收购了Wrangler；20世纪90年代美国出现了一股户外潮，随后户外行业一直快速发展至今，在此期间，1998年收购The North Face，2011年收购Timberland，乘风借势，壮大了户外业务。

最后，还要对并购时点进行精确选择。以The North Face为例，因户外行业火爆，The North Face公司管理层改变经营战略，力图生产旗下所有产品。但是由于缺乏原材料采购及物流经验，导致出现质量问题，货品积压严重，之后又查出财务造假，公司几乎倒闭。最后VF以2450万美元的超低价将其收购，并购时点选择堪称经典。

3. 品牌整合很重要

并购来了众多知名品牌，如何将这些不同风格与定位的品牌整合，以达到同步良性运营，是整个并购过程中的重中之重。处理不好，新品牌非但不会为公司盈利，还会在产品管理、品牌形象，甚至是资金流转上对母公司带来极大伤害，也是众多并购失败的元凶。VF给出的解决办法是：松散管理+差异化定位。

VF公司对旗下所有品牌采取了一种较为松散的管控方式，给予各品牌较大的独立运作空间。随着收购品牌的不断增多，VF显然无法积极地参与每个品牌的运营，加之每个品牌都有着自己独特的品牌定位、文化个性以及消费群体，因而，对旗下品牌进行松散式管理是公司必然的管控路径。但这种松散式管控并不就意味着VF对这些品牌进行"放羊"。相反，当任何一个品牌被收购过来后，VF都会要求它们保持或创立独特的产品个性，每个品牌都要有自己独特的价值观，甚至每一品牌都要有自己独立的总部。在 VF 品牌家族中，不具备这些特质的品牌迟早会被清理出户。为此，VF 在品牌收购后，不仅仅收购商标或厂房设备，往往会要求原品牌的核心经营团队留任，以保持原品牌的独立性。

另外，VF 巧妙地对旗下众多品牌进行差异化定位。按照产品属性的不同，VF 将所有品牌划分为五大品类，分别是牛仔、户外运动、运动服、时尚和职业装。同时，VF 进一步将五大品类浓缩为两大类：生活方式品牌和传统品牌。户外运动、运动和时尚品牌被称为生活方式品牌，而牛仔品类和职业服类被归属到传统品牌。对于全球生活方式品牌，VF 通过增加投资或并购的方式促进其高速成长，迅速成为该品类内的领导性品牌；而对于优势传统牛仔和职业服品牌，VF 已经进入了收获阶段，因而只需要维持其发展现状或增加少许投资即可。用这样的方式，做到了合理、有效地调配集团资源，同时，差异化的定位也为集团带来了良好的躲避风险的能力。以 2008 年第四季度为例，受国际金融危机的影响，VF 集团的牛仔系列、运动服系列、职业服系列、时尚系列的销售收入都是负增长，而户外运动系列市场表现良好，独力支撑整个大局，帮助集团渡过了金融危机的冲击。

4. 渠道建设凝聚品牌

目前 VF 旗下拥有 30 多个品牌，对大部分企业而言，如此众多的品牌线可能会是一种幸福，但也可能是一种灾难。每一个品牌都需要自己的渠道体系，可是重复建设将会是集团运营的大忌。创建较早的品牌发展至今，一般都有着成熟的营销渠道、模式和经验。然而，VF 旗下绝大多数品牌都非常年轻，正处于渠道的扩张与拓展阶段。加之这些品牌并购前由于面向不同的消费群体而有着自己的渠道体系，因而，VF 的渠道体系显得非常多元化。如何才能做到有效地整合这些渠道体系呢？VF 意识到仅有亲近消费者的品牌是远远不够的，产品必须通过各种渠道分销到消费者手中才意味 VF 战略目标的达成。VF 在全球 150 多个国家有着 47000 多家店铺，但是其中直营店仅有 780 多家，VF 将大量资源集中于研发设计、采购、生产制造和物流运输。VF 的渠道建设从一开始就站在了国际市场渠道建设的高度上，国际化的统一渠道建设和原材料采购是 VF 深度发挥协同效应的最佳方式之一。于是，每当 VF 做出选址后，旗下绝大多数品牌都将聚集于此，消费者甚至能够看到 The North Face、Vans 和 Kipling 等众多品牌比邻而居。通过全球统一的渠道建设，VF 成功地将各品牌凝聚起来。

三、收购"大黄靴"

被户外活动爱好者及时尚达人们共同追捧的 Timberland "大黄靴"，其公司初创于 1955 年，当时的名字还是 Abington Shoe Company。在 1973 年，品牌创始人 Sydney Swartz 想要解决一个问题，那就是怎样才能让户外工作的人们的鞋保持干爽，因此品牌研发了新材料和创作了新的款式——防水靴。这款防水靴除具备完全防水功能外，还以古典的款式和大胆使用的明棕色的亮丽风格，吸引了美国消费者的注意。随后他注册了商标并将树作为 logo 印了上去，同时此鞋款取名为 Timberland。1978 年公司正式更名为 The Timberland Company。

20 世纪 90 年代，说唱明星纷纷购买 Timberland 品牌产品，Timberland 已经早已超越户外领域，在时尚娱乐界拥有大量拥趸，成为一个广受世界各地时髦"潮人"拥护的时尚象征，Timberland 也从一家专业制鞋公司成为了一个时尚领域的全球领导品牌。但从 2005 年起，受市场环境及内部管理问题的影响，公司逐渐迷失了方向，销售收入及盈利不断下滑，也令其投资者开始失去信心。

而在此时，一心想要扩展户外运动服饰业务的 VF 看上了 Timberland 在制鞋领域的专业性，Timberland 也正好可以弥补 VF 在户外鞋产品上的空缺。经过几番讨价还价之后，2011 年，Timberland 终于同意了 VF 23 亿美元的报价，Timberland 正式归为 VF 所有。完成收购后，VF 的户外及运动服装业务（The North Face 与 Timberland）占到总销售额的 50%，VF 也成为一家规模破百亿美元的服装界巨头。VF 首席执行官埃里克·威兹曼（Eric Wiseman）在完成收购后曾自豪地说道："这次的收购意义重大，我们终于突破了 100 亿美金这个关卡，我们的公司花了 100 年的时间才突破50亿美元，没想到在短短的6年间我们已经突破100亿美元大关。"目前，Timberland为男性、女性和儿童设计高级休闲鞋类、服饰和配件产品。另有一条Timberland PRO产品线，专为工业顾客提供专业的鞋靴和服装。在全球的销售网络包括自营专卖店、网站以及独立零售商、高级百货公司和专业运动品商店。2012年总销售额15亿美元。在全球拥有约7500名员工，总部位于美国的新罕布什尔州。

四、VF在中国

2000年，The North Face通过特许经营进入中国市场。2007年，随着中国经济的不断腾飞以及2008年奥运会即将开幕、运动及户外活动大热的社会背景下，VF公司决定收回The North Face在中国的品牌业务，改为直接运营管理。同年，在VF公司接手以后，The North Face的销售额增长了近150%。2008年11月26日，The North Face的中国首家旗舰店正式开业，在北京三里屯VILLAGE举行了盛大的揭幕仪式。2012年9月，The North Face开通了网上营销渠道，在淘宝天猫商城和品牌的官方网站上销售产品。现在，它的销售网络已经覆盖全中国，在中国开设店铺约680家。VF已将中国视为继美国之后的第二大市场。

作为VF旗下另一个被中国消费者所熟识的品牌，原创极限运动品牌和年轻品牌的领头军Vans，于2008年9月在上海最时尚和拥有最多年轻街头品牌的长乐路开设了中国第一家零售店铺。店铺开业后，市场对Vans带来的美国南加州极限运动和年轻文化的反响很强烈，迄今为止Vans已经在中国开设了近400家店铺。

VF的另外一个重要品牌Timberland，早在被收购前就已于2006年进入中国市场。但此后Timberland在中国市场的表现并不尽如人意，且在消费者心目中定位模糊，加上次贷危机的影响，严重拖累了品牌的发展。2011年VF将Timberland购入旗下，背靠大树的Timberland打算重拾中国市场。2012年5月，Timberland一改原来只依靠代理商在中国开店的思路，在上海梅陇镇广场开了一家直营店。采用直营形式，更好地向消费者传递户外休闲的品牌精神。目前，Timberland 在中国多年保持两位数的增长，并在中国开设了 240 多家店铺。

纵观 VF 在中国的市场发展策略，开设直营专卖店、投资产品研发、投资人才和投资市场是其发展的重点。首先，为了进一步开拓中国市场，在代理批发之余，通过以旗舰店形式为主的直营专卖店，将更多更能代表品牌魅力的产品放入其中，让中国消费者可以更近距离地接触到产品，并对品牌产生更直观、更深刻的认识。同时，有别于代理加盟的形式，直营也可以更好地对产品组合、品牌推广等进行管理。其次，因为中国人的身材比例区别于欧美国家，VF 已经意识到照搬欧美市场上的产品是无法满足消费者需求的，因此特别为中国市场进行产品研发，这也让 VF 的品牌本土化走在了竞争品牌的前面，更容易被中国消费者所接受。第三，与其他国外品牌不同的是，VF 均采取中国团队的管理模式，听取中国团队的意见，从而更好地管理中国市场。最后，便是通过持续增加的广告、市场活动等方面的投入，在消费者心目中树立更良好的形象，并进一步推动户外运动风潮在中国的发展，刺激中国消费市场。2013 年 VF 在中国市场总营业额超过 5 亿美元。到 2017 年，VF 预计其在中国市场的总营业额将达 10 亿美元。

第七节　PVH，我们不只做衬衫

作为全球最大的服装集团之一，PVH（Philips-Van-Heusen）集团显得十分低调，但是一提及它旗下品牌 CK（Calvin Klein），相信便是无人不知无人不晓了——尤其是在"坏小子"贾斯汀·比伯（Justin Bieber）的新晋代言之下，狂野性感、叛逆十足的 CK 赚足了人们的眼球。让人很难想到的是，相比 CK 的"离经叛道"，它的母公司 PVH 集团可是以做男士正装衬衫而闻名的。细翻 PVH 集团的品牌库，Calvin Klein、Tommy Hilfiger、Izod、Van Heusen，甚至还有 DKNY、Michael Kors、Geoffrey Beene 等，产品的品类、档次相当丰富。原来在做衬衫之外，PVH 集团还有着更大的一片广阔天地。

一、从衬衫制造厂到服装巨头

PVH集团最早的衬衫业务始创于1881年，位于宾夕法尼亚州的波茨维尔（Pottsville）。摩西和恩德尔·菲利普斯夫妇（Moses and Endel Phillips）与他们的孩子们一起为当地的煤矿工人销售和修补衬衫。慢慢的，这一家族小生意日益兴隆起来，夫妇二人决心将经营扩大到繁华都市纽约，小小的家族企业就由当地的小镇子走向了全国舞台。

在菲利普斯一家人正忙于发展纽约的衬衫生意之时，约翰·曼宁·范海森（John Manning van Heusen）这位荷兰移民的一项重要发明给衬衫制衣带来了重要变革。范海森发明了一种叫作"soft-folding"的新工艺，使得衬衫领子一改原来死板的形象，同时还给穿着者带来了更舒适的感受，备受市场的欢迎。菲利普斯家族看到这一新的商机，菲利普斯夫妇的儿子艾萨克·菲利普斯（Isaac Phillips）果断购买了范海森的领子专利，并用于自己的产品，菲利普斯家族与范海森的合作正式开始。他们从双方名字中各取一部分，构成了PVH（Philips-Van-Heusen）集团的名称。凭借着时尚的外观、实惠的价格和高品质的产品，PVH集团的衬衫一举成为美国排名第一的衬衫品牌，并从1991年起领跑美国衬衫市场。同时，PVH还是第一个在电视上做广告的服装品牌，以及全球第一批采用好莱坞明星和体坛明星来代言自己产品的商家，米基·鲁尼（Mickey Rooney）、鲍勃·霍普（Bob Hope）、托尼·柯蒂斯（Tony Curtis）、伯特·兰卡斯特（Burt Lancaster），甚至还有里根总统（Ronald Reagan），都曾身穿PVH的衬衫。

在衬衫市场取得成功之后，集团开始扩大自己的产品线，涉足其他领域的服装产品。通过一系列的兼并与收购，经营范围扩展至男装、女装、童装以及鞋类产品。目前，集团旗下拥有超过20个品牌和一些代理品牌，主要分为Calvin Klein、Tommy Hilfiger和传统品牌（Heritage Brands）三大块，其中传统品牌中又包含Van Heusen、IZOD、ARROW、Speedo、Warner's。同时，集团还拥有DKNY、Michael Kors、Geoffrey Beene等一系列品牌的特许经营。PVH集团在全美超过15000个百货商场（如Federated、Kohl's、Belk、JCPenney、Stage Store等）进行产品销售，2013年销售收入超过82亿美元。

PVH集团旗下的众多品牌具有不同的定位，通过不同的销售渠道，产品遍布市场的各个层次，满足各类消费者的需求。无论是传统的衬衫、运动装，还是引领潮流的时装，都在市场中有着不错的表现，甚至有数据统计，2004年美国市场每卖出的三件衬衫中就有一件是PVH集团出品的。可是真正让PVH集团成为服装界巨头的并不是传统衬衫，而是它的两次极为重要的收购——Calvin Klein与Tommy Hilfiger。从2014年PVH集团各品牌的销售收入与盈利占比不难看出，这两个品牌在集团内部拥有怎样举足轻重的地位（图3-27）。

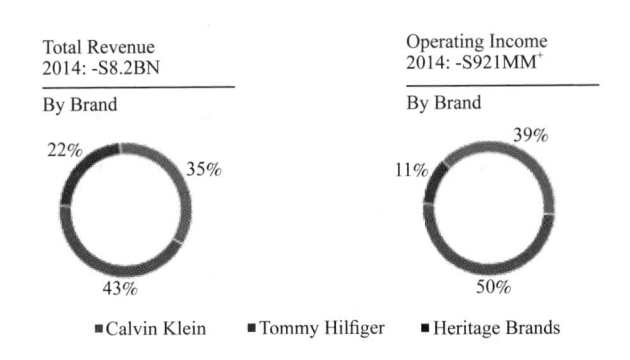

图3-27　2014年集团各品牌收入与盈利占比（数据来源：2014年报）

二、收购Calvin Klein

尽管拥有不错的衬衫生意，PVH集团在收购Calvin Klein之前还是全球服装圈一家默默无闻的美国本土企业。2002年，PVH集团将Calvin Klein收入囊中，一下子给略显沉闷的企业形象增加了不少活力。也正是因为这次收购，让PVH集团找到了走向世界的路径——与其勤勉地做自己的牌子，不如收购现有品牌来得快速有效。

1968年，出生于美国纽约，就读于著名的美国纽约时装学院（F.I.T）

的Calvin Klein先生，首度推出女装大衣，立即受到纽约百货公司的青睐，并下了大量订单，让Calvin Klein知名度大开；之后，Calvin Klein线条干净与造型内敛的设计，不但得到了买家与时尚媒体的肯定，更奠定了其日后庞大时尚产业的基础。20世纪70年代后期，Calvin Klein推出原创的牛仔装系列，以波姬小丝为代言人，她在电视广告上说："在我和我的Calvin之间什么都没有！"极具挑逗性的话语，立即刺激销量提升。同样的，1982年发表的Underwear内衣系列，搭配极具挑逗形象的广告，改变全球对内衣的观感，一跃成为众人追求的时尚。1994年首度推出的CK One中性香水，打破性别藩篱的概念，让品牌事业再攀巅峰。经过40余年的运作，Calvin Klein已被打造成代表时尚生活方式的高档品牌，旗下拥有牛仔、服装配饰、鞋子、眼镜、腕表、香水等产品，成为美国时尚的典型代表。

在Calvin Klein的发展道路上，Calvin Klein先生采用的是委托授权合作形式进行产品的生产和分销，这种方式在早期带来了品牌的快速增长，但也给品牌埋下了隐患。20世纪90年代末期，Calvin Klein与授权商之一瓦纳克集团的矛盾集中爆发。因为对于销售渠道、产品质量控制等方面存在严重分歧，怀有强烈不满的Calvin Klein先生一怒之下将瓦纳克集团告上法庭，而瓦纳克则反诉Calvin Klein因为之前的"色情广告"导致其产品销量下降。这场双输的战争，让Calvin Klein的品牌地位和身价大跌。

PVH集团抓住了这个千载难逢的机会。2002年之前，PVH集团在企业并购和品牌发展上已经积累了丰富的经验，并建立了坚实的内部组织机构，具有进一步并购大品牌来获得更大发展的实力。而PVH集团选择Calvin Klein，也是看中它代表生活方式的品牌形象已经深入全世界，并且仍然具有成长空间。计划购买Calvin Klein时候，PVH集团自身并没有足够的财力。通过与投资机构Apax Partners协商，PVH集团终于拟定了一个合理的资金计划，能够使其完成这次收购，并且只需要很少量的银行贷款，不会给集团增加大量负债。在一百多年的历史中，PVH集团一直给人以勤勤恳恳地做男式正装衬衣的沉稳形象，而2002年Calvin Klein的加入却给整个公司形象带来活泼的气氛。如总裁 Mark Weber 所说："收购 Calvin Klein 这件事对于 PVH 集团来说是个革命性的转折，PVH 集团过去一直是一个默默无闻、业务缓慢增长的公司，这次收购说明了我们知道如何将品牌推向世界水准，享有世界声誉。"

PVH 集团对 Calvin Klein 寄予厚望，而接下来的几年中，Calvin Klein 的优秀表现完全超出了 PVH 集团的预料。2005 年，公司在 Calvin Klein 的特许经营方面收入比 2004 年增长了 18%，增长到 0.75 亿美元。随着 Calvin Klein 最大的业务牛仔和内衣以及香水产品在新品推介中不断出现，新品目录不断投放市场，新的特许经营关系的不断建立，2005 年 Calvin Klein 品牌下的全球零售额达到 40 亿美元之多。Calvin Klein 所形成的品牌金字塔包括 Calvin Klein Collection、CK Calvin Klein 和 Calvin Klein jeans，无论在定价、市场划分或是地域分配方面，都展现了品牌清晰的市场策略。

事实证明，PVH 集团这次处心积虑的收购行为给整个公司带来了前所未有的推动力。除了 Calvin Klein 本身实现了很好的销售业绩之外，公司还获得了其他好处。比如 Calvin Klein 在特许经营方面积累了相当丰富的方法和经验，而这些经验和方法同时也可以为 PVH 集团现有的其他品牌服务。PVH 集团从此在特许经营方面运作得更加娴熟。在 Calvin Klein 业务的带动下，从 2004 年开始，公司整体业务收入开始实现飞跃性增长。2006 年，PVH 集团收入合计从 2005 年的 4.6 亿美元增长到了 5.57 亿美元，增长了 21.1%，销售额从 4.048 亿美元增长到 4.876 亿美元，增幅 20.5%。2006 全年净收入增长到 1.5 亿美元，增长了 39%。公司收入的增长主要来自特许经营权方面的收益，这些也同时带动了 PVH 集团正装衬衣批发业务实现两位数的增长率。借力 Calvin Klein，PVH 集团获得了利润与公司形象的提升，而 Calvin Klein 在经由 PVH 集团接手后，也成功地进行了品牌的国际化扩张。在 PVH 集团的经营下，Calvin Klein 首先推出了 Better Sportswear 男女运动装，该系列在 2004/2005 年风靡一时，在美国国内建立了 40 家专卖店。另外，PVH 集团签署了更多的 Calvin Klein 特许经营协议，每年都进行新品推出规划，全球专卖店数目不断增加。

经过了近十年的磨合与消化，PVH 集团已经把 Calvin Klein 的高级时装和运动系列完全掌控，此时它们盯上了旁落他家的 Calvin Klein 内衣系列和牛仔裤系列。2012 年，PVH 集团宣布以 29 亿美元现金和股份，收购女性内衣和运动服装生产商 Warnaco，全盘接手被 Warnaco 在 1997 年所取得的 Calvin Klein 内衣裤和牛仔裤系列销售授权。原先 Calvin Klein 的各系列产品通过第三方制造商和授权代理商进入国际市场的局面就此落幕，Calvin Klein 的各系列终于能够整合在一起，并完全归于 PVH 集团旗下所有。

三、收购 Tommy Hilfiger

另一个在 PVH 集团占有重要地位的品牌便是 Tommy Hilfiger。2010 年 3 月，PVH 集团正式从欧洲私募股权投资机构 Apax Partners 处收购 Tommy Hilfiger，收购金额为 30 亿美元，外加承担 1.38 亿美元的债务，合并收益为 46 亿美元。30 亿美元的收购价格是 2003 年 PVH 集团收购 Calvin Klein 时的 7 倍，是 LVMH 集团 2001 年收购 DONNA KARAN 的近 5 倍。带着红白蓝标志，以 Polo 衫和宽松牛仔裤闻名的经典美式品牌，2/3 的公司业务却是来自欧洲，这是为什么呢？又是什么吸引着 PVH 集团如此大成本的投入呢？

Tommy Hilfiger 是美国的休闲领导品牌之一。品牌的创始人和设计师 Tommy Hilfiger 生于 1952 年，年轻时就极具设计天分。在他 17 岁时，为纽约校园中的年轻人设计风格简洁、动感十足的嬉皮系列。随后，他继续深造并不断发挥自己的设计才能，1978 年，他在纽约市的繁华街头开设了自己的第一家时装店，这家在当时并不十分耀眼的时装店面为其今后的发展打下了坚实的基础。而 Tommy Hilfiger 最初的时装店，还没有形成其独特的风格，直到 1985 年，34 岁的 Tommy Hilfiger 才推出了真正属于自己的时装品牌。在合伙人印度纺织巨头 Mohan Murjani 的资助下，以他自己的名字命名，典雅的校园风格加上时尚元素，再配合 300 万美元的宣传攻势，使 Tommy 的时装很快流行起来，他的事业也再上高峰。

在整个 20 世纪 80 年代后期及 90 年代初，品牌发展一帆风顺。1992 年，

Tommy Hilfiger品牌已经家喻户晓，并在美国上市，利用筹集得来的资金品牌迅速扩充业务，开设了数以百计的分店。而Tommy Hilfiger本人也凭借自身的才华与努力，很快跻身于世界知名设计师行列。1995年，Tommy获得时装界最高荣誉——美国时装设计协会颁发的CFDA最佳男装设计师大奖，1998年，纽约帕森斯设计学院授予他年度设计师大奖。Tommy Hilfiger本人及其品牌都具有崇尚自然、简洁的特点，同时设计理念中渗透出青春的动感活力，与美国本土的风格特点十分和谐，受到年轻一代美国人的热爱，使得Tommy Hilfiger很快就能与Calvin Klein、Ralph Lauren等大牌媲美。Tommy Hilfiger浓郁的美国特色，同时品牌标志与美国国旗又十分相似，使得品牌在美国公众中树立了良好的形象。好莱坞每年从Tommy Hilfiger公司团购至少400万美金的衣服作为演员服装，Tommy Hilfiger还曾经一度打入欧洲皇室，成为贵族年轻一代酷爱的品牌。Tommy Hilfiger的产品线不断扩展，逐渐成为一个完整的高端生活方式品牌。

可是到了20世纪90年代中期，不少饶舌歌手如Snoop Doggy Dog等开始流行穿着尺寸肥大的Tommy Hilfiger衣裤，这意外地为Tommy Hilfiger开拓了青年及黑人市场，令Tommy Hilfiger的销量急剧增长。于是，Tommy渐渐设计了更多宽身而轻便的衣服，以迎合新客路对街头时装的渴求。但是随着嘻哈文化逐渐退出领先潮流的行列，Tommy Hilfiger也随之迷失了方向，人们对Tommy Hilfiger的离婚诉讼、约会新闻以及他女儿的电视真人秀的关注远远超过了对他品牌和服装的兴趣。形势对Tommy Hilfiger来说变得越来越糟糕，公司甚至认真考虑过在沃尔玛里销售服装。时尚杂志也对Tommy Hilfiger失去了兴趣，对他的报道越来越少，顾客也意兴阑珊，百货公司的销售一度下跌了75%，公司开始走下坡路，股票价格一度跌到了每股7.5美元，只有原始价值的一半。面对这种状况，在Tommy Hilfiger欧洲办事处负责人Fred Gehring的牵头下，欧洲私募股权投资机构Apax Partners在2006年以16亿美元的价格收购了Tommy Hilfiger公司。Apax通过回收Tommy Hilfiger的授权许可来重整品牌，避免了激进的发展策略与恶性循环。这一变动不仅造成了首脑的换位——荷兰人Fred Gehring成了公司的总裁，还改变了品牌的设计方向。Tommy Hilfiger重回它的最佳状态，不过这次的主战场却变成了欧洲。

Fred Gehring 主政以后，对危机中的 Tommy Hilfiger 进行了大刀阔斧的改革。在 Fred 眼中，欧洲市场和美国市场是不同的。美国市场的关键是集中，也就是把尽可能多的商品堆到百货商店的柜台上，而欧洲市场的关键则在于分散——即为小型零售店提供能够准确迎合那些品位成熟的顾客的商品。在欧洲，Tommy Hilfiger 差不多有 4000 多家店，其中很多都是出售精选货品的小店铺。另外，不同区域的差别也很明显，德国人喜欢的东西，西班牙人不一定喜欢。"不管是谁，假如他以为能用那种老一套的品牌营销观点上这儿来混的话，那他肯定会栽跟头。"Fred Gehring 说，"你的思考方式必须要变得非常本地化。"实际上，这些店里出售的服装并不是由 Tommy Hilfiger 亲自设计的，而是由阿姆斯特丹的一个设计团队完成。而在美国市场，通过 Fred Gehring 的努力，2007 年 Tommy Hilfiger 与梅西百货（Macy's）开始合作，独家为梅西百货 800 家分店提供服饰。2008 年 9 月，Tommy Hilfiger 还在纽约第五大道开设了一家新的旗舰店——新店有四层楼高，占地 22000 平方英尺，成为 Tommy Hilfiger 全球首家汇集各种生活所需品的店，包括"逃离系列"服装、男女装、童装、定制服装、鞋类、饰品、家居装饰以及全部的 Hilfiger Denim 品牌服装。

正是公司一步步扭转局势，为品牌创造了良好的国际性平台，基于品牌良好的销售业绩和表现，也给了 PVH 集团很大的信心，并最终促成了收购事宜。2010 年，PVH 集团正式从 Apax Partners 处收购了 Tommy Hilfiger 品牌。这是 2008 年金融危机以来服装界最大的一笔收购，收购金额为 30 亿美元，外加承担 1.38 亿美元的债务，合并收益为 46 亿美元。PVH 集团董事长兼首席执行官 Emanuel Chirico 表示，"从战略角度看，Tommy Hilfiger 符合所有收购标准，作为一个强大的全球性品牌，它具有非常强大的国际运营平台"。易主之后，Fred Gehring 将继续担任 Tommy Hilfiger 的首席执行官，主要是重建品牌在北美的业务，扩展国际版图，Tommy Hilfiger 也将继续担任品牌首席设计师。而 PVH 集团此时已拥有了两个具有国际影响力的强势品牌，与集团传统品牌高度互补、相辅相成，服装巨头的版图终于拼成。

四、构建全层次的品牌体系

为了减少自有品牌之间的竞争，PVH 集团在收购品牌的时候也是极为注意，尽量减少旗下品牌的互相竞争。集团内部品牌之间也都拥有差异化的定位，每一个品牌都具有广阔的客户群。目前，集团拥有高档时装、休闲装、运动装等不同类型产品，丰富的产品线为消费者提供了更多样的选择。Calvin Klein Collection 主攻高档时装，Calvin Klein jeans、Tommy Hilfiger 主攻高端休闲市场，IZOD 则主攻大众休闲市场，同时还有 Van Heusen、ARROW 等继续衬衫生意，Speedo 等来开拓运动装市场。能够让这些品牌在各自领域茁壮成长，PVH 集团还是有它自己的独到之处。

1. 良好的成本控制策略

作为一家具有百年制衣历史的企业，PVH 集团在传统的服装运营管理方面具有丰富的经验，深切的知道服装企业成功的第一步便是有效地控制自己的成本，因此在生产环节、原材料采购环节等都进行了严格的控制。作为美国少数能够自己生产衬衫的公司之一，PVH 集团最初拥有一部分自有工厂，也通过第三方进行生产。自 1995 年开始，PVH 集团不断着手关闭自有生产线，以增加运营效率。同时为了继续降低成本，PVH 集团整理其美国分销渠道和仓储设备等，关闭其毛衣加工业务，并通过使用一系列的生产控制软件，成功地缩短了生产周期，有效地控制了成本。而在原材料采购中，发挥多品牌的规模效应，统一化、全球化地进行采购，严格控制材料成本。良好的成本控制策略，为企业未来的继续壮大带来了利润的保证。

2. 成功的销售渠道管理

在 1995 年之前，PVH 集团的增长主要是由仓储型 OUTLET 零售业务带动的。通过在仓储型 OUTLET 零售商城中的 695 个自有专卖店来进行产品销售。这种以零售业务为核心的销售管理使得公司在 OUTLET 零售渠道过度扩张，结果造成 PVH 集团的发展和扩张过度依赖 OUTLET 商场，而并非依赖公司产品所占市场份额的增长。1995 年，PVH 集团启动了一次策略型重组计划，开始减少 OUTLET 销售渠道的投入，希望能够减少零售店数量以及零售运营成本。到了1997年，PVH集团关闭了400个业绩最差的专卖店，零售点从1000家减少到650家。在减少OUTLET零售点的同时，批发业务得到快速增长。长期以来，PVH与May Co.、Federated、Dillard's等商家建立了紧密的批发关系。到了20世纪末期，批发业务一度占到公司总业务的60%以上。而到了2004～2005年，零售事业再次成为了公司销售管理策略中的重点。通过零售专卖店形式将旗下众多品牌展示给广大购买者，使顾客能够更深层地了解产品内涵和品牌价值。在不同的市场动态下，选择恰当的渠道模式，让PVH集团一直保持着不断前进的动力。

3. 多品牌的相辅相成

衬衫业务一直是PVH集团的传统强项，旗下的Geoffrey Beene、ARROW、Van Heusen等品牌统领着美国高、中、低端的衬衫市场。作为历史悠久的衬衫品牌，Van Heusen也在Calvin Klein等高档时装品牌收购后焕发了青春。通过不同品牌的差异化定位，PVH集团牢牢把持着这块传统市场。同时，新品牌的加入带来了新的设计方式和销售渠道，也为传统品牌的产品设计和分销通路提供了借鉴与帮助。另一方面，传统品牌所积累的生产经验和管理能力也为新品牌的产品提供了强大保证。多品牌协调统一的经营运作，真正做到了优势互补、相辅相成。

都说一个服装企业要想取得成功必须包含以下因素：低生产成本，低成本的原材料采购，产品品牌化，强有力的管理，全球化的业务开展以及灵活的分销系统。比照PVH集团，就不难发现它成功的奥妙了。

第八节　品牌的庄家伊藤忠

商社，这一来自于日本的商业组织，是日本近代商业发展的结晶。它们多以外贸为主，是无所不包的企业集团。日本驰名世界的综合商社有三菱商事、三井物产、伊藤忠商事、丸红等，都活跃在世界贸易的舞台上。日本综合商社独特的国际化经营战略，使它们在国际市场上交易规模最大且最具活力，纷纷跻身于世界五百强之列，对日本经济及世界贸易的发展都起着重大的作用。今天我们要讲述的就是其中的优秀代表——伊藤忠商事株式会社（ITOCHU）。

一、商社的发展史

在开始介绍伊藤忠商事之前，有必要来了解下商社这一特殊的商业机构的发展历史。

综合商社是在 19 世纪后半期在日本形成和发展起来的，它是适应日本政治经济制度变革需要而出现的新生事物。明治维新之前的日本，其对外贸易主要掌握在外国商馆手中，日本商人需要通过设在主要港口城市的西方商人的贸易行来出售商品和购买本国需要的外国产品。这样的对外贸易方式，让很大一部分利益都被外国商人获取，而日本工商企业则处于一种被动状态。1868 年明治维新后，日本开始向资本主义发展，日本政府确立了经济工业化和社会体制现代化的国家发展战略重点。但是现实的问题是，日本自然资源贫乏，在推进工业化初期需要完全依赖国外市场，如进口工业化所需的工业原料、现代化厂房设施、机器设备，出口各种产品赚取外汇支付进口等。这时，一批立志收回民族"贸易商权"的志士们站了出来。他们先是与"商馆贸易"的外国商人合作，虚心求教国际贸易知识，后来又纷纷脱离"商馆"，建立起与"商馆贸易"相抗衡的贸易公司。同时，日本政府提出振兴独立贸易的方针，希望通过扶持本国的商社，突破欧洲贸易商对日本进口市场的垄断。于是，一批本土商社靠着政府的扶持与自身的辛苦经营而发展起来，如三井物产、三菱商事等。

而商社的真正繁荣则是在"二战"之后。从 20 世纪 50 年代后期到 70 年代初期，日本经济以年平均增长率 10% 的速度飞速发展。日本产业结构从轻工业化急剧向重工业化和化学工业化发展，这一时期成为综合商社发展史上的黄金时期。综合商社为落实"贸易立国"政策，着手在全球构筑商业网络，树立起"日本贸易的尖兵"形象，经营范围也随着日本经济发展，由轻工业领域转向钢铁、造船、汽车、重型机械、电机、化学工业等领域延伸。可以说，从方便面到导弹，从矿泉水到通信卫星，涉及国民经济的各个部门。商社也成为日本走向世界的流通窗口。进入21世纪以来，日本综合商社创造了前所未有的良好业绩。2011年，以三井物产、伊藤忠商事、住友商事、丸红商事为代表的日本各大综合商社纷纷创造出了历史最佳业绩。在2012年福布斯全球企业2000强榜单上，17家全球贸易公司中，日本商社占有8席，前6名清一色为日本综合商社。

二、伊藤忠的故事

图3-28 第一代伊藤忠兵卫

故事的主人翁伊藤忠商事株式会社，是1858年从第一代伊藤忠兵卫（图3-28）做麻布生意创业开始的。

早年的伊藤家族就是湖东丰乡町一带的走贩，以沿街叫卖纺织品为主业。所谓走贩就是将家乡或近畿地区的特色产品带到其他地区贩卖，再将其他地区的特色产品带回近畿地区销售。当时15岁的第一代伊藤忠兵卫以走贩的方式经由大阪远行至纪州附近做麻布生意。第二年他则途经冈山、广岛、下关、南下至长崎。当时日本与美国、英国、法国、俄罗斯、荷兰五国签订了友好通商条约，跨入了自由贸易时代。在亲眼看到外国人、军舰、商馆后，伊藤忠兵卫被深深地震撼了，这让他更加确信从商之道所具有的巨大潜力。明治维新废潘置县后，1872年，伊藤忠兵卫在大阪市东区本町二丁目创立和服布料庄"红忠"，主要经销棉麻布品以及尾浓纺织品、关东纺织品，规范化地开始了内贸活动。1885年，创设了伊藤外海组，开拓海外贸易，触角一开始就伸向了欧美国家；1886年还直接同英、法、德进行呢绒贸易，综合经济实力明显增强。1893年，伊藤线店在大阪开业，这便是伊藤忠商事的前身。

进入20世纪后，为进一步发展国内贸易，1914年12月，组建法人组织——伊藤忠合名会社，拥有资本金200万日元。随着"一战"爆发，伊藤忠商事利用战争带来的景气，在向海外增设分支机构的同时，迅速扩大事业规模。1916年，将过去只进不出的棉花对外输出，地域空间一直伸到非洲东海岸，境外经营范围一举扩大到钢铁、机械和食品等。1918年，伊藤忠合名会社改组为伊藤忠商事株式会社，分成伊藤忠商店和伊藤忠商事，当时伊藤忠商事拥有资本金1000万日元。"二战"期间，伊藤忠商事、丸红商店、岸本商店三家大型贸易企业合并，联合成立了三兴股份有限公司，资本金增加到3600万日元，职工3900人，年贸易额居全国第三。1944年，三兴、吴羽纺织、大同贸易再合并成大建产业，拥有制造和商社两大部门，海外分店发展到93所，国内外子公司达45家。而现在的伊藤忠商事在法律上的真正建立是在1949年12月。"二战"后，占领军司令部要求大建产业一分为二，一个是丸红；另一个就是伊藤忠。1950年，伊藤忠在大阪证券交易所和东京证券交易所上市。

历经一个半世纪风雨沧桑，伊藤忠不断成长发展。现在，伊藤忠商事已成为一家在世界67个国家和地区拥有约130个据点的大型综合商社，在纤维、机械、金属、能源、化工品、粮油食品、生活资材、信息通信、保险、物流、建设、金融等各领域从事国内贸易、进出口贸易、三方贸易，以及国内外贸易投资，业务范围极为广泛。其合并子公司及关联公司共计354家、全球员工总数约10万名。2011年度实现营业收入540.93亿美元，净利润38.06亿美元，"时隔9年重新登上了日本综合商社第3位的宝座"，荣列美国《财富》杂志500强第172位。

三、纺织业务的转变

作为一个综合型的大型商社集团，伊藤忠的业务范围极为广泛，可谓上天入地无所不包。纺织业务作为商社创始人最早的经营行当，在集团中具有举足轻重的地位。尤其是在纺织服装领域的经营手法，无论并购、投资还是特许经营，都值得后人来研究学习。

如果按照资源使用情况来划分伊藤忠的业务模块，可以分为资源型与非资源型。资源型包含金属、能源业务模块，而非资源型包含纺织、食品、机械、化学等。伊藤忠的一大经营目标便是成为非资源型商社的NO.1，纺织业务的发展尤为重要。

纺织业作为带动工业发展的领头产业，伊藤忠经营纺织纤维业务已经有150年历史，为伊藤忠的腾飞立下了汗马功劳。而在20世纪70年代到80年代，日本纺织业出现了从未有过的产业危机，本土产业出现空心化，市场开始衰退，纺织业转移到成本更低、劳动力更丰富的地区，比如中国。很多商社因此失去了自己的优势。纯粹的贸易业务越来越少，包括许多原材料的业务都在逐渐转移。日本纺织业走入低谷，大多数商社都放弃了纺织经营业务。然而此时的伊藤忠却选择坚守祖辈的传统业务，并将其进行了创新和拓展。

在20世纪80年代中期，伊藤忠决定一改传统纺织业模式，开始思考战略转型。首先从面料的特许经营开始，进口欧洲的品牌面料，为高级品牌西服定制提供专有品牌面料，而后成为欧洲面料品牌在日本的总代理。通过实践发现，向下游延伸和品牌延伸，能够带来品牌经营的高附加值和更广阔的市场前景，伊藤忠断然决定从品牌加盟经营开始进行战略转型。伊藤忠先后签下Giorgio Armani、GUESS、CONVERSE、AIRWALK、DUNHILL、Hunting World、BVLGARI的日本总代理权，而在接下来的20多年时间中，又先后与130多家世界级品牌签约代理。这些品牌各自拥有不同的消费层和不同的风格。第一类是欧美高档奢侈品牌，比如BAILY、SCAVIA、BVLGARI、LANVIN、TUMI等，第二类是时尚的欧美设计师的品牌，比如PAUL SMITH、LANVIN、Vivienne Westwood、KATHARINE HAMNETT等，第三类是以年轻女性和家庭为对象的量贩特许经营授权，比如，U.PRENOMA、MCM、BEVERLY HILLS POLO CLUB等，还有一类是运动休闲品牌，比如CONVERSE、AIRWALK、New Balance、NAUTICA等。通过签约代理，伊藤忠建立了庞大的二级代理商队伍，业务遍布纺织服装各个领域阶层。不仅如此，伊藤忠在代理品牌销售的同时，还代理品牌的生产加工。利用在中国等地的合资工厂，将品牌的生产转移到中国，再进口到日本，又可以获取生产环节的利润。从生产加工贸易领域进入加工贸易结合下游品牌经营领域，这对伊藤忠来说确实是一个巨大的转变。

可是随着业务的不断发展，慢慢的，伊藤忠也意识到品牌经营过程中有一些致命的风险存在。代理品牌合同到期后，品牌持有商往往会提高品牌代理费用，或者增加一些条件，还有可能转给另外的代理商。于是为了避免这样的风险，从2000年开始，伊藤忠又从品牌代理转向品牌投资商，要么并购拥有品牌专有公司的部分股权，要么收购品牌的商标权，这样就形成了稳定的代理体系。到目前，伊藤忠已经拥有10多家品牌的商标权，同时经营范围也从单纯的纺织服装扩大到家纺、服饰杂货、珠宝、餐具等产品经营。在这个进程中，依靠全球范围的资源整合，伊藤忠建立了一个广泛的品牌合作体系，并随之形成对全球高档消费品市场走势的敏感预测，在深度和广度上都与世界经济紧紧地联系在一起，永远地告别了传统纺织行业的经营模式。

目前，伊藤忠的纺织业务包含纺织业从上游到下游的各个领域，拥有原材料、服装、品牌和纺织资材的四大业务投资组合（图3-29）。

同时，伊藤忠还拥有两个时装部门，两个品牌市场营销部门，拥有专门的纺织经营企划部，并由冈本均出任纺织公司总裁。2013年，纺织

图3-29 伊藤忠纺织部门的四大业务组合

业务销售总利润为 1312 亿日元，与前期相比增长了 1.7%，连续 3 年持续增长。

四、伊藤忠在中国

伊藤忠与中国的业务往来源远流长。1972 年中日建交后不久，伊藤忠便成为第一个被中国认定为友好商社的综合贸易公司。1993 年 10 月，伊藤忠突破当时中国政府政策障碍，获准在华独资成立投资性公司，成为外商在华设立投资性公司的第一家。目前，伊藤忠在中国开设的业务包含纺织、机械、金属、能源与化学、粮油食品、生活资材与信息通讯几大领域。这其中，又以纺织领域内的业务最为引人注目。通过出资、入股、并购等一系列方式，与中国多家知名服装企业合作，如山东如意集团、杉杉集团等（图 3-30）。

在中国开展事业的主要子公司以及关联公司
截至 2014 年 3 月 31 日

		公司名称	表决权(%)	业务内容
纺织公司				
子公司	海外	ITOCHU Textile Prominent (ASIA) Ltd.（香港特别行政区）	100.0	纤维产品的生产管理以及纤维原料、面料、产品等的销售
		伊藤忠纤维贸易（中国）有限公司	100.0	纤维产品的生产管理以及纤维原料、面料、产品等的销售
关联公司	海外	嵊州盛泰色织科技有限公司（中国）	25.0	衬衫面料、成品的制造销售
		嵊州盛泰针织有限公司（中国）	25.0	针织面料、成品的制造销售
		山东如意科技集团有限公司（中国）	31.7	拥有纤维事业等企业的控股公司
		ASF LIMITED（香港特别行政区）	30.0	旗下拥有开展 ANTEPRIMA 企划以及在亚洲地区进行品牌商品销售与物流子公司的控股公司
		杉杉集团有限公司（中国）	30.0	拥有经营纺织事业、电子零件等企业的控股公司

图 3-30 伊藤忠纺织在华主要机构与业务伙伴

伊藤忠与杉杉集团的合作一度是中国纺织服装行业的热门新闻。杉杉与伊藤忠的品牌合作起源于 20 世纪 90 年代。从面料贸易到品牌合作，杉杉通过伊藤忠引进了玛珂·爱萨尼（Marco Azzali）、乐卡克、Dunhill 等 11 个国际品牌。不过，双方在当时的合作并不紧密，伊藤忠只相当于一个品牌中介，且在杉杉、国际品牌方及伊藤忠为引进国际服装品牌而筹建的合资公司中只占较小的持股比例。从 2007 年年底开始，双方就全面合作开始接触，高层开始频繁往来。经过近 1 年的谈判，双方最终达成了合资经营、全面合作的协议。2009年2月16日，伊藤忠与杉杉集团在浙江宁波签署全面战略合作协议。杉杉投资控股有限公司将其杉杉集团25%的股份转让给伊藤忠，3%的股份转让给伊藤忠（中国）有限公司，这样伊藤忠便持有杉杉集团28%的股份。

作为亚洲最大的品牌代理商之一，伊藤忠手中掌握着大量国际品牌的特许经营权或独家代理权，旗下代理国际品牌高达130多个，很多还都是中国消费者耳熟能详的知名品牌。这些对于力求实现多品牌发展战略的杉杉显然有着极大的吸引力。对杉杉而言，这一次合资合作，目的就是借助伊藤忠在人才、规模、产业、技术、管理、国际化等方面的领先优势，把杉杉放到国际化大企业的熔炉里面，学习其规范的管理体系、系统的人才培养机制、技术研发能力以及开拓国际市场的丰富经验。而对伊藤忠而言，充满活力的中国市场以及杉杉集团在中国纺织服装界的雄厚实力，也是其下定决心与杉杉合作的关键。

五、品牌的庄家

商社是日本商业社会发展的特殊结晶，是在社会政治经济环境、政府政策指引等多方面因素的共同影响下所产生的。其他国家往往很难出现或达到日本商社的发展高度。伊藤忠作为日本商社的优秀代表，具有雄厚的企业资产、广泛的业务领域、庞大的营销网络、众多的授权品牌，为人所艳羡。但是，更值得我们学习的，是其作为品牌的庄家，在管理运营上的独到之处。

1. 稳扎稳打、步步为营

从面料的经营，到进口大品牌，到大型的特许授权经营，再到进入超市量贩，继而进入投资品牌阶段，购得品牌的股份和商标权，在一定范围内长期自主专营……伊藤忠把授权代理作为一种产业来发展，而在掌控品牌的道路上，伊藤忠体现出明显的日本特色——稳扎稳打，由浅入深，逐步渗透。伊藤忠这种做法虽然显得过于稳妥缓慢，似乎不那么过瘾，但是与有些中国企业在收购国际品牌时的"蛇吞象"相比，则安全得多。

2. 多品牌、国际化

通过授权代理等方式，伊藤忠拥有 130 多个不同档次与风格的国际服装品牌，也正是这些品牌保证了伊藤忠源源不断的销售利润。品牌市场在变化，潮流在更新，在不同的时代和文化背景下，消费者对于品牌有着不同的选择。从高到低、从奢侈到休闲，伊藤忠绝不固守一类，而是给出了足够多的选项，多品牌、国际化，满足了不同的消费需求。

3. 资源整合重组

伊藤忠的品牌经营战略绝不是简单的拿来主义，而是根据市场情况、潮流趋势以及消费者习惯，在保留品牌固有价值的同时，将品牌进行"变脸"整合，重组包装再出炉，从而更加适合市场需求。无论是在目标市场设立投资公司，还是参股、控股或并购当地代理商，伊藤忠总能找到办法整合各类经营资源。而那些不成熟的企业，则往往在一掷千金的直接收购之后，把品牌原封不动地推向不同市场，不擅长将各种资源进行整合重组，不从长远规划对品牌进行培养和扶持，从而很难获取长期化和最大化的品牌效益。

第九节 百丽，从资本市场走出的鞋业巨人

当你走进商场想要选购一双鞋子的时候，面对琳琅满目的商品与品牌，或许你会有一丝欣喜或迷茫。往往商城一层总会有半壁江山被各式鞋款占据，而当你在其中流连忘返、货比三家的时候，可曾想到，大部分品牌居然来自同一家公司。这样做生意岂不是包赚不赔？这家令人艳羡的公司，便是我们要讲述的百丽集团。

一、百丽的奇迹

百丽的前身为丽华鞋业有限公司，1981 年由当时知名的鞋款设计师邓耀在香港创立，从事鞋类产品的贸易。而百丽的真正崛起，则是在 1991 年开始内地投资之时。1991 年 10 月，丽华成立中外合资企业深圳百

丽鞋业有限公司，从事来单加工以及鞋类制造业务。随着改革开放之后的国内市场消费需求逐步增长，邓耀已不满足加工贸易的生存状态，很快百丽便进入国内批发市场。1993年，内地第一家百丽零售店在深圳开业。由此，百丽开始了一个鞋业零售王国的建立。

1995年，百丽开始建立品牌零售网络。但当时内地零售业对外资及港、澳、台地区的资本仅有限开放，百丽很难达到在内地开展零售业务的进入门槛。邓耀与现任百丽CEO盛百椒想到了一个巧妙的变通办法：选择有共同经营理念的个体经销商成为当地的独家零售代理，专一销售品牌商旗下系列产品。1997年，百丽和16家个体分销商签订了独家分销协议。实际上，这些个体分销商是邓耀为了绕开政策限制而做出的安排，由邓氏家族成员及总经理盛百椒的家族成员等关联方实际控制，而这样的精心设计则为百丽内地零售网点的布局赢得了时间和空间。截至2002年7月，这些个体分销商已发展零售网点600余个。之后，16家个体分销商合并成深圳百丽投资。而等到内地零售业全面放开的2004年年底，百丽在内地实际控制的零售网点已达到1681家。通过"16家个体分销商"的设置，百丽赢得了长达7年的宝贵时间和巨大的市场空间。

2004年，百丽在开曼群岛注册了离岸公司——百丽国际控股有限公司，总部设在深圳。此后，百丽在内地的零售资产开始逐步转移至百丽国际。在2004年年底前后，深圳百丽投资旗下的1681家零售店通过"改签租约"的方式全部转移至离岸公司百丽国际旗下，而百丽投资旗下包括可折旧店铺装修、办公室设备、汽车及无形资产等则以人民币6120万元的价格出售给百丽国际。通过这种化整为零的方式，离岸公司百丽国际实现了对深圳百丽投资旗下鞋业零售资产的收购。

2005年8月百丽国际终止了与百丽投资的独家分销协议，并在当月24日开始重组。2005年9月12日，摩根士丹利旗下的两家基金公司MsShoes Limited、MsShoesll Limited以及鼎晖投资旗下CDHRetail Limited等财务投资者以约2366.4万港元认购了百丽国际部分新股。在同一天，以百丽国际个体分销商以及主要管理人员为实际权益持有人的3家BVI公司（英属维尔京群岛离岸公司）Handy、Essen、Profit Leader分别以7743

万港元、7688万港元及29356万港元的代价认购了公司部分新股。在这次重组完成之后，有了充足资金的百丽国际便开始了它的迅猛扩展。截至2006年年底的短短几个月内，百丽国际在内地新增零售店1419多家，总数达到3828家。相比之下，百丽之前年均170多家的店铺增长数是如此微不足道。

规模壮大后的百丽也有了更大的野心。2007年5月23日，百丽国际以中国内地女鞋龙头企业的身份在香港港交所挂牌上市（图3-31）。上市当天募集资金近100亿元人民币，股票市值达到了800亿元人民币，远远超过了国内家电零售龙头国美360亿的市值，一举成为港交所的内地零售市值王。招股过程中，百丽国际公开发售部分获得了近500倍的认购金额，冻结资金高达4380亿港元，打破了工商银行2006年创下的冻结资金4156亿港元的纪录。不到20年时间，从代工的一个小工厂发展为中国女鞋行业绝对的领头羊，这不能不说是个奇迹。

图3-31　百丽庆祝成功上市（中为集团主席邓耀、左一为总经理盛百椒）

二、并购之路

除了店铺数量的不断扩张之外，借力于资本市场的百丽也有了进一步壮大自己品牌库的实力。百丽近乎疯狂的并购之路由此开始。

2007年8月，百丽上市后不久，便以约4900万美元购入意大利运动品牌FILA在中国的品牌经营权，欲将其打造成下一个Kappa。通过此次收购，百丽拥有并管理香港、澳门和内地的FILA中国商标，更重要的是开始了国际化品牌运作的尝试。

仅仅两个月之后，百丽耗资6亿港元收购奥斯企业（香港）有限公司和奥斯国际（香港）有限公司，将奥斯集团旗下品牌妙丽（Millie's）及该品牌在内地及港澳地区拥有的150家连锁店收入囊中。此次并购，是百丽国际在香港上市以后的首次处女收购秀，高端品牌妙丽的强势入驻，不仅使得百丽国际在高端女鞋市场站稳了脚跟，同时也使得百丽的连锁店数量一跃超过了4000家，为以后称霸鞋类市场奠定了坚实的基础。

之后又仅仅过了一个月，2007年11月，百丽国际全资子公司——新百丽与江苏森达签订重组协议，新百丽以大约16亿元人民币收购森达全资控股的5家公司（江苏森达鞋业有限公司、秭归永旭鞋业有限公司、江苏森达集团三峡鞋业有限公司、上海百思图鞋业有限公司、上海玺威登国际贸易有限公司），森达集团旗下森达、百思图、好人缘等鞋类品牌的商标和知识产权均转让给新百丽。与此同时，为了扩大生产能力，百丽以5.63亿元人民币收购江苏森达旗下男女鞋品原设备制造商上海永旭鞋业有限公司。专注做女鞋的百丽将男鞋巨头揽入怀中，在中国鞋业市场上投下一颗重磅炸弹。

2008年5月，百丽再次出击，以16亿港元成功收购美丽宝（Mirabell）公司。美丽宝于1996年在香港联交所上市，主要从事鞋品零售、批发和生产。旗下品牌包括美丽宝（Mirabell）、真美诗（Joy & Peace）、芙蓉天使（Fiorucci）、意乐（Innet）等，悉数被百丽收入囊中。此次收购，让百丽在内地和香港增加数百个零售点，进一步巩固了其在鞋业市场上的霸主地位。

除男鞋、女鞋之外，百丽的另外一个业务重点是运动服饰。在2007年就曾引入FILA进行尝试，无奈国际化品牌运作经验的缺失导致品牌出现严重的水土不服，最终在2009年以3.32亿元将其卖给了国内运动品牌安踏。尽管经历了失败，痛定思痛的百丽在运动服饰的道路上却越挫越勇。2011年，百丽国际收购深圳市体育用品公司领跑体育，后者是华南地区最大的运动品牌代理企业，旗下拥有耐克、阿迪达斯、锐步、卡帕、彪马等9大系列产品，经营区域更覆盖广东、广西、贵州、海南、福建5省区35个市，拥有各类店铺近800家，极大地弥补了百丽在华南较薄弱的渠道体系。紧接着，在2012年3月，百丽又出资8.8亿元，收购拥有600家门店的运动服饰经销商Big Step Limited，该公司在多个省市的部分城市销售及经销Nike和Adidas产品，具有极强的资源优势。这次收购也进一步壮大了百丽的市场渠道。

2013年，做鞋起家的百丽有了更大的野心——进军服装市场。百丽以7.33亿港元收购日本服装零售商巴罗克（Baroque Japan）31.96%的股权，而百丽的股东之一鼎晖投资也同时收购了巴罗克23%的股权。巴罗克主要在亚洲从事服装及配饰的零售业务，是Moussy、Sly、Rodeo Crowns、Shelter、Black和Rienda等日本服装品牌的母公司，2012年收入598亿日元，拥有门店350多家。其中，已经进驻中国内地的旗下品牌包括Moussy、Moussy副线Azul by Moussy和Sly，这三个品牌在中国建立了22家门店，香港则设有Moussy、Azul by Moussy、Sly和SHEL'TTER四个品牌9家独立门店。收购巴罗克将有助百丽实现进军中国服装和配饰市场的长期目标，并且还能利用巴罗克拓展其鞋履品牌在日本的发展。

三、森达并购案

在百丽疯狂并购、极速扩张的众多收购案中，对于森达的并购无疑是其发展历史上极为重要的一笔。

2007年5月，百丽成功登陆香港股市，并以高达800亿元人民币的总市值一举成为当时港交所市值最大的内地零售类上市公司。在其招股说明书上，百丽就表明上市所募集资金中的27%～31%将用于各项扩张计划，包括收购公司或与策略伙伴结成联盟。同时百丽也为自己定下了三个发展方向，一是往中高端品牌发展，二是打造休闲运动系列产品，三是往男鞋类发展。在股票市场上得到大量投资的百丽，正属于揣着钱没处花的地步，而森达无疑是一块大肥肉，送到了百丽的面前。

在百丽之前，多年以来，中国鞋业江湖中素有"南康奈、北森达"之称，两者在国内市场曾争夺头把交椅，森达的江湖地位可见一斑。对于大多数人来说，森达这个品牌就是优质皮鞋的代名词。早在1993年，森达就已经成为全球最大的单个皮鞋生产企业，并拥有多个驰名商标，产销量连续12年位居全国同行第一，并被国家技术监督局、中国质量检验协会、全国制鞋标准化中心评为"中国第一鞋王"。那么百丽又是如何吞下这个昔日巨头的呢？

森达初露败绩始于2002年。那一年森达花巨资修建了上海永旭出口制造基地，该基地拥有12条国外引进的全套制鞋生产线，被称为国内现代化程度最高的制鞋工厂，仅一期工程的投资就花了4亿元人民币。但是这一激进的行动并没有带来好的效果。作为一个劳动密集型产业，制鞋业对劳动力成本要求更高，而非供货时间与物流，将基地建在上海没有任何优势，相反还占用了大量资金，导致集团资金链紧张，让森达的日后发展陷入了艰难境地。另一方面，森达逐渐调整自己的业务重心，开始朝着多元化方向发展。先是整合北京鼎天软件公司进军信息产业，紧接着在建湖、滨海、响水投资兴建热电厂，随后触角更是伸向纺织、化工、生物、模具等诸多领域。如此众多的业务范畴并没有马上带来盈利，反而进一步摊薄了森达在制鞋上的资金投入。这一切，都给了百丽可乘之机。

2007年11月，百丽国际控股有限公司宣布以16亿元人民币的价格收购被誉为"中国男鞋第一品牌"的森达集团鞋业务，收购涉及森达旗下的5家公司。此次收购的规模创造了中国鞋业领域的资产并购纪录，也意味着百丽正式进入男鞋领域。森达旗下自有品牌森达、好人缘、梵诗蒂娜、法雷诺、百思图皆归入百丽门下。同时，森达的所有销售渠道和净资产也都归百丽所有。

通过这次并购，森达所拥有的先进的生产设施和资产对百丽的产能提升带来极大帮助，同时森达的男鞋销售渠道与百丽原本就具有绝对优势的女鞋市场形成互补，百丽完成了对鞋类市场的布局，在消费市场的覆盖率也得到有效提升。更重要的是，在这次并购中，百丽对于中国鞋业市场的雄心开始彰显，它要成为中国鞋业具有绝对领先地位的霸主。中国制鞋业由此进入了一个新的时代。

四、百丽的多品牌战略

借助资本市场的一系列运作，百丽集团除拥有百丽品牌外，其旗下自有品牌和代理品牌多达十几个。百丽集团通过自营和代理等多种方式打造了一个多元化品牌产品体系，也构建了一套多元品牌战略体系。

目前百丽集团业务由两大部分组成——鞋类业务及运动/服饰业务。鞋类业务的自有品牌有百丽、思加图、真美诗(Joy & Peace)、妙丽(Millie's)、JipiJiapa、美丽宝（ Mirabell ）、他她（ Tata ）、天美意、森达、百思图、SKAP、15mins 等。运动/服饰业务则以代理经销为主，包括运动品牌Nike、Adidas、PUMA、Converse、Mizuno 及服饰品牌 MOUSSY、SLY。据国家统计局中国行业企业信息中心统计，2013 年度以销售额计，国内女皮鞋市场排名前 10 名中，百丽集团就占了 6 席，多品牌战略让百丽拥有了称霸鞋业市场的资本。

百丽所采用的多品牌战略中，各品牌独立发展，品牌之间不具关联性。通过对用户群体的精细化分，进行独立的品牌定位和营销。如百丽主要定位于风格成熟的 25～40 岁女性，产品价位大多在 500～800 元；而定位于中高端的思加图，其产品价格大都在 800～1000 元，更加强调产品的材质、工艺和优良的设计感。尽管不同品牌市场覆盖上或多或少会有重复，不过从另一个角度思考，丰富的品牌库也压缩了竞争对手进入市场的空间。

通过多品牌战略，百丽为自身创造了更加广泛的客户群体，也进一步扩大了自身产品的市场空间，为公司获得持续稳定的收益打下了基础。另外，多元化的品牌战略，也就使各品牌之间通过差异化策略和协同策略，获得宏观的产品销售协同促进效应，如借助品牌名称、商标以及广告语进行市场交流与推广。与此同时，独立的多元品牌战略还最大程度地降低了因某一子品牌的经营不善或其他问题而影响到集团其他品牌的风险。

最重要的一个方面，独立的多元化品牌战略使得百丽集团可以构建强势终端，这在与大百货店的合作中发挥了重要作用。众多的自营和代理品牌所形成的规模效应，让百丽在与渠道商的谈判中占据强势地位，能争取到更多的优惠政策，等于在商品销售的起跑线上就领先了竞争对手一步。现在国内主要城市的大型百货商场内，都可以看到百丽旗下各品牌的身影。消费者在选购的时候认为是不同企业生产的不同品牌，而实际上这些专柜的背后都是百丽集团。正所谓"东边不亮西边亮"，最终钱还是落入了百丽集团的口袋中。

学会了借助资本的力量去收购同行企业，获取对方成熟的、成规模的零售网络，然后整合变成自己的一部分。通过这样不断地整合与兼并，百丽集团最终完成了全国市场网络布局，从散点市场、块状市场，过渡到了全国性网络市场，并充分发挥了规模效益和品牌影响力。百丽能够成功，是资本商场向传统行业进军所发出的最有力的挑战。

本章总结

时尚行业是一个美丽的行业。光鲜亮丽的表面是经典与优雅的代名词，传奇与不朽的背后则是资本涌动的温床。历经百年风雨，品牌依旧散发着旧日的风采，是品牌故事、品牌精神的传承，更是资本的链条在带动着品牌不断前进。

回顾本章的品牌案例，无一不是把品牌作为资产在运营。如同商品一样，品牌也可以买进与卖出，只不过这样的买卖需要精明的眼光、恰当的时机、灵活的管理，还有最合适的人。用最通俗的话来说，就是"正确的人，在正确的时候出现在了正确的地方，买入了最正确的品牌"。品牌的并购可以带来产品线的丰富、技术的进步、渠道的拓展、供应链的完善以及市场份额的扩大，在此消彼长的现代商业社会，并购几乎成为一种最为快捷的手段，去壮大自己，去打击对手。但是并购也并不是简单的买进卖出，每一个伟大品牌都有一套适合自己的运作手法和管理手段。无论是"金字塔模型"还是"钻石型结构"，适合的才是最好的。正所谓"外行看热闹，内行看门道"，在时尚的世界里还有更多的并购故事，还需要我们更为虚心地去学习研究，去品味琢磨，寻找适合自己的那一条"捷径"。

第四章
并购整合：时尚品牌快速成长之路

引　子

　　不同时代，品牌出生的概率不同。如今，2000万元人民币也难以打造出类似玛斯菲尔或哥弟水平的品牌，因为市场已大不同于十几年前。随着时代的发展，创造品牌的机会越来越少，品牌逐渐成为稀有资源。

　　既然创造品牌难度越来越大，为缩短并提高投资的成功率，最简单易行的方法就是并购。某个品牌可能曾经辉煌过但遇到发展的瓶颈，在资本介入的情况下，生存下来的概率相对于重新打造一个全新品牌更大。

　　纵观LVMH、开云、历峰等集团的并购历程，在此起彼伏的并购整合过程中，传承百年的欧洲家族式企业最终形成三大奢侈品集团鼎足相立的态势，在世界奢侈品份额中占有绝对优势。

　　中国时尚业上市公司分为三种：一种是上市之前就不缺资金，上市可能只是为了获得知名度，融到资金后，并没有做好这笔资金如何使用的清晰规划，外在表现就是钱到手后，却不知怎样花；第二种，迫切需要融资上市，当资金到位后，希望快速扩张和发展，这类企业融资后就会乱花钱，在这个过程中虽然积累了并购的经验，但同时也浪费了大量的金钱；第三种，手上有大量的资金，但是在并购整合资源上花钱却特别谨慎，观望期长，基本不出手。

在未来5年，随着时尚产业、消费市场以及中国资本市场的逐渐成熟，国内时尚行业的并购整合，包括互相之间的并购、国际品牌的并购将会越发频繁，成为企业发展的重要手段之一。

第一节　时尚产业并购在中国

中国时尚产业经历了几个重大发展阶段，从最早上市的雅戈尔、杉杉、鄂尔多斯，到宝姿、七匹狼、森马、美特斯·邦威、朗姿、歌力思，再到玛丝菲尔、欧时力、例外、江南布衣等，一些面向"80后"、"90后"年轻时尚、有设计风格的品牌正逐渐成为年轻一代消费者追捧的主流品牌。在这个过程中，从20世纪80年代的高速发展、90年代的稳步发展，到2012年至今的缓慢增长，时尚企业面临困境的同时，也在积极探寻更好的出路。当请广告代言人、对品牌VI形象包装、发展代理商在终端不断扩充店铺数量等传统的增长手段在今天这个复杂的市场环境下变得日益无效时，并购整合开始进入中国时尚行业的视野。

相关案例：

中高端女装"宝姿"出售部分股权

无时尚中文网2015年6月1日报道：香港服饰零售集团宝姿时装有限公司（Ports Design Limited）今日盘前发布公告（0589.HK），宣布签署框架协议，以6亿元人民币价格出售旗下时装和服饰业务20%股权，接手的为中国大陆私募基金东方富海。

该次交易卖方为宝姿（Ports）全资附属子公司Ports Asia Holdings Limited（简称Ports BVI），交易标的同样为宝姿（Ports）全资附属子公司 Ports Asia Holdings（Hong Kong）Limited（简称 Ports HK），买方则为深圳市东方富海投资管理有限公司（简称东方富海）。根据协议，Ports BVI 先向东方富海出售 6% 的 Ports HK 股权，售价 1.8 亿元，待东方富海完成尽职调查再以 4.2 亿元出售 16% 的 Ports HK 股权。

据宝姿（Ports）公告称，20% 的 Ports HK 股权账面净值约为 1.114 亿元，而出售金额为 6 亿元，即交易将为 Ports 宝姿带来 4.886 亿元的盈利。

一、试水资本运作

（一）上市：企业成长的资金保障

自改革开放 30 年，中国时尚产业还处在一个原始积累过程，包括人才、资金、技术等，2000～2014 年是中国时尚产业高速发展期，90% 的时尚产业上市主要集中在这个阶段。这些企业基本完成了从产品经营到资本运作的初级阶段，品牌建设在此阶段得到重要的发展。

据不完全统计，截至 2014 年 12 月 31 日，中国纺织服装企业在全球主要证券市场上市的企业已达 292 家。其中，在上海证券交易所、深圳证券交易所（含主板、中小板、创业板）、北京全国中小企业股份转让系统（新三板）上市或挂牌的、2014 年主营业务仍为纺织服装的企业数为 139 家；在香港联交所上市的纺织服装企业 103 家（其中联交所主板上市 99 家，创业板上市 4 家）；在大陆、香港之外的全球其他主要证券市场上市的我国纺织服装企业大约 50 家（其中 2014 年新增在德国法兰克福上市的两家服装企业：菲克体育和雪鸟实业）。

与美国服装上市公司相比，我国服装上市公司的总体规模偏小，市场集中度总体偏低。按照 2014 年中国时尚行业总额 18000 亿元人民币计算，目前，我国服装行业营业收入排名前五的企业市场份额总和约为 650 亿元人民币，如表 4-1 所示，仅占市场总额的 3.6% 左右；而美国行业排名前三的 Nike、Wrangler 以及 Polo 收入总和达 2618 亿元人民币，三家公司的市场份额达到 8.7%。其中最大的服装上市公司 Nike，其年收入达 1621 亿元人民币，相当于国内 A 股前 36 家上市公司收入的总和。

表4-1 2014年中国服装行业上市公司主营业务排名

排名	公司名称	股票代码	营业收入（亿元人民币）
1	际华集团	601718.SH	267.1797
2	雅戈尔	600177.SH	151.6688
3	美特斯·邦威服饰	002269.SZ	78.8962
4	森马服饰	002563.SZ	72.9372
5	鲁泰纺织	000726.SZ	64.7825
	合计		635.4644

就数量上看，292家上市公司与纺织服装企业总数量比较而言，证券化率较低，远远低于美国的56%。A股纺织服装服饰业总流通市值1985.24亿元，见表4-2所示。

表4-2 2014年中国A股上市公司总流通市值排名（部分）

序号	行业名称	股票数量	总流通市值（亿元）	占比
29	道路运输业	33	2449.64	0.8%
30	橡胶和塑料制造业	54	2441.91	0.8%
31	电信、广播电视和卫星	11	2361.54	0.8%
32	金属制品业	42	2179.75	0.7%
33	互联网和相关服务	15	2134.59	0.7%
34	新闻和出版业	15	2029.16	0.7%
35	纺织服装、服饰业	32	1985.24	0.7%
36	化学纤维制造业	24	1867.26	0.6%
37	纺织业	45	1697.85	0.6%
38	公共设施管理业	19	1682.91	0.6%
39	水的生产和供应业	14	1637.55	0.5%
40	综合	23	1598.62	0.5%
41	造纸和纸制品业	28	1306.44	0.4%
42	农业	13	1217.97	0.4%

尽管纺织服装行业上市公司数量的多少并不代表行业水平的高低，但对于扩大整个服装行业规模优势，提高品牌竞争力而言，是非常关键的一

个因素。

相对欧美国家同行,中国服装企业普遍发展时间比较短。上市获取低成本的资本,对于行业来说非常利于企业持续发展。然而,目前服装企业上市后,业绩"变脸"比较多,说明上市公司的质量良莠不齐,上市融资没有用于主营业务的情况较多。从另一角度看,纺织服装企业本身并不看好服装产业的长期发展,这也是阻碍服装产业持续深度发展的重要因素。

服装企业的品牌建设,是一个需要专注、持续投入的长期过程。上市,仅仅是解决了品牌发展最基本的条件——资金。

（二）并购背景：企业发展必经之路

在纺织服装业的发展过程中,并购已成为公司扩张发展的一种战略。许多发达国家的大型纺织服装企业通过运用并购重组等方式逐步做大做强。随着科学技术的发展和全球经济一体化步伐加剧,我国纺织服装企业仅依靠传统的运营方法和思维方式会使企业的活力逐渐降低,被市场和消费者淘汰的风险不断加大。

伴随着国内消费水平提高,消费品市场需求快速发展,越来越多的国外品牌想抢占中国的市场,如快时尚品牌优衣库、ZARA、C&A、H&M,中高端品牌 Lee,高端奢侈品牌 Louis Vuitton、Chanel、GUCCI 等,我国纺织服装企业将面临巨大挑战。

在此背景下,并购特别是海外并购,是大型纺织服装企业或有资本实力的企业可选择的一条捷径。欧洲、日本等国家经济不景气,导致一些国际知名纺织服装企业发展遇到瓶颈。但这些海外企业拥有国际知名品牌、成熟的市场渠道、先进的核心技术；而国内企业拥有丰富的劳动力、雄厚的资金、先进的生产设备。通过并购,不仅能利用国际品牌的影响力和销售渠道扩大销售市场,同时还能缓解国内企业产能过剩、转型升级的问题。

（三）并购历程：充满艰辛

2014年第一季度,纺织服装行业的并购事件达11例,并购金额达到2.23亿美元,超过2013年全年规模。纺织服装行业作为一个基础行业,具有一定的稳定性。金融危机后，它的稳定回报再次吸引了投资界的注意，并购规模曾在2011年出现大幅度增长。2013年以来，服装行业库存高企，使得许多服装行业陷入困局，纷纷通过调整经营策略进行转型升级，其中借力资本市场也成为一种重要手段，这也促使2014年纺织服装行业并购案件呈爆发式增长。

据前瞻产业研究院发布的《2014～2018年中国服装行业产销需求与发展前景预测分析报告》显示，2001～2009年，纺织服装行业的并购比较冷清，并购件数平均每年为1件，9年间的并购总金额为8.5亿元。2010年上升为8件，随后呈加速上升的趋势，2014年第一季度，纺织服装行业的并购案例数就达11件，如图4-1所示，显示出纺织服装行业得到了投资者的青睐。

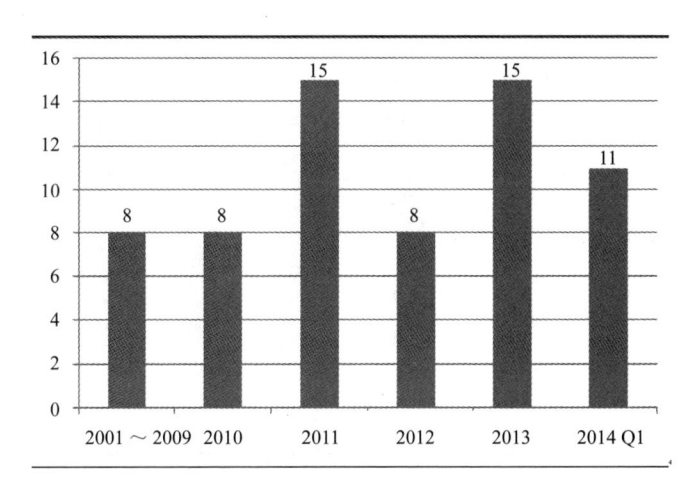

图4-1　2001～2014年第一季度中国纺织服装行业并购案件数（单位：件）

从并购总金额上看，2010年开始，纺织服装行业并购总金额逐步攀升，从2010年的389万美元，逐步增加到2013年的1.76亿美元，至2014年第一季度，纺织服装行业的并购金额达到2.23亿美元，如图4-2所示。

从平均并购金额来看，中国纺织服装行业的平均并购金额并不大，如图4-3所示。2010年为614.83万美元，2011年爆发式增长至2153.07万美元，此后连续下降；但在2014年第一季度，纺织服装行业的平均并购金额又迅速回升至2481.67万美元。

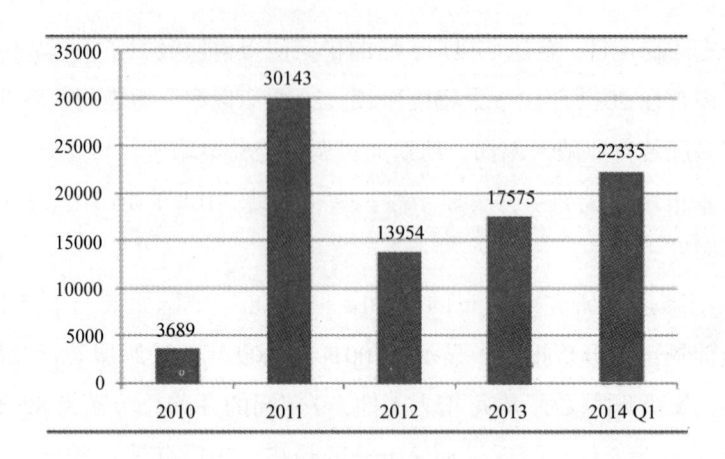

图 4-2　2010～2014年第一季度中国纺织服装行业并购总金额（单位：万美元）

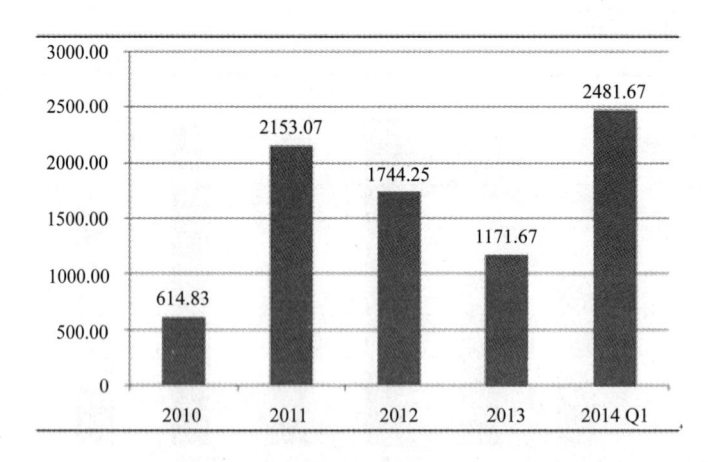

图 4-3　2010～2014年第一季度中国纺织服装行业平均并购金额（单位：万美元）

从 2010～2014 年第一季度显示的数据与发展趋势来看，纺织服装行业的并购将继续保持活跃状态。在并购数量方面，由于各大纺织服装品牌为了扩大市场份额，正在积极进行战略布局或者转型升级，估计未来两年仍将是一个并购的高潮期。在并购金额方面，将继续保持平均投资额在 1 亿～2 亿元的特征，年并购金额在 10 亿～40 亿元。这是由行业的性质所决定，纺织服装行业除一些服装品牌公司外，大多属于劳动密集型企业。

纵观十年并购进程，时尚行业并购呈上升趋势，但并购波动在不同年份起伏较大，在 2010 前的并购较少，近 5 年较多，而且偏重品牌资产和股权收购，收购的品牌全部都是国外的三线品牌，没有奢侈品品牌和国际知名二线品牌的收购事件发生，如表4-3所示，主要原因还在于资金规模和并购后驾驭能力明显不够。

表4-3 2002～2015年国内部分纺织服装业并购案

并购方	被并购方	收购内容	并购金额	并购完成时间
拉夏贝尔	七格格	54.05%的股份	2亿元人民币	2015年2月
轻纺集团	美泰服装	100%股权	3520万元人民币	2015年1月
轻纺集团	奥德索制衣	100%股权	546万元人民币	2015年1月
嘉麟杰	MTM	24.36%股权	2793万美元	2014年10月
朗姿集团	韩国婴幼儿服装品牌AGABANG	Agabang&Company 15.3股权	1.8亿元人民币	2014年9月
搜于特	慕紫服装	19.79%股权	396万元人民币	2014年8月
搜于特	伊烁服饰	95%股权	5700万元人民币	2014年8月
百圆裤业	环球易购	100%股权	10.32亿元人民币	2014年7月
千百度	United Nude International	25%股权	430万美元	2014年4月
玛斯菲尔	Krizia	100%股权	2500万欧元	2014年4月
南京新百	英国百货House of Fraser	89%股权	4.3亿英镑	2014年4月
波司登	Greenwoods	96%股权	4000万元人民币	2013月10月
复星国际	Caruso	Caruso 35%股权	未披露	2013年9月
百丽国际	日本Baroque	31.96%股权	90亿日元	2013年8月
复星国际	St. John	成为其第二大股东	5500万美元	2013年4月
潮宏基实业	菲安妮皮具	36.89%股权	5.2亿港币	2012年11月
迪尚集团	韩国AVISTA	36.90%股权	132亿韩元	2012年11月
星期六鞋业	海普制鞋	80%股权	2.6亿元人民币	2012年6月
百丽	Big Step Limited	100%股权	8.8亿元人民币	2012年3月
利丰集团	法国针织Sonia Rykiel	80%股权	未披露	2012年2月
报喜鸟	融苑时装	49%股权	1338万元人民币	2012年1月
三毛	寅丰服装	50%股权	1160万元人民币	2012年1月
波司登	杰西服装	70%股权	8.9亿元人民币	2011年10月

续表

并购方	被并购方	收购内容	并购金额	并购完成时间
凯撒股份	集盛服饰	51.22% 股权	5985 万元人民币	2011 年 7 月
复星国际	FolliFollie	9.5% 股权	8458.8 万欧元	2011 年 5 月
香港 I.T 时尚零售集团	Nowhere Group	90.27% 股权	2.3 亿日元	2011 年 5 月
梦洁家纺	德国 SICHOU	GmbH53% 权益	60.42 万美元	2010 年 11 月
山东如意	日本声望	41% 股权	5200 万美元	2010 年
奥康国际	意大利鞋企万利威德	大中华区的永久所有权	1 亿元人民币	2010 年 5 月
中国动向	日本 PHENIX 获得 KAPPA 在日本经营的控制权	91% 股权	490 万美元	2008 年 4 月
雅戈尔	香港新马集团及在美国总部 Kellwood Company 的相关资产	Smart100% 股权和 Xin Ma 100% 股权	1.2 亿美元	2007 年 11 月
百丽国际	意大利 Fila 公司旗下 NIU 品牌及香港子公司	100% 股权	4800 万美元	2007 年 8 月
中国动向	KAPPA	中国大陆和澳门全部权益	3400 万美元	2006 年 5 月
李宁	法国 AIGLE	50% 股权（50 年使用权）	300 万美元	2005 年 6 月
海欣股份	美国 GLENOIT 公司	纺织分部资产	1637 万美元	2002 年 6 月
香港思捷环球控股	美国品牌 ESPRIT	拥有全球 ESPRIT 商标	11.7 亿港币	2002 年

就目前市场表现而言，KAPPA 是品牌收购后运作状况最成功的案例之一。2009 年以前 KAPPA 表现一直良好，从亏损到上市，经历了市场业绩大幅提升的过程。2009 年以后，因为经营策略和体育市场萎缩，导致业绩下滑严重。复星参股 Folli Follie 饰品品牌表现不错，其他几十个并购品牌因为时间比较短暂或是因经营等问题，还没有很好的市场业绩呈现。

从国内纺织服装企业海外并购情况看，海外并购是解决我国纺织服装业发展瓶颈的有效途径之一。通过并购交易，可将稀缺的品牌资源、先进的管理理念、完善的国际渠道等，流向具有雄厚资金实力和品牌经营推广能力的国内纺织服装行业领先企业，结合本土企业的劳动力和设备厂房等优势，强强联合，重新将品牌推向全球市场取得成功的机会尚存。

二、时尚业并购风起云涌

随着新兴经济体的迅速发展，全球跨境并购市场近年来呈现新的动态：新兴市场企业对成熟市场的投资规模超过了反向投资。在这一并购热潮中，中国自2009年以来已占据五大新兴市场中的领先地位，2012年中国企业的占比更是达到历史新高。

自21世纪开始，中国服装企业并购事件频繁发生，如曾经沸沸扬扬的山东如意对日本服饰品牌瑞纳收购案、李宁收购Lotto大中华区经营权以及Kappa收购日本的Phenix等，都曾引起国内舆论界对收购国外服装品牌的热议。赞成与反对者各持己见，悲观与乐观态度鲜明。其实，并购案例的频繁出现，是国内时尚企业尝试资本运作的开始。

（一）森马服饰：并购整合代理，快速打造多品牌时尚集团

1. 实施多品牌经营战略

计划用19.8亿～22.6亿元收购宁波中哲慕尚主力品牌GXG 71%控股权，森马拟通过这宗大收购进军中高端男装市场，在开拓中高端品牌业务、布局男装多品牌经营战略方面迈出实质性步伐。

尽管这次并购以失败告终，但森马已意识到，如果想要在中国时尚产业占有重要的一席之地，首先考虑的问题不是重新命名一个品牌、建一个团队，从零开始打造并进入一个新的市场。因为目前的市场与社会环境与当年创建巴拉巴拉时大不相同，森马打造巴拉巴拉的成功主要基于当时的环境和市场需求空间、进入的成本等条件的成熟。时至今日，尽管手握雄厚的上市资金，重新从零开始打造一个全新品牌，不仅耗费时日，新品牌生存发展的机会也是前途未卜。

中国未来的市场会像美国和欧洲。在欧美国家，老品牌会被卖来卖去，不断变换东家。原因在于品牌资源变得稀有，打造一个新品牌的投入代价

太大，于是很多企业会选择通过并购，使原有品牌复活，通过资源整合，形成强大的品牌竞争力。

2. 布局中高端细分童装市场

与美丽阁中国区子公司合作，成为意大利中高端童装品牌 Sarabanda 和 Minibanda 的中国区代理商，森马开启布局中高端细分童装市场的战略（图 4-4）。

图 4-4 森马、巴拉巴拉并购 Sarabanda

森马原有童装品牌巴拉巴拉是中国童装市场占有率最大的品牌，创造了几十亿元的销售规模。随后是安奈尔、小猪班纳、派克兰帝、拉比等品牌，而这些品牌大多是几亿元至十亿元人民币之间的销售规模。

森马之所以选择与国际中高端童装品牌合作，是因为中低端市场是本土童装品牌的强项，包括森马的巴拉巴拉。但随着中国富裕人群数量的增多，童装消费高端化的趋向较为明显，国际高端品牌迪奥、芬迪、阿玛尼童装等陆续进入中国市场。随着收入水平的变化，不同消费群体间形成清晰的层级市场，从奢侈品到高端、中高端、中端，再到低端市场，消费越来越细化。森马看到这个机会，通过并购、整合、代理等途径，形成童装领域立体化的战略布局。如果能够达到这个目标，可以看出这是一个很有远见的公司。

当初，通过捆绑巴拉巴拉，森马成功上市。近年来，尽管主品牌森马的销售业绩随休闲装市场的萎缩而下降，但巴拉巴拉的增长让市场看到一个亮丽点，使森马集团的销售整体表现良好。

相比之下，其他休闲装品牌，因集团内多品牌相似度较高，在面对ZARA、H&M、GAP等欧美国家快时尚品牌的竞争时，市场表现不佳，财务出现困难。

从森马上市及购买Sarabanda和Minibanda中国区代理权的案例可以得出，企业无论上市还是并购，一是要关注集团产业的资产类别组合，这对于未来市场的成长非常重要；二是一个公司做多少个品牌并不重要，关键是公司的战略组合与市场的需求、公司的成长空间是否具有良好的匹配性。

3. 进军高端运动休闲装领域

与德国高端休闲运动企业Marco'polo International Gmbh签署协议，成为Marco'polo在中国地区的总代理，森马开始进军国内高端运动休闲装领域。

虽然Marco'polo在中国地区的市场表现还未显现，但在中高端休闲装领域里还是有很多机会的。对于日益庞大的中高层消费人群，特别是男性，需要与其地位相匹配的商务休闲装及中高端休闲装，如设计感强、品质良好、有独特个性的产品。而现阶段，中国市场较为缺乏此类品牌，大多数中国本土休闲装品牌处于中低端市场，包括森马主品牌本身。

因此，中国男士休闲装市场未来仍具有较大潜力。森马看到这个市场机会，通过并购整合国际资源迅速完成布局，而不是从零开始靠一己之力去完成，这就是现代与传统经营思维的区别。

（二）体育用品企业并购潮

1. 361°：拓展户外装市场

361°与北欧户外运动商品公司Oneway成立合资企业，在中华地区设计、生产、分销以及推广Oneway产品。361°投资有限公司出资1200

万元，拥有合资企业70%的股权（图4-5）。

图 4-5 361°并购 Oneway

近年来，户外服装在中国发展良好，2014年几十家服装上市公司中，主营户外服装的探路者是为数不多的财务报表上扬的企业。随着生活条件的改善，人们更加注重健康和休闲，热衷户外探险及旅行。未来，户外服装在中国具有良好的市场潜力。

不过361°拟进入这个市场，与Oneway品牌建立合资公司，期望在中国得到快速发展，路途仍坎坷。目前，中国户外装市场已涌入大量品牌，包括世界知名的户外装品牌哥伦比亚及THE NORTH FACE等，行业竞争处于群雄逐鹿的态势。基于这个市场对专业性与时尚度结合要求较高的状况，户外装成为被看好却并不好走的市场。通过并购整合、重新洗牌的过程，在中国这个市场会留下极具竞争力的强势品牌。

2. 安踏：巩固市场地位

2007年8月，百丽国际以现金4800万美元、110.7万美元收购Fila中国商标NIU及FilaNetherlandB.V.香港零售公司FilaMarketing（HongKong）Limited。2009年8月，安踏体育用品有限公司正式对外宣布已与百丽签订收购协议，安踏全资附属公司原动力收购百丽国际（01880.HK）所持有的FullProspectLimited85%股权，同时还从百丽国际全资附属公司LeadChance手中购买FilaMarketing（HongKong）Limited的全部股权，获得百丽旗下运动品牌Fila的所有权和运营权及相关的营销网络，迈出国际运动品牌收购计划的第一步。

安踏收购FullProspect的代价为3.32亿元人民币。相较于其他品牌收购，安踏斥巨资收购FILA品牌在中国大陆、中国香港及中国澳门的业务，应该更看重的是中国高档体育用品市场的发展潜力,旨在借助所收购品牌FILA原有的国际地位和声誉,不仅带动企业自有品牌的提升,还能给安踏带来新的业务增长点,与主攻大众市场的安踏本土品牌形成优势互补的态势,巩固安踏在中国体育用品行业的地位(图4-6)。

图4-6 安踏并购FILA

作为主营体育用品的国内运动品牌,安踏尽管出道较早,但是要面对除NIKE、Adidas之外的国际顶级品牌和李宁、361°等国内运动品牌的竞争,市场份额不断受到挤压。尽管曾经模仿NIKE、Adidas等国际品牌的宣传模式,高薪聘请国内外体育明星做代言,但收效甚微,其中档品牌的形象依然如故。在此情形下,直接收购国际相关知名品牌,与现有品牌拉开档次分别运营,从战略角度看,不失为企业开拓业务范围、增加利润增长点及走向国际化的一个良好思路。但要因此提升原有品牌的档次和地位,从现阶段看仍存在较大难度。

(三)纺织企业收购服装品牌

2010年7月29日,日本东京,瑞纳(Renown)株式会社办公大楼。一个"口"字形的长桌,两边对坐着山东如意集团和日本瑞纳公司的高管——山东如意集团并购日本瑞纳集团的最终谈判及签字仪式在此举行。

此次如意斥资50亿日元,以定向增发方式取得瑞纳株式会社普通股3333万股,每股增发价格为120日元(1元人民币约为13.22日元),相应交易总额为39.99亿日元。增发完成后持有瑞纳株式会社41.18%的股份,从而成为瑞纳公司第一大股东，这是中国服装企业历史上对日本上市公司最大的一笔投资。

通过此次并购，如意集团能够获得 Renown 公司运营的 D'urban 等知名品牌。Renown 也期望利用如意集团在中国的销售网络，加速在华发展。Renown 公司的经营层将会保持稳定，而如意集团会在由 7 名董事组成的董事会中占有 3 个名额。

这是一个双方都深以为得意的举措：对中国企业而言，这是第一次收购在日本东京交易所主板上市的公司，而且被收购对象是曾长期占据日本服装界头把交椅的品牌公司，中国企业通过并购日本企业，实现向国际化迈出的重要一步。对日本企业而言，瑞纳被收购可解债务缠身的燃眉之困，而失去 41.18% 的控股权，则属无奈之举。

日本瑞纳株式会社是日本历史最悠久的大型综合类服装品牌运营企业之一，公司创建于 1902 年，已有一百多年历史。1965 年在东京证券交易所上市，拥有 35 个男女服装品牌，拥有完善的服装品牌企划、产品设计、门店开拓、运营管理团队和一流的专业人才，在日本拥有 2400 多家涵盖男女高中端正装、休闲装、运动装的百货店、大卖场、超市店等门店。这些资源正是如意实现最新战略所需要的。

在引入如意之前，瑞纳公司一直处在下滑状态。特别是最近几年举步维艰，连续进行股权和品牌转让。2008 年 6 月，公司宣布把男装子公司英国肯迪文（K&C）的全部股票和商标权出售给香港服装公司 Trinity Group。2008 年 9 月，优势伙伴下属的一家投资基金成为 Renown 公司最大股东。但这些都未能阻止 Renown 公司的下滑趋势，已连续 4 年亏损。Renown 公司 2009 财年年报显示，其营业收入同比减少 17.3%，为 1290 亿日元，净亏损 109 亿日元。

而如意集团目前主营业务收入居中国纺织服装行业第 8 位，旗下如意毛纺居中国毛纺织行业效益十佳企业榜首。近年来，如意集团制订了逐步向利润率较高的产品设计研发及零售方面转移的企业战略。而 Renown 公司正符合这一战略实施的要求，多年的洽谈后，如意集团抓住时机完成了这次并购（图 4-7）。

图 4-7 如意并购瑞纳

如意收购瑞纳，在日本引起轰动，瑞纳股价开始飙升，从如意收购时的 120 日元涨了近 4 倍。这是中国企业第一次收购日本的主板上市企业。瑞纳找到了一个定位准确、志向相同并真正关心公司发展方向的股东，这是瑞纳选择如意而没有选择日本或美国金融机构作为投资者的主要原因。

双方合作后，按照新经营计划，如意协助瑞纳进行采购环节的优化，降低采购成本并将持有的欧洲知名品牌与瑞纳合作经营，进一步提高日本市场的销售收入。瑞纳也用长期积累的精益化管理经验和服装工艺技术，协助如意集团进一步提高管理和工艺技术水平，同时创新运营模式，对现有品牌合理取舍，重点突破。

从如意的角度看，在瑞纳身上挖到了宝藏：精准而强大的设计能力，一丝不苟的办事态度，休戚与共的团队精神。如意强大的高档面料生产能力也与瑞纳磨砖接缝般地对接。两者的优势互补，使如意看到了梦寐多年的产业局面——面料带服装、服装提面料，纺织、服装龙头龙尾互动。

三、时尚产业并购交易趋势

中国纺织服装行业和零售业正面临着深度转型，这与中国经济和当前市场结构息息相关。企业要寻找新的发展机会和空间，未来市场和需求将更加个性化、更追求创意，满足消费者需求多元化才能找到一个新的市场机会。中国企业需要在战略上、经营上、发展策略上去改变与适应，在未来市场才有立足和发展的机会。

据投资专业人士预计，2014年之后，全球时尚零售业和服装业的并购市场会逐步活跃。战略和财务投资者、拥有大量资产的个人投资者和主权财富基金之间的竞争将会非常激烈。时尚品牌作为收购对象很有吸引力，在时尚行业中的投资活动有不断增加的趋势。

近年来，全球时尚产业并购交易趋势具有以下特征：

1. **优质标的逐渐减少，估值水平上升**

目前，全世界一线奢侈品牌，如前两年刚刚被并购的LoroPiana、Bvlgai等品牌已被三大奢侈品集团收入囊中，顶级奢侈品牌已寥寥无几。同时，中国企业在这个层面上的并购，近五年里不具备能力、资金和实力。这个机会不属于我们。

国际品牌里的二线品牌，如Cerruti 1881、Trussardi、费雷等，也被一些基金公司收入囊中，并且有些被大的集团公司控股，在欧洲甚至美国市场中也所剩无几。

目前，中国企业能驾驭的品牌，也只有欧洲三线和四线品牌。这些品牌可能在品牌知名度、实力和影响力上不够。但企业在并购过程中，出得起钱、买得起是一回事，是否能够驾驭则是另一回事。在中国这个特殊的市场中，欧洲三线、四线品牌在未来进入中国市场机会尚存，并且中国企业也有能力驾驭这类品牌。

绫致集团旗下的ONLY和Jack&Jones，在欧洲不是一个知名度广泛的品牌，但在中国创造的业绩值得瞩目，目前已是中国最大的休闲装企业。所以，在中国市场，这样的机会对于任何一个企业来说都值得尝试。

2. **更多国际参与者加入跨国战略投资者行列**

除了IT行业和电子商务行业很容易吸引投资商之外，很多做消费品的品牌也受到投资者的追捧和青睐，因为消费品市场的表现没有令他们特别失望。在热衷社交和数字媒体的时代，某一个国家流行的品牌在另一个国家往往也会流行，这使得经营者有比以往更大，也更国际化的机会。

3. 谈判日益激烈，交易构建也越来越有创意

私募者和一些其他投资者正在进入到时尚行业中，价格合理的债务和更复杂的交易结构的驱动，使得时尚行业的并购，包括从化妆品、服装、鞋、包到饰品，在未来几年里还是一个比较有价值的行业。

4. 收购破产品牌资产的机遇与挑战并存

零售企业杠杆将重新提高，投资活动增加。对于零售业和时尚行业，最有价值的是品牌资产。当品牌资产价值存在的时候，它所带来的无形资产的价值很可能远远超过有形资产所带来的价值，未来收购破产品牌也是一个很好的选择。

5. IPO 机会和收益上升，信贷供给充足

美国服装公司大约 67% 左右的企业都是上市公司，而在中国上市公司中，服装行业所占数量比例非常小。一些企业认为不缺钱就不需要上市，但打造一个知名品牌，多半是"用钱堆出来的"。一个好的品牌需要持续不断地投入，从这个品牌被消费者认知，最终引领这个行业，整个过程需要巨大的资金投入。IPO 的上市不是为了套现，不是为了其他目标，而是为了给这个品牌更多的机会，获得更多的成长空间。

6. 大型私募股权投资基金开始参与少数股权投资

以前很多大的投资者对这种小公司的并购和一些小金额的并购不感兴趣，但现在这种状况正在改变。如果一家公司有价值而且你无法买下整个公司，只买公司的一部分业务是有意义的，你可以继续与买方合作，见证它成长到下一阶段。

7. 宏观经济背景下潜在的全球性风险不可忽视

时机和某些固有的风险往往是投资新手在已经很复杂的破产程序中会遇到的问题；资深投资者会对品牌的内在价值有很高的认可度和理解，如品牌的知识产权，品牌授权收入。

8. 以股权激励留住关键人才，才能在并购后发挥品牌的潜力

企业关键人员，如设计总监等，尽管不是企业所有者或创建者，当业务被出售时他们会得到一小部分股份，哪怕只是 1%，也会让这些人有了主人翁意识。

第二节　并购的动力与前景

并购就是利用金融杠杆，以资本为基础收购优良资产，通过资本运作，将被购方资源与公司现有架构进行嫁接，借助资本的力量，帮助企业在最短时间内获取最大的价值和市场份额，以提升品牌在某个领域的竞争力和领导地位。

并购整合，不仅是品牌的买来卖去，在并购的过程中，最重要是品牌资产的提升。

一、整合资源

企业成长分两种：一种是在生存中求发展，另一种是在发展中求生存。中国的很多时尚企业已渡过"在生存中求发展"这个阶段，完成了原始积累，并拥有一定资金，开始进入第二个阶段。而"在发展中求生存"这个阶段，最重要的就是对资源的整合力，即通过整合资源达到企业发展目标。

一个品牌能够屹立百年，有很多优势存在，如历史、故事及这个品牌未来在市场上的影响力等，这些都是品牌重要的价值所在。中国时尚企业要缩短与欧洲之间的差距，用最短的时间与其竞争，最易行的方法是参与到资源整合之中。因此，并购只是一种方法和手段，不是最终目的，并购需要解决的问题就是资源整合。通过并购，获取成熟市场中完善的资源，是快速且有效的方式。

对于时尚企业，需要整合的资源包括销售渠道、供应链资源、设计、工艺技术、人才、品牌、管理经验等。

（一）整合供应链：快速反应，降低成本

2000年之后，各大奢侈品集团纷纷出手争夺上游原料供应商，以期整合供应链资源，实现垂直整合，提升品牌综合竞争力。

2010年5月，LVMH集团收购了法国小牛皮制造商Les Tanneries Roux；2011年10月，LVMH Moët Hennessy Louis Vuitton（MC.PA）收购了新加坡鳄鱼皮制造商Heng Long International Ltd.51%股权，整体估值1.2亿美元，为其旗下品牌FENDI、CÉLINE、Louis Vuitton提供原材料，Heng Long年产28万张鳄鱼皮。

2013年初，爱马仕公司Hermes International SCA（HRMS.PA）皮具部门Hermès CuirsPrécieux收购了专业小牛皮制造商Tannerie d'Annonay；该厂有80名雇员，年产皮料300万平方米，70%用于出口，Birkin和Kelly包使用的就是它生产的上等小牛皮。它所在的法国南部罗纳谷地从13世纪就开始皮革制造行业。过去半年，Hermès还接连购买了澳大利亚凯恩斯、美国路易斯安那等地多家鳄鱼养殖场。

同年3月，GUCCI母公司开云集团收购了世界第三大鳄鱼皮革生产商France Croco，它是奢侈品行业最主要的皮革供应商，一直为开云集团以及爱马仕供应皮革。

而Chanel早在2012年就连续收购了苏格兰专业针织制造商Barrie Knitwear和手套制造商Causse。

2014年，Valentino宣布以2000万欧元收购自己的上游供应商——意大利皮制手袋生产商PelletterieSant'Agostino 51%的股权，以及另一家皮具配件生产商Pescini di Scandicci40%的股权。

不光是皮料，其他奢侈品原料，如高级羊毛、羊绒、羊驼毛等，也是各大品牌争夺的对象。2013年5月，意大利奢华针织服饰品牌Lora Piana出资160万美元收购了阿根廷羊驼毛厂商Sanin 60%的股权。Sanin拥有在阿根廷一块850平方公里的土地内剪切野生小羊驼毛的特许权。Lora Piana希望此举可保证该地的持续经营和稳定供给最优质的羊驼毛。

在从澳洲进口羊毛这么多年后，意大利杰尼亚集团（Ermenegildo Zegna Group）终于决定要自己控制羊毛的生产源头。2014年7月，集团宣布收购澳大利亚新南威尔士州新英格兰地区的羊毛场Achill的多数股权，并与该场的负责人Charlie Coventry——六代羊毛生产世家的继承人，成立合资公司。

一系列对上游供应商的并购案，凸显奢侈品集团整合供应链资源、提高对消费市场的反应速度及降低成本的战略思路。

经典案例回顾：

LVMH集团珠宝手表的并购案例，是从供应链资源共享角度考虑的典型案例。

真力时品牌是瑞士最著名的生产机芯的配件的厂家，卡地亚、万宝龙等著名的手表机芯都出自该厂。能够并购机芯，意味着控制了手表的核心技术。LVMH集团将其买下后，它的技术便可用在路易·威登、纪梵希及其他LVMH集团旗下品牌的手表上，最终使它的价值增值数倍。这次并购的目的显然是从资源共享角度出发，旨在降低公司经营成本，提高产品的价值和竞争力，并购的价值显而易见。

相关案例：

2014年10月，上海嘉麟杰纺织品股份有限公司（下称嘉麟杰）发布公告称，公司拟出资2792.66万美元，收购巴基斯坦最大的一体化针织供应商和最大成衣出口企业MTM公司（Masood Textile Mills Limited）1462.13万股普通股，占MTM公司普通股总数的24.36%。嘉麟杰已与MTM公司持股股东签署了《股份购买协议》；最终双方在2014年12月15日完成了本次交易。收购完成后，嘉麟杰成为MTM公司的第二大股东。

MTM公司成立于1992年，拥有全套先进的纺织品，特别是棉纺织品生产设备、良好的管理体系和大批优质的客户资源，多次获得巴基斯坦"总统奖"和"最佳出口企业奖"；MTM公司股票在巴基斯坦Karachi、Lahore和Islamabad三地上市交易。据MTM公司提供的最近一期未经审计财务报表（报告期间为2013年7月1日~2014年3月31日），该公司截至2014年3月31日总资产为人民币12.43亿元，报告期间营业收入为人民币11.37亿元，净利润为人民币3878.39万元。

嘉麟杰主要从事起绒类面料、纬编羊毛面料、运动型功能面料等高档针织面料的开发与生产，及国际高档运动品牌成衣的生产销售。

对于此次交易，嘉麟杰表示，MTM公司主要面向大众运动品牌，与嘉麟杰公司目前主业所面向的专业功能性户外品牌，在未来的市场开拓中可望形成良性互补。公司希望通过本次交易，进一步拓展和丰富产品类型，促进公司升级和完善，同时整合与优化产业链资源配置。

（二）想成为强者，就要借力最强者

最终促成中外"联姻"的根本原因，还在于国外时尚品牌在影响力、管理理念和品牌运作方面，对中国企业的吸引力。

选择欧洲的品牌或设计师，与选择本土品牌与设计师的号召力及差距显而易见，为企业带来的改变和利益也一定不同。但随之而来的问题是，如何把欧洲的设计资源、品牌资源，包括生产制造等资源及一些产品工艺技术上的独到之处，进行整合并很好地应用到中国。

中国企业的优势是了解本土市场，在中国市场开疆拓土具有强大的优势。当把中国本土的市场拓展、营销、加工等能力，与欧洲的品牌运作经验、设计、上游资源、人才等进行整合，本土企业与韩国、日本企业的竞争起点就不再是阶梯式，而是相当于站到近似一个平台上竞争，胜算概率将会大幅提高。

经典案例回顾之一：

纪梵希旗下三个香水品牌，但销售业绩均不甚理想。一般的营销思路会对旗下的每个品牌加大投资、请代言人做广告和宣传。实际上，从金融角度这是最蠢的投资，效果会非常差。

LVMH集团则把迪奥不计代价地买进来。原因在于：一个品牌在市场中的表现是由品牌知名度决定的，加入迪奥进商场跟纪梵希进商场，租金扣点和条件差距很大。以迪奥的身份出现，可以不参加推广、不参加任何折扣。假如迪奥成为LVMH集团香水系列中的主打品牌，在所有渠道上的成本可大幅下降，同时可共享渠道资源。通过并购迪奥，以迪奥来拉动其他三个品牌的增长。尽管迪奥占用了LVMH集团公司大量的现金流，其实只不过是把钱存到银行而已。

经典案例回顾之二：

LVMH 集团的珠宝业务增长占比一直徘徊在 2%～3%，LVMH 集团决策者让其珠宝品牌起死回生的策略是：拿下一个镇山之宝，拉动其他同类品牌的增长。

全世界最有名的三个珠宝品牌，排名第一的是蒂芙尼、第二是卡地亚、第三宝格丽。如果想跟蒂芙尼和卡地亚对抗，必须拿下宝格丽。LVMH 集团用了三四十亿欧元买下宝格丽，剩下的一部分钱是拿股权置换的。结果宝格丽家族成为 LVMH 集团的第二大股东，代价巨大。但事实上，引进这个品牌后，LVMH 集团的珠宝首饰业务占比已经提高到 5%，而且珠宝业务的贡献率一直在上升。这就是实施并购策略的目的和价值所在。

相关案例：

2006 年以后，欧时力品牌逐渐定位准确、风格鲜明，并积极融入时尚圈。2011 年，欧时力品牌所属赫基集团跻身国内一线服装企业；2012 年之后，赫基集团的战略布局非常清晰：在资本运作方面，接受 LVMH 集团的投资，同时投资唯品会，并与丁磊共同投资红酒，尝试通过资本建设一个时尚的生态圈。

在获取"时尚流行"的话语权方面，赫基集团与 LVMH 集团合作，接受该集团 2 亿美元投资，得以染指国际一线时尚资源；与全球顶级时尚概念店 10CC 合作，使赫基得以与国际最前沿的时尚、艺术、设计潮流同步；与前法版 *VOGUE* 主编 CR、*VOGUE* 御用摄影师 MarioTestino、顶级超模等合作拍摄大片，直接获取一线时尚资源；同时，与上海一个猎头公司合作，以 1000 万元年薪在欧洲聘请商品工作的负责人——这些，都使之更为贴近全球时尚的策源地。

在应对"80 后"、"90 后"的消费行为变化及互联网挑战方面，投资唯品会。

在国际化方面，除资本运作外，与意大利的 Sixty Group 签署了合作项目，发展 Sixty Group 旗下的 Miss Sixty、Energie、Killah 等品牌在亚洲的市场。

（三）整合团队：汇集人才、借鉴经验

传统的中国服装企业在有形资产和无形资产之间似乎更看重有形资产，对土地、厂房、员工人数等更为看中。对无形资产的认知，也局限于广告和商标。但未来时尚产业市场的竞争一定是无形资产的竞争。

基于社会环境、市场、消费等多方面变化，中国企业纷纷意识到品牌发展还需要在理念上转变。特别是时尚业，需要不断接受新的思想和观念，尝试新的竞争手段，才会在新的国际化竞争格局中占据优势地位，否则在未来五年，会被远远抛在后面。

然而，理念的转变关键还在于人。因此，人才的发掘和使用及团队的组建与配合是重要的无形资产之一，这也是目前本土时尚品牌的弱项。

经典案例回顾：

LVMH 集团在并购生意上是颇具眼光和前瞻性的。

2014 年 4 月，LVMH 集团确认收购意大利鞋履品牌朱塞佩·萨诺第设计（Giuseppe Zanotti Design）30%的股份，这项合作将著名鞋履设计师朱塞佩·萨诺第（Giuseppe Zanotti）（图 4-8）招致麾下。

早在 2013 年 12 月，就有消息透露 LVMH 集团参与投资的私募基金 L Capital 在与朱塞佩·萨诺第设计进行商业洽谈，欲从创始人手中购得 30% 股份，这也是继尼可拉斯·科克伍德（Nicholas Kirkwood）之后 LVMH 集团相中的另一鞋履品牌。

图 4-8 设计师朱塞佩·萨诺第

品牌创始人朱塞佩·萨诺第曾是音乐 DJ。20 世纪 90 年代初期，他以自由设计师身份开始和一些手工鞋匠合作，很快，他的才华和能量在为顶级时装屋工作时得到释放。之后，朱塞佩·萨诺第决定自创品牌，他买下 Vicini 鞋厂，开始进行自由的鞋模设计和更具创造力的风格创作。

朱塞佩·萨诺第设计的品牌精神是艺术、摇滚精神与音乐，保留优秀的手工制鞋传统，利用仿宝石将蛇、龙图腾转化成性感符码，传达既野又

悍的意式性感。另外朱塞佩·萨诺第还曾与 Valentino、Thierry Mugler、Missoni、Dior、Roberto Cavalli、Pierre Balmain、Proenza Schouler、Vera Wang、Christopher Kane、Thakoon、Delfina Delettrez 等品牌合作。

相关案例之一：

鲁泰作为全球高端衬衫最大的 OEM 供货商之一，却一直没有自己的品牌，90% 以上的衬衫加工是为了出口。转型终端产品、整合品牌竞争力成为鲁泰海外并购最大的动力。

2001 年，鲁泰联合欧美外资成立合资企业北京思创服饰，股份构成包括中国出资方鲁泰的 60%，欧美等其他外资的 30%。在购得美国 PVH 集团衬衫品牌 ARROW 的大中华区经营权后，思创服饰共享母公司箭牌 PVH 集团从产品设计、终端营销及品牌运作的许多资源，生产型纺织服装企业通过并购，利用国际品牌和销售渠道，扩大销售市场，同时能缓解国内企业产能过剩，转型升级的问题。

美国人一提衬衫就会想到箭牌，在美国，箭牌就是衬衫的代名词。国外企业在品牌运作上的强大能力，给了思创服饰不少启发。据北京思创服饰股份有限公司副总经理韩克亮介绍，PVH 集团旗下有许多国际知名品牌，像 CK、Tommy Hilfiger 等。为了提升旗下品牌的整体运营水平，PVH 集团每月都会召开品牌动态及经营成果分享会，将明星品牌的运营成果分享给旗下各品牌，这对思创运作品牌提供了很大的帮助。包括在对中国大陆区箭牌的运作上，PVH 给了很多的支持。特别是在 FI 系统和 VI 系统的共享上。PVH 集团每年会对箭牌在中国区的海报设计、店面主题形象、商标主唛及辅料设计上给出很多建议及设计支持。在产品上，PVH 也会定期将最新的流行趋势、款式设计等共享给思创。用韩克亮自己的话说就是，"虽然我们只是跟箭牌进行合作，但我们却得到了整个 PVH 集团的资源。"

毕竟，整合使用一个建于 1851 年、具有百年历史的国际品牌打入终端产品市场，比自创品牌转型更具有市场竞争力。截至 2012 年，全国 ARROW 的直营店铺已经超过 300 家，年营业额突破 1.3 亿元。除此之外，公司还将从美国品牌学到的经验运用到旗下高端衬衫品牌格蕾芬的经营上。

相关案例之二：

在如意收购日本瑞纳的案例中，被购方日本瑞纳株式会社是日本历史悠久的大型综合类服装品牌运营商之一，作为以面料研发生产为主业的山东如意集团，从企业初创至今，一直致力于纺织服装产业链的初端。选择适宜的时机收购瑞纳，如意拥有了国际一流的服装品牌运营团队和知名服装品牌群。

牵手瑞纳，从某种角度而言，如意实现了从面料到服装，直至销售渠道的产业链整合：瑞纳公司较为完善的服装品牌企划、产品设计、运营管理、门店开拓等能力，是具有强大面料生产能力的如意所欠缺的；此外，瑞纳的精益化管理经验和服装工艺技术，也可协助如意进一步提高企业内部整体水平。两者若能有效地对接，如意可借此形成面料与服装相互带动的良性格局。得到国际化品牌管理的团队和经验，提高企业内部整体水平。

二、扩大市场份额

时尚企业想要扩大市场份额，做大、做强，仅靠单一品牌难以实现。第一，中国地域辽阔，生活习惯、文化背景、经济等差异性较大，对时尚的理解和需求存在明显差距；第二，不同阶层，如不同收入、年龄、教育背景、职业等的消费群体，对同一个品牌的认知会千差万别；第三，在一个多变的时代，时尚品牌成长到一定程度，通常会遇到瓶颈，突破品牌的局限，企业所花费的成本将大幅提高。面对如何突破瓶颈，扩大市场份额的抉择，多数企业会考虑选择多品牌、多渠道或扩充产品线等策略。

但在实施过程中，新品牌选择"自己生养"还是"领养"，令很多企业陷入纠结的状态。并购就如同从别人家去寻找那些符合自己要求的孩子，如漂亮的、体质好的或者精神状态好的，领养回来以后把他养大，这就是并购。但在中国传统理念中最大的困难是：孩子不是自己的，干嘛要替别人养孩子！这是一个心态的问题，做品牌也如此。

目前在中国，自己创建培养一个新的时尚品牌的风险和成本相当高。那么，是坚持投入重金经营另一个新品牌，还是收购一个相对成熟的品牌以扩大公司的市场份额？面对日益复杂的社会经济环境及日趋成熟的消费者，时尚企业以往品牌运作的经验不再奏效。如何运用资本的力量，实现品牌效益最大化，是新型时尚企业需要思考并尝试的手段。

经典案例回顾：

2013年，斯沃琪集团以7.5亿美元收购珠宝品牌Harry Winston（HW.TO）以扩展集团高端珠宝线，Harry Winston将成为集团奢侈品的补充。此次收购除了现金7.5亿美元，还包括预计最高2.5亿美元的净债务，总计约10亿美元。

在过去10年，斯沃琪集团的收购一直在进行。近年来的收购包括钟表制造商Simon& Membrez，2012年购买Termiboites 60%股份；2002年，斯沃琪集团收购了高端钟表品牌Glashuette Original和JaquetDroz。除此之外，斯沃琪集团旗下还拥有Omega等著名钟表品牌。此次收购Harry Winston将大大丰富其高端奢侈品区段，向着可以和三大奢侈品集团抗衡的地位迈出一大步，充分扩大其奢侈品市场份额。

相关案例之一：

2014年，为扩大线上及欧洲市场份额，美国奢侈百货Neiman Marcus Group就收购Mytherera.com线上奢侈品业务，与其创始人Christoph和Susanne Botschen夫妇以及该品牌投资方Acton Capital Partners达成一致。

Neiman Marcus Group的CEO对该次并购感到很是兴奋：这笔交易是该集团长期战略的重要补充，Mytheresa.com在欧洲有很好的根基，在亚洲也发展得很快，这将非常有利于集团在全球为更多的消费者服务。

Mytheresa.com发布于2006年，期初被作为Theresa门店的延伸。在并购时，该网站及实体店经营着约170个高端设计师品牌，包括

Balenciaga、Yves Saint Laurent、Dolce & Gabbana、MiuMiu、BottegaVeneta、Isabel Marant、Chloé 和 Valentino 等，年销售额达 1.3 亿美元。公司的女性产品专注于成衣、配件、鞋履以及手袋，并集中在欧洲、中东和亚洲市场。此外，公司网站还提供时尚咨询，支持免费退换货以及快速送货。每周都有 500 款左右的新产品上线，公司 2/3 的收入来自德国以外，公司员工超过 200 人。

相关案例之二：

2014 年，全球最大的珠宝上市公司周大福珠宝集团有限公司宣布以 1.5 亿美元全资收购美国钻石珠宝商 Hearts On Fire Company LLC，以补足集团的品牌和产品组合。

Hearts On Fire Company LLC 在 1996 年由 Glenn Rothman 和 Susan Rothman 创立，是一家奢华品牌钻饰公司。其业务覆盖全球 31 个国家，共逾 500 个零售点的独立零售网络和增长迅速的消费者直购平台，销售多款高级婚嫁和时尚钻石珠宝产品。

公司在 2012、2013 财政年度分别实现销售净额 9930 万美元和 1.048 亿美元，增幅为 5.5%。周大福引述《Indesign》杂志数据称，2012 年，Hearts On Fire Company LLC 是仅次于蒂芙尼（Tiffany & Co.）和潘多拉（Pandora A/S）的珠宝品牌。周大福指出，Hearts On Fire Company LLC 在 2013 年内 75% 的销售额来自价格介于 1000～10000 美元的产品，其余产品售价大部分在 10000 美元以上，其品牌产品的溢价比其他名贵品牌高，更远高于一半无品牌的钻石，符合集团优化产品组合、致力推广高价值产品以迎合消费者的模式。

同时，国际化的品牌组合也提升了周大福珠宝集团的整体竞争力。

相关案例之三：

在中国香港上市的国际著名箱包品牌新秀丽（Samsonite）是最成功的箱包品牌之一。这个在机场随处可见的品牌，已经成为消费者旅行包首选品牌之一，在国际市场上占有率较高。2014 年，为了丰富产品线，整合品牌竞争力，新秀丽宣布以 8500 万美元现金收购 Gregory 山地用品公司，卖方是美国盐湖城的 Black Diamond, Inc. 新秀丽首席运营官 Ramesh Tainwala 在接受 WWD 采访时表示，这次并购的专业级户外品牌 Gregory 和 2013 年收购的入门级背包品牌 High Sierra 资质都很优秀，潜力巨大，它们的加入将帮助新秀丽丰富现有的旅行箱包产品线。

相关案例之四：

2012 年 10 月，拥有 Tommy Hilfiger 品牌的服装巨头 PVH Corp.，同意以 29 亿美元的价格收购女性内衣与运动服制造商 Warnaco Group，从而将 Calvin Klein 品牌完全收入旗下。PVH 将为 Warnaco 支付每股 51.75 美元的现金，以及 0.1822 股 PVH 普通股。此项交易对 Warnaco 的股票估值约为 68.43 美元，较该股上周收盘价每股 50.88 美元有 34% 的溢价。

2003 年，PVH 从品牌设计师 Calvin Klein 手中购买了 Calvin Klein 品牌，而 Warnaco 拥有 PVH 的 CK Jeans 系列生产授权。PVH 首席执行官 Emanuel Chirico 2011 年曾表示，将跟随 VF Corp. 以及 Ralph Lauren Corp. 脚步，在全球范围内积极求购大型服装公司，以提升全球市场的营收水平。

2011 年，Warnaco 超过半数的销售来自美国以外地区。这次并购中 CK 品牌将从两方面获益：一是完整的品牌策略管理，二是与零售商的谈判实力大为提升。

对于 PVH 来讲，这是一次非常重要的补充性收购。这次收购包括了 Warnaco 目前快速增长的市场，特别是亚洲、拉丁美洲及 PVH 在北美以及欧洲的市场。作为这次收购的目标之一，是利用 PVH 在欧洲的平台，为 Calvin Klein 在欧洲地区的销售增长提供助力。

相关案例之五：

斯图尔特·韦茨曼（Stuart Weitzman）是近年来备受关注的鞋履品牌，不论是"5050"拼接长靴，还是"Nudist"凉鞋，都保持着高曝光率、赢得众多明星和时尚型人喜爱的经典单品。接下来，将归入一位新东家门下：美国配饰品牌巨头蔻驰（COACH）。

斯图尔特·韦茨曼原属美国的 Jones Group Inc.，2013 年 4 月，Jones Group Inc. 被 Sycamore Partners 收购。2015 年 COACH 经过谈判，最终以 57400 百万美元的价格成功从 Sycamore Partners 的手中收购斯图尔特·韦茨曼。在这场收购中，COACH 的竞争对手包括 Advent International Corp. 和 Brown Shoe Co.。

在新任创意总监 Stuart Vevers 上任后，COACH 在除了传统的包袋、小皮具之外的男女装成衣领域的发力有目共睹，收购斯图尔特·韦茨曼则是希望整个公司在鞋履领域能开拓能多市场。斯图尔特·韦茨曼品牌创始人、设计师兼 CEO 斯图尔特·韦茨曼则表示，"在 COACH，我们遇到了尊重我们文化的战略合作伙伴，能够为我们提供更多资源和全球化的商业契机，让我们的潜能更多地变成现实。"

三、实施国际化战略

并购国际品牌对中国时尚企业的吸引力越来越大，带着对全新涉足领域的憧憬，本土品牌开启了对国际品牌的并购合作之路。

（一）意义

作为整合国际资源的重要一步，中国企业从未停止过向国际化品牌进军的步伐。而中国消费市场一直以来对洋品牌的热情也不断刺激着本土品牌在寻求同国际品牌的合作上前仆后继：从拿下国际品牌在中国区的代理权到直接进行品牌并购，从买断品牌使用权到合资共营，中国品牌一直都在探索着中外互利的最佳临界点。

究竟什么原因让中国企业依旧对国际品牌热情不减？收购是否会成为服装企业走向国际化的捷径？中国企业并购欧洲企业，好处究竟在哪里？

对于为什么会选择以洋品牌作为进军新领域的"旗帜"，有多位企业家直言不讳地表示，确有对国内市场消费国际化倾向的考虑。

在新兴市场中，不乏一些大公司通过海外并购，从一个立足本土市场的区域企业成为一个全球化的企业案例。从全球角度来说，法国、意大利的设计被公认为在时尚行业里面是独树一帜的领军国家。如果国内企业并购一个欧洲的时尚企业，在中国这个市场中，与韩国、日本，甚至欧洲的企业进行竞争时，所处的地位和优势将会大幅提高。

在未来的时尚产业的发展过程中，并购将会是一个较为常态的企业发展方式和手段。因为，中国品牌正面临着"80后"、"90后"年轻的主力消费群，这个群体的消费观念已呈现明显的国际化趋势。满足这类群体的需求，国际化战略十分重要，这也是ZARA、优衣库、H&M等品牌进入中国后迅速获取巨大成功的原因之一。

（二）前景

在中国，本土品牌的历史较短，除少数一些有设计感和创造力的品牌能够满足国内消费者的需求之外，通过并购国际品牌，整合国际设计能力，这其中也包含西方的生活方式和品牌文化价值，在中国未来的市场发展相对于主力消费人群的市场而言，存在巨大的商机，前景广阔。

首先，2014年，在发达国家私人消费加速回暖的推动下，世界经济增长将加快。其次，并购满足了中国企业绕过多国贸易保护壁垒的需要。当前，以美国为首的贸易保护主义抬头，中国出口遭遇越来越多的贸易壁垒限制，预计西方国家以后仍会打出"贸易保护主义"这张牌，以碳关税的名义增大贸易壁垒。最后，通过品牌并购，可获得欧洲国际品牌的知名度和文化背景，欧洲品牌的研发团队支持及国外的市场渠道和网络。

由于国际金融危机及世界经济严重衰退的影响，众多欧美企业市值萎缩、流动性困难，一些知名品牌的大公司资产持续缩水。那些曾风光无限的欧美时尚品牌纷纷寻找资本雄厚的买家，以缓解财务压力，因此不断降低并购门槛。而我国企业经过数十年发展，实力日渐增强，特别是一些内向型企业受金融危机冲击较小，具有相当强的竞争力，人民币坚挺也增强了企业资金实力，走向国际的意愿趋强，这是一个收购国际品牌的良好时机。

（三）反思

对于中国服装企业，特别是以外贸加工型为主的服装企业而言，由于人员结构、对产品设计与把控及市场和渠道经验等的不足，将收购国外品牌作为企业通往国际化的捷径还存在相当多的障碍。这种表面的操作只能是短期行为，重要的是如何利用收购品牌的契机，与原有企业做好对接，将国际化经营理念和成熟的运作模式应用到企业经营当中。

品牌国际化不仅仅流于一个国外品牌名称，品牌本身所包含的国际化理念、品牌运营模式及全球销售状况等，才是检验品牌国际化战略效果的标准。

相关案例之一：

上海纺织有限公司在丹麦投资促进局及丹麦领事馆的帮助和撮合下，收购丹麦时尚集团 Metropol 50% 的股份，公司希望借此合作推进其国际化进程，成功在欧洲立足。

此次收购，上海纺织看中的是 Metropol 的设计优势及欧洲服饰连锁运营经验，而 Metropol 看中的则是上海纺织在中国市场丰富的经验及渠道。双方将探讨在中国共同发展和推广 Metropol 名下的北欧概念服饰品牌 NORR 的可能性，重点立足于时装设计领域的交流及销售渠道的共享，Metropol 将帮助上海纺织在欧美市场定位及推广自有品牌。对 Metropol 来说，上海纺织丰富的产品种类，能拓展其产品品类，上海纺织在采购和制造上的优势也能使 Metropol 受益匪浅。

相关案例之二：

中国企业复兴国际，是近年来通过并购实现国际化的最佳案例之一。

2010 年 6 月，其以近 2.1 亿元收购地中海俱乐部 7.1% 股权，此后逐步增持成第一大股东，2013 年 5 月，其又联手法国安盛私募投资（AXA Private Equity）及地中海俱乐部管理层以每股 17.5 欧元对地中海俱乐部发起要约收购；2011 年 5 月，以 8458.8 万欧元收购希腊饰品商芙丽芙丽

（FolliFollie）9.5%的股权；2013年上半年，分别投资了美国时装品牌St.John、专注于个性化药物剂量诊断化验的美国Saladax。之后，其子公司复星医药携手复星——保德信中国机会基金出资2.21亿美元收购了以色列医疗美容器械商Alma Lasers的95.2%股权；9月，复星国际旗下基金又以1500万欧元获得意大利高端男装品牌Caruso 35%的股份，成为第二大股东。复星国际的一系列海外收购，可以看出是在践行公司新商业模式"中国动力嫁接全球资源"的战略。

四、学会资本运作

由于国内经济和市场发展的特殊性，很多国内时尚企业迅速成长为体量巨大的上市公司，没有经过深思熟虑的过程便从贫困进入富豪，于是，该如何运用手中迅速增长的财富，让其增值，令这些企业陷入困局。企业的本质是创造社会财富，赚取更大的价值，资本运作便是这样一个水池和平台。如何借助这个平台创造更多的财富，需要企业具备更多的金融知识和能力，也是现代企业必备的素质。

如国内某服装企业做了十五六年，每年六七个亿的销售额。在发展过程中，因为资金匮乏、战略上错误，产品离市场越来越远，使企业陷入困境。为谋求融资，获得更多的资金，企业开始变卖房产厂房、进行裁员等，以期渡过难关。但在这个过程中发现，这个企业唯一可以变卖的就是一些固定资产。虽然把资产变卖后企业又熬了两三年，最终还是没挺过去，终于轰然倒下，这个企业今天谁也不记得。而伊夫·圣·罗兰、费雷先生、夏奈尔小姐、迪奥先生早就过世，但这些品牌到今天为止都能历久弥新，能让消费者牢牢记住。其实，他们也曾经濒临破产或面临发展的低迷期。但这些品牌仍然屹立不倒，原因在于通过品牌并购整合令品牌资产不断增值。

（一）把品牌当作资产运作：通过买卖获得效益

一个公司的资产分通常为两种，一种是无形资产即品牌资产、人员、客户资源等；一种是有形资产如店面、设备等；其中，有形资产和无形资产相比，在并购的过程中无形资产一定比有形资产更值钱。

企业家应该把并购的品牌当作资产来运作，就像运作一家足球俱乐部，不要把每一次并购都通过损益表来看它的价值，如果能够站在金融家的角度来考虑并购资产的经营问题，会发现各公司资产在资本的运作下会变得越来越有价值。如同有价值的球员，不是看一次比赛中进球数量，而是看这名球员的长线发展。通过资产的转移和交换、买进和卖出，最终使并购变得具有更高的价值，也能在并购过程中更好地降低风险，获取巨大的市场利润。

资本运作，对投资人的眼光要求极高，即具备能够发现品牌价值的眼光。例如，投资电商时，不用看其财务账本，因为那点儿盈利没有价值。对于电商而言，有价值的是一个要素——流量，如果计划投资500万获得20%的股权，以后只看一个报表——流量的变化。

经典案例回顾：

LVMH集团买进60多个世界顶级品牌的同时，又卖出48个品牌，LVMH集团的资本运作手段堪称高明，已经是产业化地运作并购生意。

多数情况下，并购一家企业时，认为其财务状况处于亏损状态，或者公司规模和影响力很小。为把这个品牌打造成一个知名品牌，可能需要花费大量资金。当初LVMH集团买进Lanvin时，大约花费2000万欧元，折合16000多万元人民币。在随后10年中，LVMH集团陆续投入约1亿多欧元，尽管Lanvin的营业额已达到1亿欧元左右，仍然处于亏损状态。但对于LVMH集团来说，这笔并购投资并不见得会亏损。因为，当LVMH集团卖掉该品牌时，通常不是原价而会是溢价卖掉，会加上12000万后期的直接投入打包出售。接手的公司很可能需要花4亿~5亿欧元的收购费用，品牌的溢价可能会高达10倍。这就是资本运作。

相关案例之一：

香港时装大亨曹其峰用了10年时间，打造了一个10亿美元级别的品牌 Michael Kors。

2003年，香港时装大亨永新集团总裁曹其峰和劳伦斯·斯特罗尔（Lawrence Stroll），通过位于中国香港的私募股权公司 Sportswear 收购了 Michael Kors 公司85%的股份，形成控制性股权。行业杂志 Daily News Record 当时对 Michael Kors 品牌的估值为1亿美元，这意味着曹其峰和斯特罗尔只向该公司支付了8500万美元。而当时曹其峰誓言要在10年内将其打造成10亿美元的世界级品牌。

2011年12月，Michael Kors Holdings Ltd.（NYSE:KORS）在纽约证券交易所挂牌上市，出售4720万股筹集9.44亿美元，其中曹其峰和 Lawrence Stroll 通过将持股比例减至约38%获利5.19亿美元，之后继续减持，截至2014年1月仅持股5.7%。设计师及品牌创始人 Michael Kors 在公司 IPO 当中套现1.17亿美元。曹其峰和 Lawrence Stroll 在2014年年底二次公开发行中出售11629627万股，即5.7% Michael Kors Holdings Ltd. 股份，套现9.3亿美元。

相关案例之二：

时尚行业从来都不缺乏基金资本的推动力，活跃的私募基金的支持，加速了很多时尚品牌的发展。如时尚行业最活跃的私募基金之一英国私募基金 Apax partners。2010年，该基金公司将美国设计师品牌 Tommy Hilfiger 以22亿美元卖给 PVH 公司，是它当初收购价的4.5倍。2012年，从 Nike 公司手中以5.7亿美元收购了鞋类品牌 Cole Haan，除此之外，Apax 还是著名设计师 Karl Lagerfeld 个人品牌的大股东。2013年5月，该公司出价11亿美元收购了英国青少年服饰折扣连锁店 rue21。而 Apax 此前已通过在2005年收购的另一家美国纽约的私募基金，获得了30%的 Rue21 股份。

（二）投资潜力股，获得升值效益

时尚行业也有星探。所谓星探，就是从众多新兴设计师或学生时装秀中发掘有才华的设计师，对其进行投资并签约。唯一感兴趣的，就是知识产权和设计师姓名。此名字不可以再用来授权生产任何产品。然后，公司会对这个名字进行一系列包装，如举办时装秀、请 *VOGUE* 杂志或时尚界知名人物捧场、开专卖店等。当该名字成为世界级设计师时，通常投资人会重新请设计师沿着原有风格去设计；之后，再把品牌授权做眼镜、香水、化妆品、洗发水。凡是能看到的时尚产品，投资人都会授权去做，商标授权是投资人看重的赢利点。

迪奥的香水，每年可产生几十亿欧元的利润，这就是品牌效益。世界上做的所有化妆品、眼镜及珠宝和首饰对时尚行业来说，授权是一门大生意，它的副业可能会比主业带来的收益更好。

因此，购买一个有潜力的商标，把它分成多种类别，分别授权给童装、男装、女装、内衣、袜子等。它会给投资者带来源源不断的利润。

资本和无形价值结合在一起，将会创造更高的收益。

经典案例回顾之一：

据时尚头条网报道，2015 年路易·威登母公司 LVMH 集团获得帕森斯设计学院颁发的荣誉，以表彰其在时尚设计领域的卓越贡献。

公司一直以来致力于通过 LVMH 年轻设计师大奖赛给予设计学院毕业生支持。今年最终入围品牌包括 Arthur Arbesser、Coperni、Craig Green、Faustine Steinmetz、Jacquemus、Marques'Almeida、Off-White c/o Virgil Abloh 及 Vetements。

最终评选结果由阵容强大的评审团决出，设计师 Marques Almeida 获得 2015 LVMH 年轻设计师大奖赛冠军，并获得 30 万欧元（约合 35.82 万美元）奖金，及一年在 LVMH 集团专家培训的机会。

经典案例回顾之二：

据 WWD 报道，开云集团（Kering）出手投资年轻设计师品牌 Joseph Altuzarra，双方在 2013 年 9 月 5 日发布公告时，都未透露开云集团投资的金额和股权比例，只讲明 Joseph Altuzarra 依然是控股方（9 月 9 日 WWD 更新消息：开云集团的持股比例为 40%）。

根据公开信息，上一次开云集团投资设计师品牌而没有获得控股权，还是2001年投资Stella McCartney的时候。2013年1月，PPR投资苏格兰设计师Christopher Kane个人品牌，依然是控股51%。

Joseph Altuzarra成名轨迹：他1983年出生在巴黎，父亲是法国巴斯克人，母亲是美籍华人。从法国高中毕业后，他赴美国宾夕法尼亚州上大学，毕业于Swarthmore学院获艺术史学士学位，并未受过正规服装设计培训。在纽约，他成为Marc Jacobs的实习生，后又为ProenzaSchouler工作。他跟随原Rochas高级定制工坊的负责人、著名打板师Nicolas Caito学徒，掌握高级时装的制作工艺。后来回到巴黎，成为Givenchy设计总监Riccardo Tisci的第一助手。2008年金融危机爆发，股市崩盘后的第二天，Joseph Altuzarra的个人品牌在纽约开张。他的著名粉丝之一是法国Vogue的前任主编CarineRoitfeld。他曾获得美国时尚协会CFDA Swarovski女装设计大奖（2012），CFDA/Vogue时尚基金大奖（2011）等多个奖项。他的服装标价800～4000美元一件，定位成熟女性。据他本人透露，他的工作室目前有8名员工，产品在全球50家网店和地面百货店有售，年销售额不到1000万美元。

开云集团旗下品牌Balenciaga 2012年聘请的纽约华人设计师王大仁（Alexander Wang）和Altuzarra同岁，在纽约时尚界，两个人经常被媒体当作竞争对手进行比较。

和王大仁一样，Joseph Altuzarra创业至今完全依靠家庭的财力支持，他的父母是富有的投资银行家，作为一个年轻品牌，他并不希望以较低的估值被开云集团拿走控股权，他需要开云集团的名气，而非更多的金钱。

相关案例：

2000年香港SHANG HAI TANG品牌被奢侈品集团历峰集团所收购，成为第一个进入国际奢侈品集团的中国品牌。

上海滩（ShanghaiTang）是香港人邓永锵1994年在中国香港开设的第一家中式服装店。在被历峰收购以前，虽然公司发展得不错，但它的卖点只是老上海风情，缺乏明晰的市场定位。历峰对于顶级品牌的管理与发展具有非常成熟的一套机制，它将这套理念带进ShanghaiTang，对其进行全新的包装和改造。

收购Shanghai Tang后，历峰集团开始研究客户，将目标市场定位于30~35岁的中高收入女性，后来又加入了男装和更年轻的系列，并制订了长期的发展策略。历峰给Shanghai Tang输入了很多西方设计师，使得其服装吸纳了很多时尚元素，由原先的纯粹中式风格转变为中西合璧。除高级成衣以外，还拥有配件、礼品、家具和家居饰品等衍生系列。2005年上海滩品牌在纽约、伦敦和巴黎等全球13个国际大都市开设有19家专卖店。

五、发展与布局

挖掘未来市场潜在的发展机遇，做好铺垫和准备，是一个企业生存和发展的根本。通过对各品牌收购案例进行深入分析可以发现，很多并购是出于企业发展需要而进行的战略布局，是着眼于未来的棋局。

经典案例回顾：

LVMH集团从一个做皮革的一流企业通过与轩尼诗合并，成为世界上市值最大、最有影响力的奢侈品集团。它不仅做葡萄酒和烈酒、时装和皮革制品、香水和化妆品、钟表和珠宝还有精品零售。为什么欧洲的奢侈品公司都会做酒呢？原因很简单，LVMH集团的战略定位是要做高端人士的生活方式提供商。

在欧洲高端人士的生活方式中，拥有最好的威士忌和香槟是"标配"。在庆祝仪式、重要聚会等场合，香槟、威士忌、白兰地或红酒是不可或缺的，这是时尚；其次，时装与手包也是不可缺的；再次，香水跟化妆品绝对是高端生活方式中的必需品；最后，钟表和珠宝，更能代表人的身份跟地位。此外，像丝芙兰这种零售店也遍布全球各地。所以说，既然LVMH集团是高端人士的生活方式提供商，那么，它旗下的品牌集群和产品组合就要按照这个战略进行整合与布局。

相关案例之一：

2007年11月，雅戈尔公司与美国Kellwood公司及其全资子公司Kellwood Asia Limited（KWD ASIA）签订三方《股权购买协议》，出资约7000万美元收购KWD ASIA持有的、以男装业务为核心的子公司Smart 100%股权，出资约5000万美元收购KWD ASIA持有的Xin Ma（新马）100%股权，成为当时我国纺织服装行业最大的海外收购案例。

KWD下属的Smart是全球知名服装生产、销售以及品牌代理企业，而Xin Ma服饰是KWD在中国香港的子公司。它们拥有POLO、Ralph Lauren、Perry Ellis、JC Penney等众多国际知名品牌客户，并在中国大陆、中国香港、斯里兰卡和菲律宾设有14家制造工厂。

在此次并购中，雅戈尔获得新马集团分布在斯里兰卡、菲律宾和中国广东、吉林、深圳等地的14家生产基地，包括POLO、Calvin Klein在内的20多个品牌的ODM加工业务，拥有Nautica、Perry Ellis等5个授权许可品牌，一个具有数十年国际品牌管理和设计经验的优秀团队，一个通达美国数百家百货公司销售网点在内的销售渠道，以及一个保证货品顺畅流入百货公司的强大物流系统。为雅戈尔海外渠道营销能力的提高、业务范围的拓展提供了较完整的平台，这应是雅戈尔在此次收购中最为看中的因素之一。此外，因此既然拥有的东南亚生产基地，也会有利于雅戈尔规避因汇率、贸易壁垒等带来的不确定风险。

可以看出，雅戈尔拟通过收购与企业原有业务相关的国外品牌进行渠道拓展的方式，是针对目前所有纺织服装外贸加工企业都面临的问题——原材料、劳动力等生产成本上升、人民币升值——所做出的战略决策是一个防患于未然、从国际范围内进行布局的选择，颇具长远性和可操作性，是对企业整体规划的良好补充。从2004年雅戈尔便着手将衬衫加工基地移至重庆，也可看出企业在国际、国内进行产业转移的战略规划。

相关案例之二：

据韩国《朝鲜日报》2014年9月4日报道，韩国最大婴幼儿服装品牌阿卡邦（AGABANG）被中国企业收购。

阿卡邦于3日表示，2日签订了相关合同，把公司创办人、最大股东金旭总裁持有的15.3%（427.2万股）股份以每股7500韩元的价格（共320亿韩元）出售给中国服装企业朗姿股份的韩国子公司LIME FASHION KOREA。金旭总裁的股份减至2%，LIME FASHION KOREA成为最大股东。

阿卡邦创办于1979年，在韩国婴幼儿服装用品市场占据第一位。业内人士指出，阿卡邦被中国企业收购，主要归因于韩国的低出生率。韩国出生率（每千人出生人数）从2012年的9.6%下降到8.6%，这不仅是从1970年开始进行人口统计以来的最低值，在经济合作与发展组织（OECD）成员国中也是最低水平。受此影响，阿卡邦的营销利益从2011年的95亿韩元减少到2013年的39亿韩元，2014年上半年亏损90亿韩元。

据悉，朗姿集团在中国女装市场拥有强大的营销网络，对在韩国知名度很高的阿卡邦很感兴趣。目前，中国逐渐放宽的计划生育政策，会带动婴幼儿用品市场的发展。

第三节　并购的瓶颈与难点

尽管成功的并购给企业带来的价值非常明显，但相对于一个企业做两个品牌或十个品牌，并购更多的是要关注如何把两种不同文化、不同组织、不同团队、不同资源嫁接在一个家庭中，这是难点所在；纵观已被收购1～2年以上的品牌，真正能在市场上良性运作并盈利的不多。相反，因收购占用了企业大量资金和精力，极有可能削弱原有品牌在行业竞争中的优势地位。

因此，品牌收购不是单纯的资本运作，一个企业的收购能力不仅包括前期的收购成本，之后在品牌运作中，与原有企业文化的融合及企业各个层面的有效支撑等都十分关键。同时，在品牌收购时，需要保持冷静的头脑，更多地去分析背后的不可行因素，三思而行，才会在品牌之路上走得更远。

一、挑战和风险

（一）无明晰的并购目标和规划

纵观老一辈本土品牌的成长历程，在当时的环境下，创造品牌之时，很多企业还谈不上品牌、文化、理念、志向等，在做市场的过程中，才逐步意识到商标、品牌的重要性。随后在不知不觉中随着经济的发展而逐渐做大，甚至上市。对于这些传统品牌，如何运营品牌以及如何将企业做强？原有品牌能否承载未来消费者的期望？一个曾经知名的品牌，不代表现在仍被消费者认知。企业在发展过程中应如何制订长远目标，并通过怎样的手段和模式创新才能在竞争中立足？

很多企业在并购时，视线仅停留在能够看到多一个品牌、多一些店铺、多一点销售额上，或者只是关注哪个品牌在中国卖得好，风险更小。可以看出，很多企业在并购过程中的目标和规划不够清晰。诸如如何利用投资跟并购提高企业的价值，如何选择适当的目标公司，如何选择最有效率的收购方式？能否成功解决这些问题，是目前很多企业面对并购的最大挑战。

所以，企业并购之前，应非常清楚为什么要进行并购，在做并购之前一定要对并购有一个明确的规划，如并购这个品牌的目的是什么，品牌进入中国后如何运作，打算投入多少资金，这个品牌是否能驾驭，它的未来的增长空间有多大，会给本企业带来哪些方面的好处等。

目前有部分纺织服装企业的并购活动很盲目，一味追求做大，忽略做强。企业主营涉足过广，往往只注重扩大外部经济规模，抢占了更多的市场份额，却忽视了企业内部治理。企业规模扩大、组织结构层次模糊，权责利划分不清，信息沟通和交流不畅，导致市场反应迟钝。

相关案例：

Fifth & Pacific 曾因发展过快，内部企业领导者太看重增长数据，外部受到百货公司约束，无法放慢脚步，一度面临破产危机。最终，从拥有近

40个品牌的多品牌集团，消减为仅拥有一个Kate Spade品牌的单品牌公司。

2014年年初，据WWD消息，美国服饰集团Fifth & Pacific的主席兼CEO William L. McComb即将离任。2006年上任时，这家美国老牌服饰公司还叫Liz Claiborne，旗下有近40个品牌，短短七年间，经历了股价从近40美元跌到1美元左右，一度面临破产；随着公司重组的进程逐渐反弹到30美元。重组过程中，1300个职位被削减，其中包括25%的管理人员。

其间，William L. McComb大刀阔斧地砍掉了Ellen Tracy, Dana Buchman, Sigrid Olsen等疲软品牌，卖掉成名品牌Liz Claiborne，将公司更名为Fifth & Pacific。此后，Mexx、Juicy Couture、Lucky Brand等比较知名的品牌也陆续被出售，终于将一家以批发中档休闲服饰为主的多品牌公司彻底改造成以直营为主的单品牌公司，聚焦于后劲十足的轻奢品牌Kate Spade。

Kate Spade2013年的销售额是7.42亿美元，在被Fifth & Pacific收购后的六年里，增长了6.5倍。而七年前，这家多品牌公司的整体销售额也只是49.9亿美元。

William L. McComb的继任是目前Kate Spade品牌的CEO Craig Leavitt。他表示，公司将专注于单一品牌Kate Spade的运营，开拓新品类，并在欧洲和亚洲开通电子商务。

（二）缺乏眼光：怎样不会看走眼

收购对象的选择是收购方最花费心思考量的问题，服装巨人VF集团对收购对象的要求是：第一，品牌必须亲近消费者，容易与消费者建立感情和联系；第二，品牌的国际化前景，是否可以从一个国家延伸到很多国家，并推广到国际市场；第三，是否拥有精明强干的团队，没有优秀的人才就没有品牌的增长。

中国企业在收购中应注重的是，收购对象须是相对熟悉并已有知名度或者有潜力的公司；收购对象的市场定位与收购方发展战略具有一致性；企业自身对品牌的运作能力，潜在的财务风险（如隐性成本的计算），双方企业文化的融合等因素也需做适当考察。此外，买方在选择收购品牌时，也应思考自身是否具备将品牌发扬光大的能力。

相关案例：

　　Fung Capital 香港利丰旗下的私募投资公司意在收购伦敦历史悠久的高级男装定制金街 SavileRow。之前已经收购了另一经典男装品牌 Hardy Amies。未来 6 个月内还准备在收购第三家，集合打造 Savile Row Brands 高级男装系列，与意大利的 Ermenegildo Zegna 和德国的 Hugo Boss 抗衡。

　　在中国的男装市场中，从零售到高级定制，再到个性化服务，未来有很大的市场空间和消费需求。冯氏集团捕捉到这点，并通过并购迅速切入到这个市场之中。

（三）如何实现品牌认同与增值

1. 内部协调

　　很多公司并购失败 99% 的原因不是因为经费，成功的收购只是一个品牌持续发展的开始。以婚姻为例，把心仪的女人娶回家，并不意味着美好生活就此开始。这只是开始，如何让婚姻几十年都能保持一个美好的状态，才是关键。这需要认真经营，品牌并购也如此，并非拿到 Versace 就能把这个品牌做好。很多中国企业用急功近利的方法，把一些国际品牌最终变成难以进入中高端渠道的低端品牌，令品牌原有价值大打折扣。

　　为何会造成这样的局面？原因之一是国内的并购方还没有驾驭这个品牌能力，根本不具备并购完之后的品牌经营管理能力，包含如何处理文化差异、如何将并购过程中产生的负面影响最小化、建立怎样的组织来运作这个品牌等一系列难题。

　　其中最困难的是如何处理文化差异。很多中方企业并购时的心态就有问题，认为"有钱就可以任性"，品牌买来后愿意怎样就怎样，全然没有意识到该如何处理东西方文化上的差异；其次，如何将并购过程中产生的负面影响最小化，以及建立什么样的组织来运作这个品牌，这些都是真正的挑战；此外，还有诸如公司的管理流程、销售环境和条件等如何对接，产品研发怎样更适合中国市场的需求，怎样迅速让两个不同文化的团队融合为一体并且产生效益等，这些都必须通过科学有效的方法进行整合，才能解决和消化。

上述问题不仅中国企业并购时会遇到，国际知名企业在并购中同样也会遇到类似问题。

相关案例之一：

2012年，Iconix集团在当地时间12月3日对外表示，该公司已经完成了对知名运动服饰生产商耐克旗下茵宝品牌的并购。据了解，这项并购交易的规模为2.25亿美元。作为美国的一家品牌管理公司，Iconix集团已经将茵宝纳入旗下29大消费品牌当中。Iconix集团的这些消费品牌包括奢侈品牌Candie's、Danskin及Badgley Mischka。据了解，Iconix集团与耐克公司的这项交易是在2012年10月对外宣布的。耐克曾在2008年以5.82亿美元将茵宝纳入其麾下，但该公司在今年5月对外表示，计划出售茵宝以及手袋品牌Cole Haan两大子品牌，旨在通过此举削减成本，并专注耐克同名品牌、乔丹、匡威及Hurley业务的发展。

茵宝1924年创立于英国曼彻斯特，纳入收购方体系后，一些品牌虽然得以保留，但失去了话语权，停滞不前，甚至逐渐没落。茵宝被耐克转手，加速了在市场上消失的速度。2008年被耐克收购时，尽管耐克公司曾表示，将全身心致力于帮助茵宝发挥其全部潜力，茵宝包括人才在内的核心资源已经不复往日，这一转手，曾经引起茵宝国内经销商的激烈对抗，但截至目前，随着茵宝产品在零售市场的销声匿迹，经销商和品牌商之间的纠纷也无从谈起。

2. 消费者认同

在时尚行业，品牌的出身非常重要。我国本土时尚品牌都被一个问题所困扰——无论品牌怎样编写故事，中国消费者都不太接受本土高端时尚品牌，认知度仍不高，原因还在于品牌出身。

《纺织导报》发表的一篇论文曾就"中国企业收购国际服装品牌后对该国际品牌产品的认同"问题做过相应的问卷调查，结果如表4-4所示。

表4-4 "中国企业收购国际服装品牌后对该国际品牌产品的认同"问卷调查结果

单位：%

认同度	大学生	企业人员	研究人员
非常认同	9.86	13.30	20.00
比较认同	42.11	86.70	46.66
不太认同	42.11	0	26.67
丝毫不认同	5.92	0	6.67

可以看出，在不同人群中，选择"比较认同"的占多数，特别是来自企业的人群，对"中国企业收购国际服装品牌后对该国际品牌产品的认同"程度较高；值得关注的是，在大学生人群中，不太认同的比例较高。这说明年轻群体对这一事件存疑较大，对于年轻消费群体而言，仅有一个靓丽的品牌出身已远远不够。因此，收购方还需要注意延续国际品牌原有的风格与个性，一个品牌最有价值的是它的文化和历史。

所以，购买国外知名品牌的中国企业仍面临产品、管理、销售、创意等方面的巨大挑战，如经营不善，就会有使高档次品牌褪色、贬值的风险。

相关案例之二：

沃尔沃被吉利买走后，沃尔沃依然保持独立的个性，吉利并没有去参与实际经营，也没有把它的技术拿过来去做其他东西，但沃尔沃卖给吉利以后市场的表现依然不容乐观。

而印度著名的汽车制造商塔塔公司买下路虎、捷豹后，销售额大增。数据显示，路虎全球销量在印度和中国最好，路虎、捷豹之所以在欧洲逐渐沦落，除了技术老化之外，其主要原因是欧洲街道比较窄小，人们更乐于开一些小型的经济型轿车，而路虎这种大个头的车型无疑是耗油非常严重的，环保性也比较差，在欧洲甚至在英国本土见到路虎的机会都没有在中国多。当一个国家处在发展阶段，人们的消费观念还处于炫耀状态时，路虎正好满足了历史悠久、知名品牌、庞大的身躯等具有很强炫耀性的条件，因此，路虎在中国做得比较成功。

所以，在并购过程中，最难的不是买下这个企业或品牌，而是买下这个企业或品牌以后，如何让品牌一直被消费者认同，历久弥新地重放光彩，甚至是升值。

（四）并购之后难以融合

融合是并购后的一大挑战。收购方应特别注重收购后的融合，包括管理理念、文化、技术、团队等各个方面。并购失败的重要原因之一往往是源于并购后的融合问题，这是目前中国海外投资中最主要的挑战。

对于中国时尚企业而言，并购牵扯更多的是东西方文化的交融，即两种不同价值观的融合。具体表现为，并购后品牌的产品如何在中国市场中不丧失国际品牌本身的特质和 DNA，焕发品牌本身的色彩并让中国市场所接受。这个过程可能漫长也可能很痛苦，但中国企业未来要国际化，走出国门，通过并购磨合出一套国际化品牌的运作经验，包括团队、理念等。虽然从目前来看压力巨大，但站在未来的角度，是挑战更是机遇。

并购之后，被收购方与原企业间的融合可考虑从以下两方面入手：

一是将收购对象的设计室及管理人员一并收购，如雅戈尔收购了新马的设计室，VF 集团的 Splendid 和 Ella Moss 品牌收购，也请这两个品牌的原首席执行官和创意总监在收购后继续留任，原首席财务官和运营官则晋升为品牌总裁。

二是对员工进行培训，雅戈尔收购新马后派大批员工去被收购地做学习交流，因为国际品牌的设计理念和管理经验将长期影响公司未来经营，通过学习有助于公司与国际服装业及其经营理念的接轨，对团队输入新思想理念，实现品牌真正和本企业融合。

相关案例之一：

2014 年，中国深圳玛丝菲尔服装有限公司（Marisfrolg）从 Krizia 品牌创始人 Mariuccia Mandelli 手中成功收购 Krizia SpA，金额和具体细节未透露。

Krizia 于 1954 年由 Mariuccia Mandelli 创立。该品牌于 20 世纪八九十年代达到巅峰，通过授权进军香水、眼镜、珠宝和酒类等领域，门店遍布纽约、巴黎、伦敦、中国香港等国际大都市的主要商业区，年收入最高达到5亿美元。1994年，Krizia进入中国市场。到2003年，日本成为Krizia的最大市场。现已年过八旬的Mariuccia Mandelli及其丈夫、公司前董事会主席Aldo Pinto近年备受健康问题困扰，由于他们的两个儿子都不愿意接管家族的时装事业，Mariuccia Mandelli和Aldo Pinto夫妇积极为Krizia寻找投资者。选中玛丝菲尔的主要原因在于其原有品牌出色的风格个性及创始人的设计师背景，有利于并购后的融合。

转手后，深圳玛丝菲尔服装有限公司（Marisfrolg）联合创始人、董事长及首席设计师朱崇恽将兼任Krizia SpA的董事会主席和创意总监，她计划于未来五年内重塑Krizia品牌，在北京、上海、广州、深圳和成都等一线城市为其开设旗舰店，并逐步重新攻占欧洲、日本和美国的主要城市。朱崇恽接掌后的首个Krizia系列于2015年2月在米兰时装周发布。

相关案例之二：

2011年3月，波司登通过增资扩股等多重方式获得上海兰博星儿童用品有限公司51%的股权，但仅过了1年，2012年5月，波司登宣布以1040万元的价格（约2011年入股代价）将兰博星51%股权转让于兰博星管理层。

兰博星旗下有"叮当猫"、"大眼蛙"等童装品牌，截至2011年9月底的半年营业额4800万元，占波司登当期营业额不足2%。对于出售原因，波司登给出的解释是：业务的调整有助于波司登更加集中资源，有效投放在更具规模的业务上。"但之前入股兰博星时，波司登认为兰博星旗下童装品牌虽然市场份额不高，但定位准确，对消费者心理的把握也比较到位。因此，决心将波司登的大品牌影响力渗透至童装业务，输入品牌内部管理方式、产品研发及品质管理经验等，将童装品牌做大做强。

显然，波司登在羽绒领域行之有效的大品牌经验，在童装领域是否奏效还有待时间考证。

（五）人才瓶颈

并购只是企业成功的开始，如何使并购的品牌在未来的发展过程中发扬光大，并且能够让消费者所接受，在市场中获取更大的利益。这个过程中，需要大量的专业人才，且这些专业人才必须具有独特的时尚专业能力或者国际化品牌运营经验等。拥有人才济济的国际化团队及专业领军人物，才有可能带领品牌在未来的发展中突破，稳步成长。

经典案例回顾：

2015年5月底，《福布斯》宣布LVMH集团旗下品牌路易·威登为全球最具价值品牌之一，排名第14。《福布斯》杂志标榜路易·威登是全球最吸金的品牌之一，目前其利润率接近40%。截至2015年5月，品牌价值已高达281亿美元。

最新数据显示路易·威登在Nicolas Ghesquière（图4-9）掌舵下销售额猛涨，路易·威登将2014年的营收增长归功于其创意总监Nicholas Ghesquière。据英国*Vogue*消息表示，品牌当时在一份声明中写道，"2014年，Nicholas Ghesquière的首次时装秀和新产品收到消费者的强烈反响，为路易·威登在创意方面奠定了新里程碑。"

图4-9　Nicholas Ghesquière

相关案例：

2007年6月20日，江苏金飞达服装股份有限公司（毛里求斯）有限公司与DavidLomita、Eli Lomita、Leonard Feinberg签署协议，以175万美元的总价款收购Lanco公司（包括Lanco Apparel LLC.与Lanco TrademarkLLC.）51%的股权。2008年以来，Lanco公司的经营出现了较大亏损，截至2009年下半年其经营状况仍未获得改善，鉴于未来盈利能力具有较大的风险和不确定性，2010年公司决定出让金飞达（毛里求斯）有限公司持有Lanco服装公司和Lanco商标公司的全部股权。

对此次并购可能遭遇的风险，一篇关于江苏金飞达服装股份有限公司风险评估报告中的阐述较为贴切：收购后，Lanco 公司的运作继续依托以 Lenny Feinberg 首席执行官兼首席设计师、Catharine Bandel 运营总监为核心的管理团队。但 Lanco 公司的经营模式（OBM）、客户对象（美国零售商或终端消费者）、企业文化、经营理念、激励机制等与中国公司存在较大差异。江苏金飞达服装股份有限公司以往主要经营业务在国内，缺乏对境外公司管理的实践经验与人才队伍，对美国的法律法规、市场环境、社会文化等均不熟悉。如果公司未能合理利用美国法律与商业惯例对 Lanco 公司进行有效监控与授权经营，未能有效实施整合策略，不排除无法实现预定目标的可能性。

二、困难与问题

中国服装企业在品牌并购领域，因为时间短，经验和人才不足，缺乏并购后的整合能力，并购金额普遍比较小。特别是国际并购中，主要针对国际二线、三线品牌进行并购，成功的案例也比较少。这是中国服装产业发展的必然过程，由于并购仍处于起步阶段，必定会面临一些问题。

（一）融资困难

对于中国企业而言，融资是一个很大的问题。国内很多企业害怕跟基金合作，担心公司的股权被稀释；也担心与私募的合作会让自己丧失对企业的控制权。如果这个观念不改变的话，很多企业很难做大、做强。

一个企业处于小规模时它是私人的，当规模发展到中型时是当地政府的，但当在中国乃至世界都很有名时，这个品牌是属于消费者的。眼界决定高度，高度决定结果。如果没有大的胸怀，不能用更远的眼界去看待品牌，这个品牌的前景已经堪忧。

在并购的过程中，如果发现好的资源，仅仅囿于自身资金困难，应想办法借助融资渠道去解决，这是观念和思路问题。目前，企业资金募集主要有以下几个途径。

（1）通过证券市场的资金募集获得可供企业进行拓展与营运的备用现金流；

（2）利用其他金融渠道的融资实现自有现金流的充裕，如向银行借贷，雅戈尔用于收购 Smart 及新马服饰的 70% 资金来自银行贷款；

（3）组团收购；

（4）分阶段收购，如奥康集团选择了一个类似于分期付款的海外并购模式，即首先收购在欧洲极负盛名的高端男鞋品牌万利威德的全球经营权及生产权，然后再择机完成对万利威德品牌的最终收购。

相对而言，资本的瓶颈会容易跨越一些，因为只要是在中国市场中有发展前景的好品牌，通过基金、投行包括私募进行融资，并不是一件十分困难的事情。

（二）并购的市场化程度低，中介机构不发达

并购的前提是要有雄厚的资金实力，在拥有并购资本的前提下，中介机构的有效介入显得尤为重要。我国资本市场还处于发展的初始阶段，严重缺乏业务水平较高的资产评估部门、会计事务所、并购经纪机构、并购专业律师事务所等中介机构。而面向纺织服装业的中介组织少之又少，这给纺织服装业的并购带来很大的阻力。大部分纺织服装企业进行海外并购时，更愿意求助于政府或者上级主管部门，没有意识到聘请专业的投资银行等中介机构进行资产价值评估、筹划交易方案、做出价格定位和议价、参与并购谈判等的重要性，从而在一定程度上也限制了并购中介机构的发展壮大。

此外，海外并购往往涉及多方面因素，过程错综复杂。因此，有意向参与并购的企业，需要总结和借鉴海外并购案的成功经验，在此基础上，形成一套合适本企业切实可行的并购操作方法，并在实践中不断完善。

相关链接：

优他国际品牌投资管理集团（以下简称 UTA 或优他）是一家专业致力于全球时尚品牌投资合作的 O2O 互联网金融平台（www.UTABrand.

com），提供线上全球品牌资源供需求方登录选择，并在进行线下一对一服务支持。在全球时尚圣地不断拓展办事处及合作伙伴，至今已拥有来自意大利、法国、英国、西班牙、美国、韩国的近200个精选品牌资源。

十五年服务中国时尚产业客户的经验，优他深谙中国市场品牌管理、企业战略、市场营销、资本运营之道，积累了近千家知名企业客户资源，涵盖男装、女装、童装、内衣、皮具、珠宝、百货零售公司等各大时尚品类。

集团提供品牌、资本、市场"一站式"全程服务，帮助企业寻找、选择、洽谈合作伙伴，提供品牌资产估值、法律、财务、基金支持服务。在合作前、中、后期，全程保障品牌在中国市场的发展。定期举办线下国际投资交流活动，帮助品牌合作双方洽谈、交流、合作，如图4-10所示。

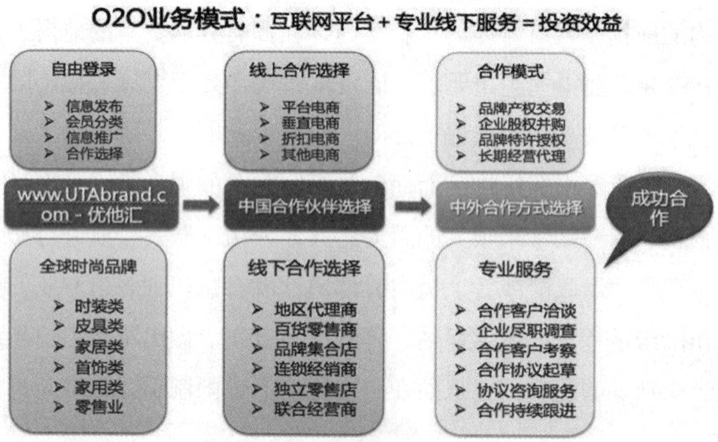

图4-10 优他汇O2O业务模式

作为一家互联网金融公司，不仅简单地提供资讯，而是通过与客户的沟通，把客户上传的资讯转换成买方需要的产品，便于进行融资与交易。同时，对于交易过程，投资顾问会全程跟进，根据不同的要求，帮助需求方达成交易目的。优他这类公司的专业能力和经验，可以让这个复杂且具一定风险的过程更为安全，提高交易成功的概率。

第四节　并购成功的要素

一系列的并购案例,令国内服装界开始关注并思考:并购将会给中国服装企业带来怎样的影响?对于采取并购战略的企业,之后该如何运营才能达到预期的目的和效果?什么样的并购方式是适用的?中国企业并购过程中最容易犯的错误或误区是什么?并购完成后的企业,在运转过程中需要注意的地方有哪些?怎样才能让并购价值最大化?

在实际案例中,国内时尚企业并购确实并非一帆风顺。尽管一些企业上市后有资金,也积极采取并购整合措施,却未收到良好的预期效果和收益。国外研究机构的大量研究也表明,仅30%的企业通过并购真正创造了价值,依照不同的成功并购标准,企业并购的失败率在50%～70%。这就是说,并购既是企业成长壮大必须采取的方式,但又是复杂程度最高、风险最大的战略行为,尤其是跨国并购。

因此,企业完成并购只是过程中的一个环节,并购之前及之后的系列工作才是真正的挑战。特别是并购交易的跟进,需要专业性的运作与支持,否则,并购的效果难以获得和显现。

一、正确的理念

(一)并购,不为短时间内创造价值

很多国内企业对并购本身的认识仅停留在短时间创造价值,如此初衷很难使被并购的品牌通过正确的运营保持恒久的生命力。

并购首先是一个长期的战略,是一个需要耐心等待的过程,不仅需要长期的资金投入,同时,更需要企业家能够站在国际的视角上,看到这个品牌真正的价值所在,并且在原有价值上结合本土市场的需要,让这个品牌的价值最终产生最大的市场回报。

由此,正确的理念、远见和卓识是非常重要的。

相关案例：

2014年，全球美容业巨头欧莱雅集团，宣布收购以色列品牌ColoRight，这家原创公司发明了毛发纤维光学阅读器技术（hair fiber optical reader technology），可以为美发沙龙提供染发方面的分析和指导。这次并购，欧莱雅显然是从一个清晰的、具有长期战略的角度出发。并购之后，ColoRight将成为欧莱雅集团研究和创新的一部分，并将继续由其首席执行官萨基夫·卢斯阁（Sagiv Lustig）管理。

欧莱雅旗下公司已经跻身全球领先企业行列，而以色列的先进技术能够为公司带来更多效益，这是欧莱雅集团深入结合自己公司的市场需求及被并购公司的价值分析而做出的最佳战略性并购。

（二）耐心和坚持

中国零售市场快速增长的时机已经过去，奢侈品的快速增长期也已然逝去，快时尚品牌的快速增长势头也在减缓，中国的消费者无论在眼光还是消费习惯上越来越和国际接轨，他们对新品牌进入市场变得越来越冷静。在未来，企业想要制胜，靠的不是短跑的爆发力，而是要做好跑马拉松的准备，锻炼的是持续长跑的能力。所以，并购必须是长期持有，不断投入、磨合、消化和整理的过程，这要求企业家拥有耐心和坚持。

相关案例：

法国奢侈品集团开云集团在并购设计师品牌时，对于个性出众的设计师，集团是要不断地投入精力，多次磨合，并整理各方面的资源，直到并购成功。当然，有成功也会遇到挫折。

在投资并购英国设计师品牌Alexander McQueen时，开云集团控股了51%的股权；在并购苏格兰设计师Christopher Kane时，依然是控股51%。这仿佛已经成了开云集团投资设计师品牌的老规矩，但在2001年投资Stella McCartney时，当时开云集团的前身PPR集团本来希望遵循老规矩控股51%，但设计师Stella坚持不出让控制权，最后还是PPR退让，双方各占50%——谁让她姓McCartney呢！

所以，任何一次并购，都不会像商品买卖一样是一种一次性交易，一定要做好长跑及颇费周折的准备。

（三）不要等到"低得不能再低"时才出手

巴菲特曾经说过"当别人都退出的时候我进入，当别人都进入的时候我退出"。但是，在并购时的抄底心态，从长远来说有害无益。虽然收购企业理应争取最佳的价格，但研究表明，是否获得最佳价格并非并购最主要的考虑因素。

对于收购企业来说，合理的策略和并购执行显得更为重要。很多企业谈并购，目的是如何用最少的钱买到一个最优良的品牌，这个理解显然不够全面。并购真正在意的是如何以合理的价格、在适合的时候、在有利于自身的情况下做出正确的决定，这一点非常重要。

以最低的价格买进资产，这个资产本身可能就是一个带有瑕疵的资产，未来复活的成本很高或机会很小。有时，买进一个品牌可能只花了1000万元，但是要把这个品牌复活可能需要一个亿元；而有些品牌可能买进的时候花了5000万元，但是复活时，很可能也只需要5000万元。所以，资产价值本身不一样。

当然，也不乏以超低价格买进资产并把它打造成一个优良资产的案例，LVMH集团就如此。但LVMH集团的最强项就在于其品牌的运作能力，它买进的品牌都是自己注入资金进行运作，并让这些品牌复活，全世界这么"强悍"的公司寥寥无几。

对于缺少并购运作经验的中国时尚企业，若仅以价格评判品牌并购时的价值，而不考虑并购后是否能够驾驭和运营，就可能会令企业处于尴尬的境地。

如国内某知名男装集团以其上市公司的背书，签下欧洲很多三线品牌。这些品牌随后在中国不断地开店，但运作良好的品牌却非常少。原因在于签下这些品牌的成本和代价可能很低，但在实际运作中，却需要更多的投资和优良的团队去运作，才能让这个品牌复活，但这不是该集团的强项。

再如法国的大公鸡（Le Coq Sportif），在中国运营的也并不如预期，也是件非常可惜的事。

所以，并购一定要考虑综合因素，如企业是否有能力运营，并购的资产与现有能力是否对等。最便宜买到的不见得是最好的，非要等到最低的时候再出手，并不是最有效的投资理念。

（四）在并购初期，界定运营模式

并购一家国际品牌，一定要在自己本公司之外成立一家合资企业来独立运营这个品牌。原因在于，并购的目的是让品牌独有的个性和DNA得到保留；通过资本和运营，让它的DNA释放价值和利润。所以说，企业在并购过程中，首先确定双方合力成立的新公司运营方式是非常重要的。在并购初期，如果没有品牌并购以后如何去运作的理念和想法的话，就不要轻易去尝试。

相关案例：

业内最大收购案于2013年6月高调宣布，半年后又戛然而止。经过三年的跟踪、一年的正式接触和半年的谈判之后，森马突然宣布放弃收购GXG。

这源于2014年1月2日晚森马服饰的一纸公告。公告称，由于2013年12月31日前未能签署收购中哲慕尚（GXG）的股权转让协议，因此公司于半年前签订的购买中哲慕尚股权的框架协议书到期自然解除（终止）。这意味着手握近50亿元现金流，目前国内服装业市值最大的公司森马正式放弃收购GXG。

此事发端于2013年5月底，森马因筹划重大事项停牌，6月初，网上曾传出森马将收购GXG的消息。当时GXG电子商务部总经理李淑君斥责该消息"纯属虚构"，仅过了10多天，局势就出现大逆转，森马与GXG高调宣布合作。当时，一些市场观察者普遍对这一价格产生质疑，但来自森马内部的声音则认为价格尚属合理，森马看重的是GXG品牌的溢价和成长性。

对于放弃收购，森马方面并未给出进一步的说明，在开始的一段时间内，中哲慕尚同样也保持了沉默。而公告中关于原因只给出"股权转让协议具体条件未达成一致"这样的模糊解释，进而引发无限猜想。公告发布一天后，森马服饰报收 26.17 元，下跌 2.31%。

随后，GXG 方面陆续开始有声音出现，GXG 媒体主管朱君向某媒体表示，收购源于双方相熟的老总之间有意向，但森马公司内部很多管理层和股东的意见不是很统一。这种不同观点，在收购谈判逐渐深入后越发强烈，这极有可能是导致此桩收购流产的重要原因。

二、内部修炼

（一）着力积累并购知识和能力

从筛选并购目标、尽职调查，直至把这个品牌纳入企业的过程，对于第一次并购的企业来说，都是比较困难的。如并购前的犹豫不决、并购完成后能否驾驭的担心、现有组织结构是否有能力运作被收购的品牌、资金持续投入能否支持，甚至会考虑到这个品牌并购后，是否会失去应有的价值等。

需要明确的是，并购并不是做好 100% 的充分准备，就会获取 100% 的并购成功。并购能否成功，需要的是在并购整合过程中经验的积累。凡是做大的公司，并购从来就没有停止过。所以，并购是一个学习过程，是一个在整合过程中不断强化能力的有效手段。

相关案例：

"一开始，我们试图通过商标注册来进军户外休闲男装领域，但注册商标的时间周期太漫长，而且我们想到的很多品牌名和已有商标出现重复。"耶莉娅总裁袁文和就拿下法国户外品牌喜玛尔图在中国的永久使用权谈到，避免品牌商标注册的繁琐和等待是耶莉娅决定并购洋品牌的驱动力所在。

除此之外，耶莉娅能达成与喜玛尔图的合作，还有一个原因是双方经营理念的契合。"喜玛尔图在 1904 年就已向市场推出产品，到现在已经有一百多年的历史，而耶莉娅也想做这样的百年企业。从喜玛尔图身上学习如何做百年企业，如何维护百年品牌，才是真正吸引我们的。"袁文和如是说，"喜玛尔图带来最大的启示在于国外企业对自身品牌的维护，喜玛尔图虽然对我们在中国区的品牌经营上给予了很大的自主权，但他们仍会在产品及设计形象上进行把控，通过每一件衣服来维护自己的品牌形象。"面对许多中国企业在产品工艺上遵循"差不多就好"的态度，外国公司对品质的严格把控确实值得本土品牌学习。

（二）专注并购的目标，屏蔽外部干扰

在并购过程中，决策者面对最大的压力可能是听到太多的声音。

当一个企业做并购时，听得最多的声音应该都是负面的、并购没有成功的案例。如果决心进行并购，决定把并购执行下去，决策者一定要专注并购的初衷，并且保持专注度。成立专业团队，一门心思进行这项工作。任何投资都有风险，有成功也有失败案例。但坚持初衷，在并购中保持自己的优势，非常重要。

中国企业面临着通过并购跻身世界一流企业行列的机遇，与此同时，潜在的收购标的遍及各地，待价而沽。因此，并购活动应采取战略性措施，不以交易价格为本，专注大局和核心目标。

负责并购的企业高管，从开始就应高度专注于收购的初衷，必须有一套明确的对外沟通及公关计划，清晰梳理和传达交易的战略背景、规模收益、协同效应和全球市场目标等。为保持交易的专注度，必须有具体的章程、指导原则和阶段性目标，来制约收购活动及规范团队。

相关案例：

2008年中国动向收购日本Phenix 91%的股权，并获得Kappa日本所有权与经营权。

中国动向主席陈义红希望此次交易能提升中国动向的研发水平，并有利于中国滑雪及户外运动服装的市场发展。同时，收购后中国动向将成为Kappa日本的品牌持有人，有利于公司扩大国际版图。

资源整合加上"运动+时尚"的独特定位，使得中国动向迅速获取消费者，成为中国服装服饰领域成长最快的公司。但在收购Phenix之前，Kappa遇到了体育用品公司普遍遇到的设计、品牌升级的瓶颈，还有公司赖以生存的基础："时尚+运动"路线遇到了挑战。当时，公司内部开始探讨一个问题：我们的竞争对手是谁？仔细分析后，发现竞争对手变成了Esprit、杰克·琼斯这类时尚品牌。"我们利用时尚元素躲开了耐克、阿迪达斯的竞争，但却跑到时尚品牌方向，肯定不是我们的目的。"陈义红说，"事实证明，Kappa产品在过去快速时尚化的过程中跑偏了，或者是走过度了。"他决定改变。

2008年2月，日本ORIX公司的并购主管打电话约见在日本开会的陈义红，希望他能收购旗下的滑雪服生产企业Phenix公司，这家公司已连年亏损，负债高达1500万美元。当接到收购Phenix的邀请时，陈义红隐隐感到这或许是解决公司瓶颈的一个突破口。在想清楚目标后，3个月之内完成一切并购Phenix的手续。

为此，中国动向的第二大股东摩根士丹利抛售了中国动向的股票，导致中国动向股价大跌。摩根士丹利看到的是亏损1500万美元的日本公司将会吞噬掉动向的部分利润。陈义红到涩谷参观了Phenix后，逐步感到了信心。Phenix拥有一个有30多年历史的研发中心，储存了20年来所有的技术数据。"这就是我们所说的历史沉淀，这些沉淀下来的软商业最值钱，不是钱能解决的问题。"陈义红说。

（三）了解被收购方的传统，同时坚守自身传统

中国的企业管理方法与欧美不同，了解这些差异非常关键。企业需要依赖一些特定手段，保持这种差异。值得注意的是，并购不是把两个各有特色的组织变成一个没有特色的组织。并购是一定要保留对方的组织，同时坚守自己的传统，然后把对方跟自己不同的价值保留下来，通过专业化运营，让这个品牌价值最大化。所以，了解且尊重被收购方的传统，同时坚持自身的传统，是并购成功最关键的因素之一。

相关链接：

某机构在与意大利时尚企业的很多并购过程中发现，意大利人对公司自有品牌像生命般热爱、像对待自己的眼珠一样热爱。很多时候，是不得已才愿意放弃这个品牌。在欧洲，很多品牌跟家族的姓氏和血脉是连在一起的，包括家族的传统。所以，当作这种品牌的并购时，一定要了解它的传统，并且保留它的这种传统优势，包括它的故事、背景、家族性格。当把这个品牌带入中国市场时，保留它性格的情况下，结合自身优势，通过整合让品牌产生真正有意义的价值。

遗憾的是，有些国内企业认为那些都是虚无的、没有用的。但一个品牌最有价值的恰恰是它背后的故事和传统，而且，这些是真实发生的故事。俗话说，一个经历越丰富的男人才是一个有味道、有魅力的男人。品牌更如此，历经磨难的品牌才是更有魅力的。关键就是对于这个有魅力的品牌，如何擦去灰尘让它重放光彩，这是并购方应着重考虑的。

（四）留住关键的本地业务及客户

在跨国收购时，一定要考虑对方企业当地的员工的看法和想法，并且要照顾原来的客户，确保收购方与被收购方之间的顺畅衔接。有时，被收购公司业务是全球范围的。公司并购以后，应该给公司原有客户留出时间，作为过渡期。不应在并购之后，立即把感觉没有价值的原有客户统统裁掉，或者大量、轻易地解雇员工。这种粗暴的做法，会给这个品牌带来极大的伤害。

所以，留住关键的人员、留住关键的客户、留住关键的业务，才能保留品牌的优势。

相关案例：

2014年，户外服饰巨头Columbia以1.9亿美元的价格从Steelpoint资本及其他股东手中收购了运动服饰品牌Prana Living。Columbia CEO Tim Boyle说："Prana非常符合公司的战略发展计划，我们不再只依赖于户外夹克这种应对寒冷天气的服装类型，我们将会有一个非常宽泛的产品线来平衡品牌国际化的战略目标。"虽然 Columbia 全资收购 Prana，但仍然保留其原有的管理层，Scott Kerslake 继续担任 Prana 的 CEO。

据 Columbia 披露，此项并购将改善集团的全年业绩，Columbia 2015 年第一季度实现净销售收入 4.24 亿美元，同比增加了 21.8%，净利润 2230 万美元，同比增长一倍多。

（五）选择可驾驭的并购目标规模

一般而言，目标企业的规模和实力小于并购方时，成功的概率较大。从全球市场来看，中国企业整体实力弱、规模小；但如果从某项业务来看，中国企业也可以找到规模实力相近或比自己弱小的并购对象，即外国大公司的某项业务而非整个公司。如雅戈尔采取的是并购美国 KELLWOOD 男装业务，而不是整个集团的策略；温州制鞋企业哈杉成功收购意大利老牌制鞋企业威尔逊，原因也是大吃小。

三、借力第三方

若企业试图海外并购，一定要及早制订战略，找到相应的人才或专业的机构进行协助。但对于中国的企业来说，仅协助其做并购还远远不够，并购回来的品牌战略、商品企划、新的视觉形象、经营和管理、渠道策略、品牌维护等一系列问题，也需要相应的中介机构提供后续的咨询服务，否则很多企业并购无法长期经营并实现盈利。因此，企业在并购过程中，如何选择并借力第三方中介机构，显得尤为重要。

（一）谨慎选择并善用中介机构

1. 选择中介机构的原因

并购的过程是一个等待机遇的过程，并购方的需求因每个企业的不同而不同。卖方也因为经营需要，会在不同的时间产生不同的融资需求。即使在金融交易比较规范和成熟的欧美市场，规模较大的企业也会选择基金和不同的投行进行委托交易。但这些知名金融机构对交易规模会有严格的要求，标的和交易金额太小的交易他们不太感兴趣，因为交易成本和对方期待的收益要求比较高。所以，欧美规模比较小的企业通过股权交易融资也是比较困难的。

对于中国本土的时尚企业而言，参与全球并购除了缺乏经验外，驾驭并购品牌的全球市场也是极其困难的。人才缺乏是其一，还有资金的持续投入、与全球经营经验等也是短时间无法跨越的障碍。并购成功的难点，其实还是并购后的整合能力。因此，中国企业在进行海外大型并购时，会聘请国外的中介服务机构。

导致并购成功与否的关键还在于：企业是否善于挑选和聘用专业的服务机构及能否充分利用他们的知识、经验和能力，将并购项目的利益达到最大化。

中国目前缺乏与时尚相关的专业中介机构，特别是缺乏中国本土的专业性中介机构。很多中国企业在做海外并购时，大多会找麦肯锡、波士顿等外资咨询公司。比较而言，本土专业性中介机构对市场环境、竞争等更为熟知，立场会更趋向国内企业。

2. 相关中介机构类型

（1）跨国基金公司和投行，资金充裕，并购经验丰富，交易方式稳健，资源广泛，对于并购需要进入全球市场会有积极帮助，要求并购规模，但对品牌的后期整合可能帮助不大；

（2）会计师、律师事务所，擅长法律和资产管理方面工作，但对整合与战略规划专业能力不够；

（3）单一的资源介绍人，有一定的信息资源，金融知识和并购专业能力不够，无法提供专业指导和整合的帮助，资讯来源普遍狭窄，很难在时间和适合度上满足并购方的多多益善的愿望；

（4）B2B互联网金融平台与专业投资管理公司，更多的不同层面的选择机会，灵活的服务方式，可提供专业的战略咨询和并购专业指导，不限制并购规模与交易方式，相对经验欠佳的中国企业而言，灵活和适应度是成功的关键。

3. 选择中介机构的角度

中国企业选择中介服务机构时，应不仅考量其金融方面的专业能力，还要考察其并购之后，是否具有制订持续发展的战略规划与资源对接能力。为此，选择纯粹的金融服务机构是不够的，必须考虑未来的专业沟通能力及对中国和国际市场的了解程度。所以，中国企业选择并购中介机构时，一定要谨记："适合的才是最好的"。

（1）是否具有强大的专业团队和品牌资源。包括在意大利、英国、西班牙、法国、韩国等国家，是否有团队持续寻找可并购的品牌；

（2）是否具备专业的服务能力。例如，在时尚行业的服务年限和经验，是否能够保证客户获取的利益等；

（3）能否提供专业化的并购交易后续服务，给客户提供全系列的服务。并购只是成功的开始，企业未来能否把并购来的品牌成功运作，还取决于企业战略、组织、规划、产品研发等一系列交易的跟进措施能否实施和落实；

（4）了解各机构的业务特长，找到与本企业并购项目匹配度高的合适机构。

对于中国时尚企业，寻找专注时尚领域的中介机构，才能获得更为全面且专业的服务，其最大的优势在于领域内的经验、资源整合以及并购后的运作模式、融合等系列操作的监管。当然，作为并购方企业，最高决策人必须亲力亲为，听取专业机构人员的分析和建议，也是并购能否取得成功很关键的因素。

（二）外部可协助的交易项目

资产在市场上是最值钱的。专业的中介机构可为品牌合作双方提供服务的交易模式，包括品牌产权交易、企业股权并购、品牌授权等。并购中各类问题时常发生，通过专业机构可以避免问题或帮助解决问题，使并购合作得以顺利进行。借助适当的第三方机构，无疑将帮助企业获得全球发展的机遇。

1. 企业股权并购

股权并购系指并购方通过协议购买目标企业的股权或认购目标企业增资方式，成为目标企业股东，进而达到参与、控制目标企业的目的。

股权并购本身并不复杂。关键是要委托具有专业资质的第三方，在股权并购的过程中，第三方公司一直在外方和中方公司里长期存在，协助品牌运营和执行，帮助品牌在中国获得成功。这个第三方公司们应具备既了解上游欧美时尚市场，也熟知中国时尚市场，且具有强大的管理能力，这是企业股权并购成功的基本保障。

任何一个国家的企业在全球化时代，都必须具备全球化的视野，都应该明白在哪里能够获得相对廉价的战略性资源。很们多欧洲企业也想来中国发展，包括进入亚洲其他国家，但这些欧洲企业家们自身似乎没有什么想法，他们认为找个代理商把货批发到中国，无论你怎么卖他不管，这种合作成功概率就会很小。

延展阅读：

意大利有几万个时尚品牌，但能做到连锁店并且以同样的形象出现在整个意大利市场甚至是欧洲市场的品牌并不多，除了奢侈品跨国公司，当地品牌有这种能力的非常少。虽然它们的历史悠久，它们生存下来的原因是欧洲二、三线城市的百货业并不发达，而大量的品牌集合店在欧洲甚为流行。如 H-Lorenzo、巴黎春天，一楼和二楼除了顶级品牌有独立的边厅和形象外，三楼、四楼、五楼都是买手店，这些买手店每个品牌的强项不同。在这种情况下，欧洲的很多中小型时尚企业本身不开连锁店，顶多有一个 showroom，只做批发，没有零售经验。

从中国市场的角度看，除了连卡佛、IT 等买手店，还有一些规模相对来说比较小的品牌集成店。在中国的零售市场中，品牌集成店、品类集成店和多品牌组合店是未来的趋势，但不是今天的主流。所以，把欧洲的品牌引进中国没办法生存，因为中国目前的业态必须要有独立的专卖店存在。

在这种情况下，意大利的公司在中国如果只是寻找一个代理商的话，成功的机会是极其渺茫的。可行之路是在中国找到战略合作伙伴，把意大利方的优势和中国企业的优势结合起来，品牌的生存概率就会大大提高。

这种股权并购的方式可能令欧洲企业丧失了部分公司股权，但中国企业因为得到中国地区长期经营权，就愿意对这个品牌进行长期的资金投入，包括开店、装修、门店甚至扩大规模等。因为中国人习惯养自己生的孩子，不喜欢领养别人的孩子。如果让他投资觉得没有风险，那么这种股权投资合作对于中国企业本身发展来说具有很大的优势，整合过程中的效果就会比较好。所以，中国企业跟欧洲企业双方想要获得长期的发展，企业股权并购是很好的方式。

2. 品牌产权交易

产权交易，指资产所有者将其资产所有权和经营权全部或者部分有偿转让的一种经济活动。

品牌的产权交易是已经存在的、破产的、没有破产的或者是愿意出售其品牌产权的交易。其中，有两种品牌值得交易。

第一种是欧洲特别是意大利一些历史悠久的或家族品牌，因经营中资金短缺或经营不善等原因处于困境。很多欧洲时尚类传统企业都在山区或者是农村的产业区，这些企业家就是一个厂长，相当于国内的乡镇企业厂长。他们的思维模式通常不会是国际化的，即便是在意大利。意大利制造之所以名扬海外，是因为意大利人的执著，他们对设计、工艺和品质感的完美追求，这是意大利人的精神。但这种精神的负面就是固执，缺乏远见和未来，把所有的精力都放在生产制造和品质上，缺少市场和营销的理念。

所以，意大利很多家族品牌在营销方面非常弱，比较可惜。一百多年来，一直守着30个工人或者是几家店的规模。这些品牌到了市场竞争激烈的今天，便出现前面提到的手头资金短缺问题。另一方面，意大利很多年轻人不愿接手父母的产业，造成这些公司面临着被出售。

此时，收购这样的意大利企业，将品牌和固定资产剥离之后，带入中国是很好的机会，因为这些品牌基本都是在全球注册的；此外，最为关键的是，这些品牌背面有很多历史名人的背书，这些背书是历经几代人才完成的故事，所以，品牌背后的无形价值无法用价格来衡量。这样的品牌如果能善待它、保留它的价值，就有可能通过重新研发和拓展，使品牌起死回生。香奈儿、迪奥、费雷、纪梵希等，都是通过品牌产权交易重新获得更高的价值的。

　　第二种是新生品牌，如设计师品牌。全世界每年会涌现大量有创意、有设计和创新能力的年轻的设计师，如 KENZO、Marc Jacobs 等，他们被挖掘后，被投资、培养，令设计师越来越有名，当他的名字与名气连在一起时，他的名字就是无形价值。当 Marc Jacobs 成名后，又做香水、皮具、包、男装、女装、童装、内衣、化妆品等，其结局就是他的产品跟他的名气一样受到追捧。

相关案例：

　　2013 年 7 月，优他国际品牌投资管理集团（以下简称 UTA 或优他）将原 Ermenegildo Zegna 旗下男装，意大利知名男装品牌 HUGH PARSONS 引入中国，该品牌为皇室御用品牌且接受英国王室最高荣誉（盾形奖章）。随后，通过品牌产权交易方式与国内某知名上市企业合作。同年 11 月，将 Ermenegildo Zegna 旗下另一品牌 CARNAVAL DE VENISE 引入中国，现通过品牌产权交易方式与国内某知名上市企业合作。

　　意大利男装集团 PETER BROWN 也通过优他，将其旗下多个品牌通过品牌产权交易方式，与国内多家上市企业达成交易合作。其中包括男装品牌 Peter Brown、Blue Pollack 及女装品牌 REBECCA BROWN。

3. 品牌授权

　　品牌授权又称品牌许可，是指授权者将自己所拥有或代理的商标或品牌等以合同的形式授予被授权者使用；被授权者按合同规定从事经营活动（通常是生产、销售某种产品或者提供某种服务），并向授权者支付相应的费用——权利金；同时授权者给予人员培训、组织设计、经营管理等方面的指导与协助。

　　中国很多小企业都是加工制造型企业。但随着劳动力成本的上涨、渠道不畅、互联网赚钱不易，加上企业没有能力开独立的品牌专卖店。为此这些企业可考虑通过第三方机构,选择比较驰名的欧洲商标,授权做一个品类,相对来说比较容易打开国内的零售市场。

品牌授权是较为流行的方式,全世界做特许授权最大的公司是美国的时代华纳,迪士尼品牌的授权从儿童用具、包,到所有的商品。公司每年巨大的收益来自于这个知名品牌的授权。因为消费者喜欢买他知道的、见过的品牌所提供的产品,如果上面贴的那个商标是认识的或者有联想性的商标,那么其被购买的概率比一个不认识的大很多倍。品牌授权,意味着不用花太多的广告费用和时间培育一个品牌,一样能够获得市场和消费者的认同,并且快速切入市场。

相关案例:

2014年2月19日,卡奴迪路(002656.sz)官方网站公布消息,广州市卡奴迪路服饰股份有限公司的全资子公司卡奴迪路服饰股份(香港)有限公司(以下简称"香港卡奴迪路")与意大利公司 lanificio angelico s.r.l(以下简称"angelico公司")签署《独占经营权许可协议》和《股权合作框架协议》等一系列协议,协议表明自双方签字盖章之日起,香港卡奴迪路在授权区域内享有 angelico collezione 品牌永久性独占经营及销售产品的权利(含线上与线下销售)及独占使用合同商标的权利,并确立了双方以相互参股的股权方式展开合作。双方将于2014年12月前签署正式股权合作协议并完成股权登记的法律手续。

本次卡奴迪路并购事件中,国内知名时尚品牌管理集团——优他国际品牌投资管理集团(以下简称UTA或优他)是唯一的强劲推手。通过优他的服务,使并购过程中复杂繁琐的合作条件谈判变得简单,最终能够顺利达成一致,促成此次合作。

从2013年10月开始,在对意大利男装品牌Angelico进行全面调研和考察,并充分了解中方客户的情况下,优他根据双方条件、优势及对两国时尚文化和市场经验,从保障双方利益的平等、信息的透明和最终合作的双赢角度出发,制订了合作计划。在后期实施过程中,双方遇到了整合问题,在不知如何解决的情况下,再次找到优他,通过协助双方沟通,提出解决方案，并协助后续合作的顺利进行。

本次合作，是中国时尚品牌通过第三方机构对国外品牌并购取得实质性进展的成功案例，也是优他国际为中国上市男装企业注入的一股强力的"营养剂"（图4-11）。

图4-11 UTA协助卡奴迪路完成并购

本章总结

在纺织服装行业和实体零售市场面临深度调整转型的当前，各细分门类中的上市龙头企业凭借充足的资本优势纷纷进行收购，成为时尚行业整合重组洗牌的首要推动力量。20%的领军企业将瓜分行业80%的优势资源，它们的综合竞争力日趋提升，越来越向着大型企业集团的方向发展。这些企业依据自身战略发展需求，越来越着眼于全球产业竞争格局，运用资本手段，或收购国内优势品牌，或整合国际产业链，在主品牌之外，通过运作定位不同、层次互补的新品牌，力图占领更广泛的市场，寻求新利润增长点，成为优势资源的获得者和整合者。

在未来的5～10年，新生品牌诞生的机会越来越少。并购、资源整合将会是很多企业做大做强的一个有效的手段。并购，对中国企业而言，会逐步从陌生到怀疑，到尝试，到熟悉，到最后驾驭自如，这只是时间问题。"知人者智，自知者明"，在产生并购想法时，企业一定要确认自身的能力与目的。同时，要了解第三方机构可以帮助你到达什么目的，它们擅长什么，不能想当然地认为收购一家企业并非难事。并购和企业上市不同，它不仅需要付出巨额资金成本；同时，需要整合一家文化与经营理念完全不同的公司，消化和价值最大化才是关键。与投资股票和其他金融产品不同，并购一个品牌，持有时间往往要在5年以上，这是一种战略性的长期投资。

  中国经济的低迷是传统产业发展的瓶颈所致，对于企业来说这既是机遇，也是挑战。原来基于"市场思维"的挑战，在互联网时代，需要转变为基于"金融思维"的挑战。并购将是未来中国企业屹立全球时尚产业的"利器"，上市或者并购都是提升竞争力的方式，关键是：你是在思考过程中还是已经在行动的路上？

参考文献

[1] http://www.lvmh.com，2014.

[2] 林言.并购之王——LVMH集团[J].中国新时代，2013（190）：112-115.

[3] 陈昊男.金钱与诗意的战争[J].吉林省教育学院学报，2011，27（260）：120-122.

[4] 凯文·德劳鲍夫.向LVMH集团学并购[J].商学院，2005（6）：54-56.

[5] 陈婧.LVMH公司财务分析与发展战略研究[D].厦门大学，2014.

[6] 杨攀.奢侈品牌的巅峰对决——路威酩轩VS历峰[J].上海经济，2010（06）：54-56.

[7] 罗海帆.LVMH："多品牌+资本"的力量[J].中国服饰.2008（06）：49.

[8] 新一.看重珠宝市场未来——LVMH收购宝格丽[N].中国服饰报，2011-03-18（B29）.

[9] 刘妮丽.LVMH的中国欲望[N].北京商报，2011-06-23（D01）.

[10] 埃里·鲁迪埃.奢侈品之王[M].岳瑞，张雪，刘倩，译.中信出版社，2013.

[11] 于跃."LVMH"的品牌运作之道[J].中华商标，2012（01）：8.

[12] 肖琳.狼的突袭——LVMH对爱马仕收购之战启示录[J].中国纺织，2011（02）.

[13] 福康美.路易·威登：从小木匠到奢侈品巨头[J].领导文萃，2010（04）.

[14] 郑爽.奢侈品"国王"的野心[J].中国外资，2011（7）.

[15] 胡颖，苏贝仪.三大集团争夺钟表世界战略要塞[N].21世纪经济报道，2011-03-28（004）.

[16] 志琴. 贝尔纳·阿尔诺：复活品牌的魔法师［J］. 中国商界，2008（2）.

[17] 郑磊，梁峥. 服装品牌收购的"知"与"行"［J］. 中国制衣，2007（11）.

[18] 《福布斯》公布全球最具价值的100个品牌：时尚类LV、耐克、H&M位列前三名［OL］. 时尚头条网LADYMAX.cn，2015-05-26. http://mp.weixin.qq.com/s?biz=MjM5OTAxMTE4MA=&mid=206880959&idx=3&sn=56e11d03997744dc6979ac8307b527f6&scene=2&from=timeline&isappinstalled=0#rd.

[19] 2013-2014中国服装行业发展报告［M］. 中国纺织出版社，2014.7.

[20] 国家统计局：2014年中国城镇化率达到54.77%［OL］. 中国经济网，2015-01-20.http://politics.people.com.cn/BIG5/n/2015/0120/c70731-26417968.html.

[21] 中国男士内衣行业市场调查及投资前景分析预测报告（2013）［OL］. 百度文库，http://wenku.baidu.com/view/49d0882d844769eae009ed20.html.

[22] 中国男装企业业绩集体跳水［OL］. 亚洲纺织联盟，2014-09-01. http://www.tex-asia.com/Industry/Domestic/2014-09-01/81979.html.

[23] 懒熊体育. 放弃国足后，阿迪达斯又要放弃NBA［OL］. 红商网，2015-03-17.http://www.redsh.com/corp/20150317/133314.shtml.

[24] 王喜文图解工业4.0（二）［OL］. 百度百家，2014-12-23. http://wangxiwen.baijia.baidu.com/article/40609.

[25] Ashma Kunde. New Apparel and Footwear Research：What is it Telling Us? Part 2 – A Focus on Categories ［OL］.Euromonitor International，March 22，2014.http://blog.euromonitor.com/2014/03/new-apparel-and-footwear-research-what-is-it-telling-us-part-2-a-focus-on-categories.html#sthash.Dpiv9pZe.dpuf.

[26] 2017年年底箱包市场总价值可达103.5万亿美元［OL］. 中国

皮革网，2014-02-27.http://bag.chinaleather.org/Pages/News/20140227/185725.shtml.

［27］Altagamma 携手波士顿咨询和巴黎银行，发布最新奢侈品行业展望报告［OL］.华丽志，2014-01-29.http://luxe.co/2014/01/29/altagamma-%E6%90%BA%E6%89%8B%E6%B3%A2%E5%A3%AB%E9%A1%BF%E5%92%A8%E8%AF%A2%E5%92%8C%E5%B7%B4%E9%BB%8E%E9%93%B6%E8%A1%8C%EF%BC%8C%E5%8F%91%E5%B8%83%E6%9C%80%E6%96%B0%E5%A5%A2%E4%BE%88%E5%93%81%E8%A1%8C/.

［28］Uploaded by Shishir Tiwari.Intellectual Property Rights Protection of Fashion Design in India［OL］. Academia.edu，Sep 1， 2014.http://www.grailresearch.com/pdf/ContenPodsPdf/Global_Fashion_Industry_Growth_in_Emerging_Markets.pdf.

［29］英媒：上海超过东京成亚洲最时尚都市［OL］.新浪时尚，2014-02-14.http://fashion.sina.com.cn/s/fo/2014-02-14/132935324.shtml.

［30］Magdalena Kondej. Key Findings in Apparel and Footwear for 2014［OL］. Euromonitor International，March 10， 2014.http://blog.euromonitor.com/2014/03/key-findings-in-apparel-and-footwear-for-2014.html?utm_source=feedburner&utm_medium=email&utm_campaign=Feed%3A+GlobalMarketResearch+%28Global+Market+Research+from+Euromonitor+International%29&goback=%2Egmp_55132%2Egde_55132_member_5848805288324382724.

［31］@SarahBoumphrey.BRIC Consumers in 10 Charts［OL］. Euromonitor International，May 25， 2015.http://blog.euromonitor.com/2015/05/bric-consumers-in-10-charts.html.

［32］2013 上市男装公司业绩多数恶化 "七匹狼"披露净利下滑逾三成［OL］.世界服装鞋帽网，2014-01-27.http://www.sjfzxm.com/news/caijing/20140127/371424.html.

［33］2013 各行业品牌份额调查［OL］.中国服装人才网，2014-03-19.http://m.cfw.cn/newsdetail.aspx?newsid=80508#rd.

［34］2013 年度中国电子商务市场数据报告［OL］.中国并购俱乐部

微信群 colin7441，2014-03-20. http://mp.weixin.qq.com/s?_biz=MjM5NTY0ODgzNA=&mid=200217676&idx=2&sn=e6c27d2d2f02a1ba9c27f107c132bb5f&scene=2#rd&dt=1&cv=0x15010006&fs=2.

[35] 产能大增，销售减速—ASOS 股票大跌［OL］.华丽志，2014-03-18.http://luxe.co/2014/03/18/%E4%BA%A7%E8%83%BD%E5%A4%A7%E5%A2%9E%EF%BC%8C%E9%94%80%E5%94%AE%E5%87%8F%E9%80%9F%EF%BC%8Dasos-%E8%82%A1%E7%A5%A8%E5%A4%A7%E8%B7%8C/.

[36] 国际零售业旗舰引领女性风尚 绽放贴身之美［OL］.腾讯财经，2013-11-26.http://finance.qq.com/a/20131126/010555.htm.

[37] 中国电商规模蓄势领先全球 时尚电商受资金追捧［OL］.环球网科技，2013-12-09.http://tech.huanqiu.com/business/2013-12/4643216.html.

[38] 2013 服装产业上市公司年终总结［OL］.世界服装鞋帽网，2013-12-30.http://www.sjfzxm.com/news/hangye/20131230/368106.html.

[39] 专题：LVMH、复星、利丰、KKR 四大鳄觅食品牌［OL］.华丽志，2013-09-12.http://luxe.co/2013/09/12/%E4%B8%93%E9%A2%98%EF%BC%9Alvmh%E3%80%81%E5%A4%8D%E6%98%9F%E3%80%81%E5%88%A9%E4%B8%B0%E3%80%81kkr%E5%9B%9B%E5%A4%A7%E9%B3%84%E8%A7%85%E9%A3%9F%E5%93%81%E7%89%8C/.

[40] Jori Liu.2014 年时尚品牌并购市场十大趋势［OL］.华丽志，2014-03-17.http://luxe.co/2014/03/17/2014%E5%B9%B4%E6%97%B6%E5%B0%9A%E5%93%81%E7%89%8C%E5%B9%B6%E8%B4%AD%E5%B8%82%E5%9C%BA%E5%8D%81%E5%A4%A7%E8%B6%8B%E5%8A%BF.

[41] 哪些奢侈品牌更依赖 outlets？一个价签引发的五百万美元官司背后的玄机［OL］.华丽志，2015-06-19.http://toutiao.com/a4559202929/?tt_from=qzone&iid=2536951386&app=news_article_social.

[42] 国仁.特斯拉背后，电动汽车虚假繁荣［OL］.虎嗅网 2014-04-24.http://www.huxiu.com/article/32525/1.html.

[43] 亲临德国工厂，体验工业 4.0 究竟有多神奇！［OL］.上海良时，

2014-12-17.http://www.shliangshi.com/newsshow_476.html.

［44］肖利华 韩永生 佟仁城.ZARA全程供应链及运营流程剖析［J］.《纺织服装周刊》，2012，9.

［45］http://www.adidas-group.com，2014.

［46］http://www.nike.com，2014.

［47］芭芭拉·斯米特.阿迪达斯对阵彪马［M］.刘海颖，译.北京：中国人民大学出版社，2007.

［48］吉奥夫·霍利斯特.耐克成功之路：耐克营销跑步文化传奇［M］.花勇民，李久全，高捷，张曙光，乔见，译.北京：北京体育大学出版社，2012.

［49］代安荣，胡丽敏.耐克的激情与梦想［M］.长春：吉林出版集团有限责任公司，2014.

［50］周星潼.对决运动品市场——阿迪达斯和耐克的全球争霸战［M］.北京：中国经济出版社，2011.

［51］何丹."绅士"阿迪达斯与"牛仔"耐克的较量［J］.中国品牌，2010（06）.

［52］曹亚东，陈力全.阿迪达斯并购锐步对我国体育用品业的影响分析［J］.中国市场，2008（10）.

［53］徐永明，王文静.Adidas的成长岁月——成功的品牌策略和坚定的科技研发之路［J］.商场现代化，2006（14）.

［54］胡洁雅.耐克品牌文化传播模式探析［D］.上海体育学院，2010.

［55］张依繁.泰勒梅—阿迪达斯品牌定位研究［D］.北京体育大学，2013.

［56］许英男.近30年体育用品公司和竞技体育的相互关系——以NIKE和NBA为例［J］.体育科技文献通报，2012（6）.

［57］石英.欧莱雅女王——利利亚娜·贝当古［M］.青岛：青岛出版社，2008.

［58］刘祥亚.你就是值得！欧莱雅的百年传奇［M］.台北：好优文化，

2010.

［59］寇晓虹.多品牌战略分析——法国欧莱雅化妆品集团［D］.清华大学，2005.

［60］宋梦凡.欧莱雅集团在中国的品牌营销战略与战术研究［D］.暨南大学，2007.

［61］邓琳.欧莱雅品牌资产建树策略研究［D］.对外经济贸易大学，2007.

［62］悠远.欧莱雅，并购蝶变［J］.经营者，2007（10）.

［63］刘文静，权锡鉴.欧莱雅与宝洁的多品牌策略比较［J］.经营与管理，2005（12）.

［64］浮萍.欧莱雅"品牌金字塔"的中国攻略［J］.中国高新区，2008（05）.

［65］奉灵芝.欧莱雅的并购之道［J］.中国对外贸易，2005（7）.

［66］朱琳.欧莱雅在中国的并购策略分析［J］.攀枝花学院学报，2008（02）.

［67］林渌，张良军.欧莱雅品牌帝国之旅［J］.企业研究，2003（03）.

［68］http://www.loreal-paris.com，2014.

［69］于尔格·维格林.斯沃琪手表的创意魔法［M］.龚琦，译.南京：江苏文艺出版社，2013.

［70］程雪.斯沃琪集团多品牌战略分析［J］.科技情报开发与经济，2007（7）.

［71］唐文龙.斯沃琪，手腕上的钟表帝国［J］.理财杂志，2008（04）.

［72］金山.解密钟表帝国的神话：论斯沃琪集团战略品牌管理之道［J］.品牌（理论月刊），2010（06）.

［73］付荣安，张蕊.浅析斯沃琪的STP战略［J］.改革与开放，2010（02）.

［74］胡道锐，宋国栋.产品组合策略实例研究——以斯沃琪集团为例［J］.中国集体经济，2011（9）.

［75］谈多娇，杜徐琪.斯沃琪集团的财务故事［J］.会计之友，2014

（14）.

［76］http://www.swatch.com，2014.

［77］杨攀.路威酩轩 VS 历峰：顶级奢侈品牌的巅峰对决［J］.销售与市场（评论版），2010（09）.

［78］全学方.从艺术中来，到奢侈中去——LVMH 和 PPR 集团艺术版图扩张进行时［J］.艺术与投资，2009（01）.

［79］谈多娇，张权为.历峰集团的财务故事［J］.会计之友，2014（7）.

［80］Bamboocopter.历峰——珠宝的先锋，时装的后腿？［N］.21世纪经济报道，2013-06-05.

［81］http://www.richemont.com，2014.

［82］谈多娇，朱珊珊.开云集团的财务故事［J］.会计之友，2014（9）.

［83］杨利红，ImranAmed.Francois-Henri Pinault 和他的"PPR 效应"［J］.中国制衣，2012（11）.

［84］马新莉.PPR：去掉了木头，更多了意头［J］.商学院，2013（5）.

［85］新一.PPR 集团脚踏实地的生财之道［N］.中国服饰报，2012-11-30.

［86］肖莹.看 PPR 集团战略运作"三板斧"［N］.中国纺织报，2007-07-13.

［87］马君海.皮诺两代人［J］.IT经理世界，2013（1）.

［88］赵颖.时尚巨头 PPR 集团的"春天"［N］.中国纺织报，2007-04-13.

［89］http://www.kering.com，2014.

［90］杨攀.VF：多品牌的精彩［J］.销售与市场（评论版），2012（3）.

［91］Grace.VF 的多品牌攻守法则［J］.中国服饰，2007（1）.

［92］胡军华.服装巨人 VF 集团的"收购军规"［N］.第一财经日报，2009-03-24.

［93］王润辉.穿出成功——VF 的成功轨迹［N］.中国计算机报，2005-05-16.

［94］David Hellqvist，卢广忠.天伯伦：黄靴四十载［J］.英语文摘，

2013（8）.

［95］李晓丽.威富收购TheNorthFace户外运动市场迎来春天？［N］.国际商报，2007-07-17.

［96］http://www.vfc.com，2014.

［97］http://www.pvh.com，2014.

［98］渔溪.PVH：收购CK带来奇迹般增长［J］.中国制衣，2007（7）.

［99］杨利红.几度沉浮的Tommy Hilfiger和他的品牌［J］.中国制衣，2014（10）.

［100］谷榕.纽约第七大道王子——Calvin klein［J］.纺织信息周刊，2005（02）.

［101］何异凡."伊藤忠纤维"那些事［J］.国际市场，2007（04）.

［102］刘庆贤.供应链"产业组织商"长袖善舞——基于伊藤忠商事株式会社的案例研究［J］.现代管理科学，2013（3）.

［103］陆新之.从"伊藤忠"收购"杉杉"说起［J］.中国制衣，2009（4）.

［104］李茗芳.伊藤忠立命战略：品牌经营和科技创新力［N］.中国纺织报，2006-09-12.

［105］刘继媛，潘洪岩.日本综合商社的起源与发展［J］.经济师，2008（07）.

［106］http://www.itochu.co.jp，2014.

［107］http://www.itochu.com.cn，2014.

［108］刘旭晖.百丽集团战略优化研究［D］.湘潭大学，2012.

［109］张莉.百丽集团经营战略研究［D］.西南交通大学，2011.

［110］吴建国.百丽：资本驱动的鞋业帝国 "资本化运营"放大销售和品牌的扩张势能［J］.经理人，2010（02）.

［111］孟婷."百丽国际"的成功之道［J］.山西财经大学学报，2009（S2）.

［112］林辉."百丽国际"：赢在纵向一体化模式［J］.企业科技与发展，2009（07）.

［113］岳三峰.掌握渠道控制权——百丽模式启示［J］.中国纺织，2011（4）.

［114］温如."中国式LVMH"猜想——百丽："中国式LVMH"种子选手的成功路径［J］.中国服饰，2008（6）.

［115］张可慕.百丽，并购所以美丽［J］.经营者，2007（23）.

［116］江晓岛.百丽：十五年曲线扩张［N］.21世纪经济报道，2007-05-23.

［117］翟楠.从百丽收购森达看两个品牌的迥异转身［N］.中国工业报，2008-03-05.

［118］http://www.belle.com，2014.

［119］史黛拉.中国本土女装大衰退"祖师奶奶"Ports宝姿欲30亿清盘服饰业务［OL］.无时尚中文网，2015-06-01.http://clothing.hejun.com/news/201506/4572.html.

［120］欧阳新周.2014年纺织服装行业并购规模将呈爆发式增长［OL］.前瞻网，2014-08-04.http://www.qianzhan.com/analyst/detail/220/140804-8e14e3b7.html.

［121］邹彩芬.叶杏.杨孙蕾.对纺织服装行业并购的解读［J］.武汉纺织大学学报，2014.4.

［122］时尚界全球品牌并购数量增加［N］.中国服饰报，2013-11-15（007）.

［123］吴晓芳.葛秋颖.中国纺织服装业海外并购谋求产业升级［J］.长春大学学报，2014.1.

［124］从瑞纳到如意纺，看如意如何成中国Zegna［OL］.中国时尚品牌网，2011.4.3.http://content.chinasspp.com/News/detail/2011-4-3/98845-1.html.

［125］山东如意集团发展之路——做"不可能发生的事"［OL］.中国聚合物网，2011-03-10.http://www.polymer.cn/polymernews/2011-3-10/_201131093721480.html.

［126］李攻.山东如意低价收购日本RENOWN公司成第一大股东

［OL］.和讯网，http://news.hexun.com/2010-05-25/123788990.html.

［127］品牌收购不是成熟的标志，鞋企需谨慎［OL］.中国市场监测中心2010-04-20.http://www.paihang360.com/xiangqing.jsp?op=op_browse&record_id=1379717.

［128］国际奢侈品公司加紧整合顶级原料供应商［OL］.华丽志luxe.co，2013-06-02.http://luxe.co/2013/06/02/%E3%80%8A%E5%8D%8E%E4%B8%BD%E5%BF%97%E3%80%8B%E7%89%B9%E7%A8%BF%EF%BC%9A%E5%9B%BD%E9%99%85%E5%A5%A2%E4%BE%88%E5%93%81%E5%85%AC%E5%8F%B8%E5%8A%A0%E7%B4%A7%E6%95%B4E5%90%88%E9%A1%B6%E7%BA%A7%E5%8E%9F/.

［129］Valentino收购上游皮具供应商［OL］.华丽志luxe.co，2014-07-14.http://luxe.co/2014/07/14/valentino-%E6%94%B6%E8%B4%AD%E4%B8%8A%E6%B8%B8%E7%9A%AE%E5%85%B7%E4%BE%9B%E5%BA%94%E5%95%86/.

［130］张国良.海欣借并购成全球毛纺老大［OL］.搜狐网，2002-11-03.http://business.sohu.com/52/27/article204092752.shtml

［131］Zegna杰尼亚收购澳洲羊毛牧场拓展供应链［OL］.中国时尚品牌网，2014-07-12.http://www.chinasspp.com/News/Detail/2014-07-12/173585.html.

［132］欧时力母公司：一个中国女装的15年成长魅影［OL］.中国时尚品牌网，2014-10-07.http://mp.weixin.qq.com/s?_biz=MjM5NzU1Mzk5Mg=&mid=200541971&idx=1&sn=2d0b330c2896bee6941207dc94f5a28b&scene=2&from=timeline&isappinstalled=0#rd.

［133］Rainne.LVMH集团收购意大利鞋履品牌朱塞佩·萨诺第设计（Giuseppe Zanotti Design）30%的股份［OL］.海报时尚网，2014-04-24.http://www.haibao.com/article/1656083.html.

［134］并购国际品牌对中国企业的吸引力越来越大［OL］.全球纺织网，2013-06-03.http://www.tnc.com.cn/info/c-012001-d-3322857-p1.html.

［135］Samsonite Agrees To Purchase Gregory Mountain Products In

Third Acquisition Of The Year And Increases Revolving Credit Facility［OL］. MarketWatch，2014-06-19.http://www.marketwatch.com/story/samsonite-agrees-to-purchase-gregory-mountain-products-in-third-acquisition-of-the-year-and-increases-revolving-credit-facility.

［136］COACH收购鞋履品牌斯图尔特·韦茨曼（Stuart Weitzman）"木已成舟"，近6亿美元大交易尘埃落定［OL］.海报时尚网，2015-03-25. http://accessory.haibao.com/article/1753066.html.

［137］姜蕾.许凝.借船出海——中国服装企业国际化有否捷径可寻？［J］.中国纺织成衣，2011.8.

［138］2000－2010十年奢侈品牌中国大事记［OL］.中国人网，2010-12-07.http://www.china.com.cn/info/node_7107257.html.

［139］中国人买下的世界级品牌［OL］.经理人网综合整理，2009-08-19.http://www.sino-manager.com/2009819_7790.html.

［140］服装产业已进入品牌时代——热议国际品牌收购［OL］.中国服装人才网，2010-07-22.http://www.cfw.cn/zhoukan/v27195/.

［141］2014年世界经济发展趋势：欧洲经济回暖［OL］.中国商品网，2014-01-21.http://ccn.mofcom.gov.cn/spbg/show.php?id=14775.

［142］上海纺织有限公司收购丹麦时尚集团Metropol 50%股份［OL］.全球纺织网，2014-02-07.http://www.tnc.com.cn/info/c-014004-d-3430759.html.

［143］杨智全.跨国并购2.0［OL］.新财富，2013-11-15.http://www.xcf.cn/ztlb/201311/t20131113_516696.html.

［144］曹其峰及商业伙伴套现9.3亿美元，完全撤资Michael Kors［OL］.赢商新闻，2014-09-05.http://sh.winshang.com/news-283440.html.

［145］雅戈尔收购美服装企业［OL］.衣服招商网.2009-12-26. http://www.efu.cm/news/show-315.html.

［146］雅戈尔并购新马服装集团过程［OL］.中华纺织网，2008-01-31.http://www.texindex.com.cn/Articles/2008-1-31/129203_2.html.

［147］郑黎 张松.雅戈尔并购新马集团：传统产业"走出去"正当

其时［OL］.新华网,2008-02-14.http://news.xinhuanet.com/fortune/2008-02/14/content_7599624.html.

［148］上海滩（Shanghai Tang）07秋冬男装系列［OL］.海报时尚网,2007-09-01.http://www.haibao.cn/article/50966.html.

［149］开云集团入股新锐品牌设计师保留个人控股权［OL］.YOKA男士网,2013-09-09.http://www.yokamen.cn/style/trends/2013/0909131166.html.

［150］避免了破产厄运！意大利配饰品牌Bruno Magli再次易手,被美国投资管理公司Neuberger Berman成功收购［OL］.海报时尚网2015-03-25.http://accessory.haibao.com/articlc/1753066.html.

［151］国际服装品牌：落地中国关键在于本土化［OL］.全球纺织网,2013-06-03.http: //www.tnc.com.cn/info/c-001001-d-3322928-p1.html.

［152］徐聪.玛丝菲尔收购Krizia,中国服装国际化试水［N］.中国经营报,2014年3月10日第C14版.

［153］走在时尚前沿：丽诗加邦如何铸就辉煌业绩［OL］.联商网,2012-4-19.http://www.linkshop.com.cn/web/archives/2012/203062.html.

［154］留下独苗Kate Spade,集团CEO功成身退——任职7年砍掉近40个品牌［OL］.华丽志luxe.co,2014-01-10.http://luxe.co/2014/01/10/%E7%95%99%E4%B8%8B%E7%8B%AC%E8%8B%97kate-spade-%E9%9B%86%E5%9B%A2ceo%E5%8A%9F%E6%88%90%E8%BA%AB%E9%80%80%EF%BC%8D%E4%BB%BB%E8%81%8C7%E5%B9%B4%E7%A0%8D%E6%8E%89%E8%BF%9140%E4%B8%AA%E5%93%81%E7%89%8C/.

［155］从Lancel的困境,看收购欧洲老奢侈品牌的风险［OL］.华丽志luxe.co,2013-10-29.http://luxe.co/2013/10/29/%E4%BB%8E-lancel-%E7%9A%84%E5%9B%B0%E5%A2%83%EF%BC%8C%E7%9C%8B%E6%94%B6%E8%B4%AD%E6%AC%A7%E6%B4%B2%E8%80%81%E5%A5%A2%E4%BE%88%E5%93%81%E7%89%8C%E7%9A%84%E9%A3%8E%E9%99%A9/.

［156］Iconix完成对茵宝并购,规模达2.25亿美元［OL］.imeigu.

com，2012-12-03.http://news.imeigu.com/a/1354539666018.html.

［157］深圳 Marisfrolg 玛丝菲尔收购意大利时装品牌 Krizia［OL］.华衣网，2014-02-25.http://news.ef360.com/Articles/2014-2-25/311251.html.

［158］中国企业收购国际服装品牌现象透视［OL］.中国出口信用保险公司，2010-6-24.http://www.sinosure.com.cn/sinosure/xwzx/rdzt/ckyj/ckdt/xyzt/qgfzxy/124284.html.

［159］金飞达（002239）关于出售美国 Lanco 服装公司和 Lanco 商标公司股权的公告［OL］.搜狐网，2009-08-15.http://stock.sohu.com/20090815/n265977435.shtml；http://www.docin.com/p-416450108.html.

［160］大卫·沙曼.染发美发背后的以色列技术［OL］.以色列时报，2014-12-19.http://cn.timesofisrael.com/.

［161］Kering 投资年轻设计师品牌 Joseph Altuzarra［OL］.华丽志，2013-09-06.http://luxe.co/2013/09/06/kering-%E6%8A%95%E8%B5%84%E5%B9%B4%E8%BD%BB%E8%AE%BE%E8%AE%A1%E5%B8%88%E5%93%81%E7%89%8C-joseph-altuzarra-%E4%BB%96%E6%98%AF%E8%B0%81%EF%BC%8C%E4%B8%BA%E4%BB%80%E4%B9%88%E5%8F%AF%E4%BB%A5%E4%BF%9D/.

［162］《福布斯》公布全球最具价值的100个品牌：时尚类 LV、耐克、H&M 位列前三名［OL］.时尚头条网 LADYMAX.cn，2015-05-26.http://mp.weixin.qq.com/s?_biz=MjM5OTAxMTE4MA==&mid=206880959&idx=3&sn=56e11d03997744dc6979ac8307b527f6&scene=2&from=timeline&isappinstalled=0#rd.

［163］赵超.并购日记［J］.中国服饰，2014.2.

［164］海外并购成功六要素［OL］.第一财经网，2014-05-11.http://www.yicai.com/news/2014/05/3800136.html.

［165］中国动向完成收购日本 Phenix 品牌［OL］.网易财经，2008-04-30.http://money.163.com/08/0430/03/4AOFAG70002524SC.html.

［166］Kappa 东渡记：揭露中国动向收购日本 Phenix 的曲折过程［OL］.创业邦，2010-09-28.http://news.cyzone.cn/news/2010/09/28/168530.

html.

[167] 开云集团并购狂潮,看中独立设计师品牌[OL].中国皮革网,2013-09-12.http://www.chinaleather.org/Pages/News/20130911/142763.html.

[168] 海外并购,越"近"越好[OL].搜狐财经,2009-10-14.http://business.sohu.com/20091014/n267353956.shtml.

[169] 温州哈杉收购意大利知名鞋企威尔逊[OL].新浪财经,2004-08-06.http://news.sina.com.cn/c/2004-08-06/09203311274s.html.

[170] 韩娜.五大焦点透视国内服装企业海外并购潮的背后[OL].百度文库,2010-08-20.http://wenku.baidu.com/view/c95d2c18ff00bed5b9f31d8d.html.

[171] 季明.奢侈品童装Sarabanda登上森马多品牌快车[OL].中国服装协会网,2013-08-05.http://www.cnga.org.cn/news/View.asp?NewsID=41758.

[172] 美国服装集团PVH财报:Calvin Klein增长22%[OL].全球纺织网,2015-06-03.http://www.tnc.com.cn/info/c-001006-d-3524648.html.

[173] 深圳Marisfrolg玛丝菲尔收购意大利时装品牌Krizia[OL].品牌服装网,2014-02-25.http://www.china-ef.com/20140225/448896.html.

后　记

并购：中国时尚产业的大趋势

2014年是不平凡的一年，经济持续低迷，需求萎靡不振。

2014年，96%的上市纺织服装企业，业绩、利润两项指标持续下滑，关店潮成为提及较高的关键词，在低迷和转型之间，企业主业投资愿望不高，跨界投资转移风险，成为2014许多纺织服装类上市公司的选择。除了宏观经济的低迷对企业业绩下滑的影响之外，服装产业本身也进入产业升级转型阶段，原来的"数量型"增长伴随着需求的饱和，关店是高速发展后的必然。问题是：面对顾客群体的变化，如何吸引年轻"90后"的关注。

阿里巴巴、京东、唯品会的上市，"双11"的火爆促销，释放了新的经营模式，让传统纺织服装制造业感到巨大压力同时，也看见了互联网时代新的商机；"大数据、云计算、O2O、电商"缓解了企业库存压力，但对品牌提升、利润的增长帮助不大，中国服装产业依然没有从电商中找到有效的"解药"。

中国时尚产业在第一轮的发展过程中，企业基本上完成了资本的原始积累，正面临着互联网等新经济形势下的新未来。在这一过程中，传统企业面临着中国经济发展速度减缓，市场需求日益复杂，以及互联网等新经济模式的冲击。因此，企业需要思考的是，在未来的发展过程中，如何在中国经济的第二个高潮期跟上时代发展的步伐，如何在这一次竞争中立于不败之地。

传统时尚企业面临的困境首要表现在，库存大量增加、企业业绩增长乏力、经营成本过高。在中国企业成长过程中，从早期请广告代言人做轰炸式宣传，到注重品牌包装、VI形象设计；从发展代理商到终端店铺不断地扩张；面对今天复杂的市场环境，传统营销手段变得日益无效，并购逐渐浮出水面。

一个企业，无论上市还是并购，需要注意的是，在集团的产业中，资产组合对于未来市场的成长是非常重要的。一个公司无论做多少品牌，关键是在于战略组合，是否能在满足市场需求的条件下，与公司未来成长空间有良好的搭配组合。未来3～5年，中国时尚企业的并购案仍将会此起彼伏。原因在于企业需要改变原来传统的成长方式，寻找适合现代社会经济环境的增长模式和手段。

并购，只是促进产业整合的一种有效手段和方法，不是结果。实际上，西方国家时尚产业的发展主要是围绕本国时尚品牌，通过并购提升实力，使其全球化。因此，对于中国的时尚产业，未来的趋势是：并购将会成为常态，并购的品牌规模以及并购金额也会越来越大，并购的频率也会越来越高。在并购过程中，我们不能忽略中国本土很多优秀的品牌，特别是中国本土的原创设计师品牌，它们在这个过程中，通过并购整合得以发展。从中国经济发展的历史来看，时尚产业通过并购与整合，才能达到健康、高速发展的目的。

1949年起至今，中国的发展进程与世界其他国家的发展轨迹有所不同。十年"文化大革命"，我们的文化和传承历经磨难。从品牌的核心来说，品牌的核心是"资产"，那么"资产"既是我们所说的"文化"，而"文化"的重点则是在"传承"，"传承"历久弥新，在不断地创新和创造，并且是一个时代的积累和挖掘的过程。但是，中国则没有经历过这样的过程。

从20世纪80年代改革开放，随着物质从匮乏到过剩，市场的发展只是集中在满足于产品的数量上，当时的消费者以及消费市场同样如此，以数量取胜。2000年之前的中国企业包括所有从事服装、皮鞋和箱包的企业基本上还不明白什么是连锁、怎么做品牌的情况下，大家基本上都是在以批发的形式做生意。

中国时尚产业意识到做品牌应该是2000年之后。随着消费者的需求进入饱和状态，当购买欲望得到满足，消费者则将目光转移到产品背后的价值，像产品设计、风格的独特性、性价比、品质质量，甚至是这个品牌是否更国际化、更流行，而中国企业在消费者消费意识转变之后才开始关注。从请广告代言人、快速开店提高销量、关注产品和设计，到最后关注品牌建设，是中国消费者从物质极大匮乏到极大过剩，可选择的范围和产品越来越多的真实历程。在这个过程中，中国的时尚品牌已从做产品到做品牌，开始意识到品牌的价值。

品牌代表的是社会阶层和某种生活方式，穿不同品牌，也就意味着是这个品牌所倡导的生活方式的拥趸者。消费者未来需要的是更加个性化、与全球时尚同步、能够代表所在阶层的消费方式的品牌或产品。

在短短的二三十年间，我们从跑步跨越了骑自行车、汽车时代，直接进入互联网时代。跨越了中间这么多没有经历的过程，要面临着和国际品牌在一个平台上竞争。这对中国的企业来说面临的挑战前所未有，如何去思考未来，如何在下一轮的竞争中使中国的企业立于不败之地？这是一个值得思考的问题。

回过头来，对中国本土品牌进行审视时不难发现，我们的国产品牌本身在发展过程中就存在着"硬伤"，并且消费市场与消费者也很难给予品牌"悔改"的机会。所以说，中国本土"第一代"和"第二代"的时尚品牌，在未来的发展中，想要突破自己本身带有"硬伤"的企业，相信也不会特别多。

目前，中国消费者成长的快速程度是我们无法想象的，当下消费者的需求是可以提供国际化的及这个时代所需要的品牌。而中国本土品牌成长周期和时间太短，并且特定的发展时间短造成品牌的种种问题，都很难逾越。所以，很多企业在未来15年的发展中都会遭遇这些问题，而这些问题从2010年便开始爆发了。同时，我们也面临着全球一体化、国内市场国际化、国际市场国内化的态势。所以，想要突破这个困境，"逼迫"我们必须站在更高的层次，也就是放眼全球，站在世界的层面上去审视全球时尚品牌并为己所用。而如何走出去，如何进行全球化发展，这点非常重要。

但是，放眼望去我们会发现，目前西方金融市场和时尚产业较为发达，而值得去投资、去并购的标的逐渐减少。但这些品牌的估值也逐日升值，变得越来越昂贵，选择压力颇大。但是，我们既然选择要"走出去"，就要先从对国外二、三线品牌的并购开始，这样有利于未来参与到国际更大的一、二线品牌的并购，并且在人才的积累和资金的积累过程中，我们既然不能跨越，那就选择用时间作为养料去积淀。

当然，收购或并购国外品牌同样面临着种种挑战：首先，我们面临着人才的匮乏；其次，是经营者本身对国际品牌胆怯，并且了解不足，没有做足功课和背书；再次，收购或者并购，只意味成功的开始而非结局，因为在并购过程中，中外双方有不同的文化背景、不同的资产状况，这注定了国外品牌真正融入到中国市场的困难程度。在这个过程中，风险是一定的；在这个过程中，整合国际品牌投入中国市场进行磨合，过程是漫长的，同样风险也是十分巨大的。所以中国企业在国际并购的过程中，无论是自身的能力和压力依然巨大。

总之，要想和进入中国的国际品牌站在同一个起跑线上，并购是国内时尚品牌企业提高并且保持竞争力的有效手段之一。但是，是否我们进行并购就能够做到最好，答案依旧是：风险与机会并存。

我们处在一个"最好的时代"，我们处在一个"最坏的时代"，从来没有哪个国家的时尚产业处在"积累期、全球化、互联网"三个颠覆"并存"的时代。在这个三岔路口，我们过去几十年在"需求大于供给"时代积累的经验、人才、资源，在面对这个特别的时代时，显得"捉襟见肘"。我们的企业家需要以全新的思维面对知识、人才、资源！因为小米的雷军、阿里巴巴的马云、京东的刘强东等，让我们看到了成为世界影响力的企业，他们仅用了15年，甚至更短时间创造了超出我们想象的市值。

我们应该庆幸我们生在了这个时代，我们应该满意我们处在这个奇迹不断发生的时代，中国时尚产业缺乏历史的短板在今天看来可能就是优势，因为马云、雷军告诉了我们：没有历史，没有品牌，只要你能创造需求，奇迹就会发生。但我们需要思考的是：你的能力是否依然能够架接未来，你是否需要思考整合力的价值！问题是：国内时尚产业的企业家需要培养"人文价值"素养，因为这个时代需要的不是"投机"而是正确地"投资"未来。

25年时尚行业的工作经验，见证了中国时尚产业跌宕起伏，今天的全球时尚品牌投资人的角色，使我可以站在全球看中国；中国已经是"国际竞争国内化，国内竞争国际化"，立足中国，走向世界，其实，是中国时尚产业未来的出路。我们的机会和时间尚在，我们和国际品牌最大的差异在于：我们敢于面对现在，勇于挑战未来。相信，中国整体政治经济的崛起之时，就是中国时尚产业超越的时代。

杨大筠

2015 年 6 月 28 日